KARL SPIESBERGER

MAGISCHE EINWEIHUNG

ESOTERISCHE LEBENSFORMUNG IN THEORIE UND PRAXIS

2. Auflage des Buches:
„HERMETISCHES ABC“
Bd. I

VERLAG EDITION GEHEIMES WISSEN

DIESER DRUCK DIENT AUSSCHLIESSLICH DER ESOTERISCHEN FORSCHUNG UND WISSENSCHAFTLICHEN DOKUMENTATION.

Für Schäden, die durch Nachahmung entstehen, können weder Verlag noch Autor haftbar gemacht werden.

Verlag: Edition Geheimes Wissen
Internet: www.geheimeswissen.com
E-Mail: geheimeswissen@chello.at

G.W

ISBN 978-3-903555-10-5

INHALTSVERZEICHNIS

An der Schwelle des neuen Äon

Wieder steht die Menschheit an einem großen Wendepunkt. Ein neuer Kampf der Titanen um die Herrschaft der Erde hat begonnen. Zwei Weltzeitalter ringen um ihren Bestand. Auf der einen Seite das Zeitalter der Fische mählich verschwimmend im Dunkel dahinrasender Zeit, auf der anderen der Äon des Wassermann heraufglutend im Schimmer kosmischer Morgenröte.

Brandend toben die Gegensätze!

Die Zeit des Glaubens, der bedingungslosen Anbetung sogenannter Wunder versinkt. Aber auch der anstelle falsch verstandener Mystik und jahrhundertealter, hirnvernebelnder Dogmen getretene Materialismus brachte der Welt keineswegs die verheißene Erlösung. Nur umso tiefer gähnt die Kluft. Ein rein materialistisches Weltbild erwies sich ebenso trügerisch wie ein auf konfessioneller Dogmatik errichtetes. Der aufdämmernde Weltenmonat schafft hier Wandel, bringt die ersehnte Klärung. Das Weltbild, dem er seinen Stempel aufdrückt, ist weder ein konfessionell-gebundenes, noch ein seelenlos-materialistisches, sondern eine — wie einst in verklungener grauer Vorzeit — kosmische Weltschau, ein Natur-, ein Gottverbundensein.

Wissen, erkennen soll der Mensch, nicht Unbewiesenes gedankenlos hinnehmen!

Nicht vielen freilich ist es derzeit vergönnt, ungefährdet zum Born der Erkenntnis vorzudringen. Ganz wenige nur sind hierfür prädestiniert. Diejenigen aber — Sensationslüsterne zumeist — die sich unvorbereitet in das okkulte Abenteuer stürzen, zum Schaden anderer nicht selten transzendentale Kräfte entfesselnd, werden über kurz oder lang das Opfer verderblicher Gewalten, endend im Irrsinn oder Verbrechen.

Anders der Strebende, der ehrlich Suchende.

Beginnend beim Elementarsten, macht er sich vertraut mit allen Zweigen der Grenzwissenschaften. Von Grund auf durchforscht er die weitumfassenden Gebiete, vorurteilslos studiert er die zahlreichen Theorien, die mannigfaltigen Hypothesen, nichts nimmt er als gegeben hin, nichts lehnt er ungeprüft ab. Stets ist er bestrebt, das Vorhandensein sogenannter okkulter Kräfte an sich selber zu erproben, sich empirische Beweise von der Existenz außersinnlicher Gewalten zu verschaffen. Zeit, Mühe, Hindernisse, selbst Gefahren schrecken ihn nicht ab; denn dornenvoll ist oft der Weg. Widrigkeiten, oft unvorhergesehener Natur, stellen sich ihm entgegen. Gegen mancherlei Fährnisse hat er anzukämpfen. Gleich dem Entdecker, dem Erfinder ringt er mit unbekannten Naturgewalten, gleich ihnen muss er sich mit den Wesenseigentümlichkeiten, den Gesetzen der zu erforschenden Materie vertraut machen, ehe er die ersten Versuche wagt. Rüsten sich nicht die Entdecker der Pole unseres Planeten gegen die Unbilden der Arktis? Schützen sich nicht die Chemiker und Atomforscher vor der Wirkung todbringender Stoffe und Strahlungen?

Weitmöglich versuchen die Forscher das Gefahrdrohende abzuschwächen, auf ein Minimum zu beschränken, bloß in die Bereiche des Transzendentalen vermeint man unvorbereitet einbrechen zu können, straflos. Was sündigt hier nicht Neugierde, Sensationshascherei und Leichtsinn. Ohne Vorkenntnisse, bar jeder Verantwortung wird fürwitzig drauflos experimentiert.

Allein die Natur ist neidisch. Selten nur gestattet sie freiwillig einen Blick hinter die Schleier. Die Gewalten jenseits unserer dreidimensionalen Wahrnehmung offenbaren sich nicht auf Kommando.

Gering ist die Zahl der Begnadeten. Wir anderen müssen schwer um jeden Lichtstrahl ringen. Wer sich nicht im stählernen Training schult, nicht Schritt für Schritt die Stufen der Erkenntnis höher klimmt, hat kaum Aussicht auf Erfahrungen jenseits der Grenzen unserer sichtbaren Welt.

Ohne Frage — wir haben ein Recht, Vorgängen, nicht mehr dem materiellen Plan entstammend, nachzuspüren. Zugleich erwächst hieraus die Pflicht, uns entsprechend vorzubereiten. Dem steht nichts im Wege, ein „Du-sollst-nicht! Du-darfst-nicht!“ gibt es für den geistig Strebenden nicht!

Zu sehr befinden wir uns im Bann des Geheimnisvollen, noch Ungeklärten, das uns umgibt, kein Denkender kann sich diesem Zauber entziehen. Nur gerüstet müssen wir sein, bevor wir das Titanische zu meistern suchen. In zäher Ausdauer gilt es zu erstarken.

Ausgang unserer Forschung sei der Mensch — der Nachweis überweltlicher Dimensionen unserer Forschung Ziel.

Eh' wir beginnen

Zuvor noch ein Wort an den werdenden Esoteriker.

Der Augenblick, der Sie zu diesen Bänden greifen lässt, kann für Sie die Geburtsstunde eines neuen Lebens sein — ja ist es *gewiss* — wofern Sie das darin Gegebene, vor allem die Exerzitien dieses Bandes Tat werden lassen. Tat werden: darauf kommt es an.

Nichts wird vorausgesetzt, weder Wissen noch Können, außer ehrlichem Wollen. Wir beginnen beim Elementarsten, gewissermaßen mit den Vokabeln, dem ABC der Geheimwissenschaft, einer Wissenschaft, die übrigens gar nicht mehr so geheim ist.

Keiner Hilfe von irgendwoher bedarf es. *In Ihnen einzig ruht die Kraft!*

Nur *aufgeben* müssen Sie, was des Weggebens wert: das Negative, Herabziehende, Hemmende, Sie Behindernde.

Der zu entrichtende Tribut? Unbändiges *Selbstvertrauen*, nie erlahmende Arbeit an Ich und Charakter, an Körper, Seele und Geist.

Dann bleibt der Erfolg bestimmt nicht aus. Schon die Befolgung der grundlegenden Lebensmaximen verändern erfreulich alsbald Persönlichkeit und Umwelt. Weit mehr noch wächst der magische Aktionsradius durch die volle Auswertung des Kraftfeldes Mensch, durch Steigerung der persönlichen Strahlkraft, Aktivierung der Macht der Gedanken, Infunktionssetzung der dynamischen Tiefenkräfte der Seele, um nur einige der wichtigsten Faktoren zu nennen. Das Dasein gestaltet sich lebenswerter, der Weitblick weitet sich, Fähigkeiten reifen, die es ermöglichen, magisch zu wirken.

Keiner weiteren Vorbereitung als die Befolgung der in diesem Bande empfohlenen Lehren, Ratschläge und Hinweise bedarf es. Gleiches gilt für die Praktiken, die Band zwei vermittelt, der Wegweiser ist für die Jünger des magisch-mystischen Pfades.

Freilich mühelos wird nichts geschenkt, am allerwenigsten dort, wo es um Fragen des Schöpfungsgeheimnisses geht. Erwarten Sie also nichts aus Nebulosem. Ein Trug, der Traum vom Zauberborn, der jegliche Wünsche stillt.

Ihre Brust ist der Fels des Moses, dem der Zauberquell entspringt.

Der Zauberstab hierzu?

Ihr durch Studium und Arbeit gewandeltes Wesen.

I

Des Erfolgsmenschen neuer Tag

Grundforderung / Tagesplanung
Gymnastik / Körperpflege

Grundforderung

„Geist und Wille gebären mich neu!"

Dies sei die Losung. Sprechen Sie diese Worte in sich hinein, überzeugt davon, dass Sie an einem entscheidenden Wendepunkt stehen. Unausgesetzt töne es in Ihnen:

„*Abgeschlossen* liegt das alte Leben hinter mir;
der unbehauene Stein eines neuen vor mir.

Bereit bin ich, ihn zu formen, zu winkeln, zu glätten.

An der Schwelle des neuen Seins gelobe ich mir *unerschütterliche Ehrlichkeit* zu mir selbst. Aufrichtig will ich sein in allem, zu allen."

Und im Anschluss daran, der nicht minder wichtige Schwur:

„Positiv sei fortan mein Denken.

Jederzeit erfülle mein Wesen *Glaube — Mut — Selbstvertrauen."*

Tagesplanung

Ordnung in allem lautet eine weitere Grundforderung. Ordnung im Denken, im Planen, im Tun.

Jegliches an seinem Platze, jegliches zu seiner Zeit.

Ordnung und *Zielsetzung*!

Geben Sie jedem Tag seinen Sinn, seinen Zweck. Planen Sie klug voraus für den nächsten.

Entspannen Sie sich jeden Abend vor dem Einschlafen. Bringen Sie Ihre Gedanken zur Ruhe. Werden Sie äußerlich wie innerlich absolut still.

Erforschen Sie Ihre Bewusstseinsinhalte, damit Sie die Triebkräfte Ihrer Seele kennenlernen. Scheiden Sie die Strebungen in höhere und niedere. Im Verlauf unserer Selbsterziehung gilt es, die

Fronherrschaft der herabziehenden Impulse zu brechen. *Daher jeden Abend Kontrolle der Gedanken, Gefühle und Empfindungen.* Entlarven Sie unnachsichtig, ohne Beschönigungsversuche Ihr Wünschen und Trachten. Nennen Sie es krass beim Namen. Leuchten Sie hinein in die verborgensten Winkel Ihrer Triebnatur.

Verweisen Sie das Negative aus Ihrer Vorstellungswelt, jeden nutzlosen, selbstsüchtigen Gedanken, jedes schwächende, sinnenverhaftete Gefühl. Aber nicht nur während des abendlichen „Selbstgerichtes"; überwachen Sie auch tagsüber streng Ihr gesamtes Wollen. Beobachten Sie scharf Ihre Neigungen, Triebe und Leidenschaften.

Lernen Sie Gedanken und Gefühle bis zur Meisterschaft beherrschen!

Der kritischen Selbstschau folgt die

Planung für den kommenden Tag,

was zu unterlassen ist, was getan werden muss.

Überdenken Sie Ihre berufliche Tätigkeit, wie Sie diese rationeller ausgestalten können, um Zeit und Kraft einzusparen und schneller voranzukommen. Überlegen Sie zugleich, wie Sie Ihre Freizeit besser noch zu nutzen vermögen zu Ihrer notwendigen Erholung und Weiterbildung.

Stete Devise für Beruf wie Freizeit sei: *Positives Denken*! — Innerliche und äußerliche *Ruhe*!

Nochmals also: Ständige Überwachung des Gedankenlebens! Reinigen Sie es unablässig.

Fort mit Missstimmung, Ärger, Sorge, Melancholie, mit Furcht und Angst. Weg mit diesen Energie verschlingenden Lügenkobolden. Hinaus mit diesen Kraft fressenden Vampiren.

Keine Sentimentalität — keinerlei Illusionen. Träumen Sie nicht von vergangenen Zeiten, trauern Sie nicht verpassten Gelegenheiten nach. Sinnlos ist die Reue.

Jetzt ist die Zeit zum Handeln da. Packen Sie zu. Scheuen Sie keinen Kampf. Durch heißt die Parole.

Hart müssen Sie werden, unerbittlich; nichts darf ferner bestehen, was nicht Ihrer Vervollkommnung dient.

Roden Sie, wo immer es zu roden gilt. Hämmern Sie emsig

darauf los. Winkeln, glätten Sie den rohen Stein. Ihr sich ständig stählender Wille ist der Hammer, der Meißel: die Kraft des hochgepolten Gedankens.

Dann sind Sie Werkmeister an Ihrem Lebensbau; Werkmeister zugleich am Bau des EWIGEN. Sie schaffen mit am Großen Werk, das getan werden muss.

Vergessen Sie das nie, wenn Sie die Abendbilanz ziehen.

Nach Beendigung der Tagesüberschau und der Vorausplanung gehen Sie wieder ein in den Zustand der Entspannung und dann entsinken Sie in wortloses Schweigen, bis Sie der Schlaf umfängt. —

Morgens beim Erwachen kurze Wiederholung der abendlichen Zielsetzung, dann freudigen Gefühles sofort vom Lager auf.

Atmen, gymnastische Übungen, bürsten, waschen und frottieren des ganzen Körpers leiten den Tag des Erfolgsmenschen ein.

Anschließend genießt er in Ruhe sein Frühstück, ehe er seine Tätigkeit nach Vortags festgelegtem Plan beginnt. —

Ruhe — Gelassenheit — Harmonie erfülle Sie den ganzen Tag. Darum als Wichtigstes: Reißen Sie sich los vom irr hetzenden Gejage unserer profitwütigen Zeit!

Dies, im Rohbau, der Tageslauf des Werdenden.

Und noch eines: Lernen Sie *Schweigen*! Im Schweigen liegt Macht.

Bezwingen Sie Ihr Mitteilungsbedürfnis. Prüfen Sie von nun an jedes Ihrer Worte. Kargen Sie mit Ihrem reden. Pläne werden zunichte, gibt man sie vorzeitig preis. Eine alte Erfahrung. Auf keinen Fall dürfen Sie jemand von Ihrer Schulung erzählen. Sie muss allen Ernstes eine geheime sein. Erst an ihren Früchten soll man sie erkennen. Aber selbst dann noch ist es ratsam, über das Wie zu schweigen. Es sei denn, es handle sich um einen Gleichgesinnten, um einen aufrichtig Suchenden. Nicht eher jedoch, bis Sie es geschafft haben.

Über unsere persönlichen Geheimnisse aber bewahren wir nach wie vor *tiefstes Stillschweigen.*

Gymnastik

Gestalten Sie Ihre gymnastischen Übungen jeweils so, dass alle Körperzonen einbegriffen werden. Beachten Sie besonders diejenigen, die während der beruflichen Tätigkeit brachliegen. Beugen Sie zunehmender Schwerfälligkeit vor durch elastizierende Lockerungsübungen, vor allem wenn Sie vorwiegend körperlich schwer arbeiten. Sitzen Sie viel, so ist es angebracht, erhöhte Aufmerksamkeit den unteren Leibespartien zu schenken. Jedenfalls sollten stets mit einbezogen werden Drehen und Kreisen von Kopf, Rumpf, Armen, Beinen sowie das Strecken und Beugen des ganzen Körpers.

Keine Übung gehe rein mechanisch vor sich. Mit größter Aufmerksamkeit ist jede Bewegungsphase zu vollziehen. Unentwegt habe man den erwünschten Zweck im Auge, wie Lockerung, Elastizierung, Spannkraft usw. Durch die gedankliche Vorstellung erzielen wir zugleich seelische Tiefenwirkungen. Wir beseitigen dadurch depressive Anwandlungen. Unsere Einstellung gegenüber auftretenden Hindernissen und Schwierigkeiten wird positiver, entschiedener. Ganz vorzüglich eignet sich zu solcher autosuggestiven Gymnastik ein Spruch Goethes, den wir gleich am Morgen, ehe wir hinaustreten in den Alltag, praktizieren wollen.

Exerzitium:

Haltung aufrecht, gestrafft — Brustkorb gewölbt — Hände gefaustet, fest an die Brust — Gesichtsausdruck zuversichtlich, energisch. — Tief aus- und einatmen.

Während der Übung sprechen (oder denken) wir kraftbewusst, mit der Vorstellung, jedes sich in den Weg stellende Hindernis unter allen Umständen zu beseitigen:

„ALLEN	Arme kräftig vorstoßen;
GEWALTEN	Arme energisch zurück an die Brust;
ZUM TRUTZ	Arme seitlich stoßen;
SICH ERHALTEN	zurück zur Brust,

NIMMER	wieder vorstoßen,
SICH BEUGEN	zurück zur Brust,
KRÄFTIG	seitlich stoßen,
SICH ZEIGEN	zurück zur Brust;
RUFET	Arme hoch stoßen;
DIE ARME	Arme abwärts zur Brust,
DER GÖTTER	erneutes Hochstoßen
HERBEI“	und abwärts zur Brust.

Diesen Vorgang wiederholen wir drei- oder fünfmal und beenden ihn sodann mit einigen Tiefatemzügen.

Ähnlich verwenden wir andere passende Sprüche und Leitsätze. Auch die Beine lassen sich unschwer in diese Art von Gymnastik mit einbeziehen. Wer sich später einmal der Runenpraxis widmet, findet dort weitere vertiefende Anleitungen. Es gibt eine eigene Runengymnastik zum Zwecke der Gesundung, Erkraftung und Erfolgsmehrung.

In jedem Falle gewinnt durch das kombinierte Verfahren von Gymnastik und Autosuggestion die seelische Haltung.

Körperpflege

Gesundung und Kräftigung des Organismus ist oberstes Gebot. Keine seelisch-geistige Harmonie ohne wohl funktionierenden Körper.

Die Behebung schwerer Dissonanzen seien dem Arzt überlassen, tunlichst dem geistig orientierten. Also nicht so sehr dem mit massiven Giften angreifenden Allopathen. Homöopathie, Biochemie, Spagirik, Naturheilweisen, Heilkräuterkuren, Licht-, Farben-, Luft-, Wasser-Therapie, Heilatmung usw. sind der herkömmlichen Medizin entschieden vorzuziehen.

Darüber hinaus tun unsere Exerzitien das übrige.

Naturgemäße Lebensweise ist wohl selbstverständlich. Die Nahrung sei chemisch unverfälscht, hochwertig in der Qualität, kein Zuviel noch Zuwenig in der Quantität. Je naturreiner, desto zuträglicher ist das Genossene dem Körper, desto, stärker wird sein energetisches Strahlungsfeld.

Anzustreben ist eine vom Tiermord freie Ernährungsweise!

Vor einer zu plötzlichen Umstellung jedoch sei gewarnt. Mit fortschreitender Entwicklung dürfte sich der Organismus allmählich des Fleischgenusses von selbst entwöhnen.

Außerdem sind die Naturen zu verschieden. Die eine bedarf mehr der aktiven, wärmebildenden Eiweißnahrung, der anderen genügt passive, wärmehindernde Pflanzenkost. Hier spricht das Temperament mit. Starre Regeln sind abwegig. Jeder entscheide hier individuell.

Die Kräfte des Gehirns verlangen nach vitamin-, phosphor- und eisenhaltiger Nahrung, die des Gefühllebens nach blutbildenden, Hormone erzeugenden Nährstoffen. Zusätzlich helfen hier Vitaminpräparate sowie biochemische Gaben. Vitamine finden sich auch reichlich in Früchten und sonstiger Rohkost.

Ausgeglichene Seelenstimmung bei den Mahlzeiten ist unerlässlich, anders bekommt uns das beste Essen nicht. Vor und nach Tisch ist kurzes besinnliches Schweigen empfehlenswert, verbunden mit Gedanken des Dankes an alle Wesen und Kräfte, die uns die Nahrung bescherten.

Und *essen Sie langsam*. Kauen Sie gründlich. Immer mit der Vorstellung der *Kraftzufuhr*. Je gefühlsbetonter das gelingt, umso nachhaltiger werden Sättigung und Kräftigung sein.

Nicht weniger wichtig ist die:

Reinhaltung des Körpers;

innen wie außen. Markante Punkte innerer Reinigung sind: Regelmäßige *Verdauung*; *Entschlackung* durch Blutreinigungskuren und ähnliche Prozeduren; *giftstofffreie*, reizlose, naturreine Ernährung; weitgehende *Einschränkung* der *Genussmittel* wie Coffein, Teein, Alkohol, Nikotin; Fasten, insbesondere bei Magenverstimmung, Verdauungsbeschwerden und anderen Warnzeichen der inneren Natur.

Die *äußerliche* Reinigung hängt eng zusammen mit der *Pflege der Haut*. Sie umfasst vorwiegend Ganzwaschungen, Bäder, Massagen, Ölung.

Anzuraten ist, morgens nach dem Aufstehen und abends vor dem zu Bett gehen den ganzen Körper mit stubenwarmem Wasser abzuwaschen und nachfolgend die Haut bis zur leichten Rötung zu frottieren. Empfehlenswert ist ferner gründliches Bürsten täglich und des öfteren eine Ganzmassage. Vor allem unterziehe man die Fußsohlen dieser nervenbelebenden Prozedur mit einer nicht zu weichen noch zu harten Bürste.

Neben der Lunge ist bekanntlich die Haut das wichtigste Atmungsorgan. Je reiner die Poren, desto intensiver ihre Funktion. Daher ein ernstes Wort an die weiblichen Erfolgsschüler: Verstopfen Sie diese nicht mit Puder, Schminke, Make-up. Sie brauchen dieses Täuschungsmanöver nicht. Wenn Sie nach diesem Lehrgang arbeiten, stellt sich Frische und Straffung der Haut ganz von selber ein.

Vollbäder genügen einmal wöchentlich, öfters Baden zieht nicht selten einen Verlust an Kraft nach sich. Regel sei ferner: nicht zu heiß, noch zu lang. Fünfzehn Minuten sei die Grenze.

Zur Hautpflege verwenden wir alkalifreie Waschmittel und Pflanzenfettseifen.

Nach jedem Bad oder Ganzabreibung *ölen* wir den Körper sorgfältig ein. Zuerst bestreichen wir ausreichend mit Öl Fußsohlen, Beine, Achselhöhlen, Arme, Leistengegend, Solarplexus, Herzgegend, Hals, Stirn. Sodann verteilen wir das Öl, leicht massierend, über die gesamte Körperfläche, bis es die Haut vollends absorbiert hat. Wir nehmen dazu stets einwandfreie pflanzliche Öle. Empfohlen sei echtes Eukalyptusöl.

Soweit — vorläufig — über die Reinigung des Organismus.

Hinzu tritt später die geistig-fluidale, so vor allem die Odreinigung der Aura.

Damit wäre das Fundament gelegt zu einer neuen Lebensformung. Sagen Sie nicht, dies seien Binsenwahrheiten, längst nicht mehr neu und wohl auch überflüssig. Neu nicht, das stimmt. Kein ernstzunehmendes Schulungssystem verzichtet darauf, kann nicht verzichten; gleichgültig ob es einzig auf äußere Erfolge aus ist oder ob es eine mehr spirituelle, parapsychologische Entwicklung anstrebt; es muss sich an die üblichen Grundforderungen halten, sonst hängt es mit seiner ganzen Arbeit in der Luft. Ohne Beachtung der elementaren, sich immer gleichbleibenden Lebensregeln ist eine Schulung, die den Menschen von Grund auf wandeln soll, unmöglich.

II

Entspannung

Eine weitere grundlegende Forderung für das neue Werden ist die souveräne Beherrschung von Körper und Gedanken. Ohne diese zielgerichtete Herrschaft ist eine Erfolg bringende Lebenspraktik undenkbar. Schon die einfachsten Atemübungen verfehlen ihren Zweck in einem verkrampften Körper, ja schädigen oft mehr als sie nützen. Ebenso wenig sprechen die feineren Schwingungszentren auf Laut und Ton an. Mehr noch bedürfen Konzentration, Meditation, Innenschau und suggestive Selbstbeeinflussung intensiver Entspannung.

Völliges Gelöstsein ist erstes Gesetz.

Ohne richtige Entspannung sind psychodynamische Praktiken schwer durchführbar. Wer sich an parapsychische Experimente wagt oder gar mystische Zustände erstrebt, muss ebenfalls zuvor das ungebärde Vehikel zur Ruhe bringen.

Gewollte Passivität — gewollte Entspannung sind Vor- und Grundbedingung jedweder psychischen Höherentwicklung und stehen begreiflicherweise auch im Yoga obenan. Nur passives Sichlösen von Verkrampfung, Unruhe, Unrast erzeugt Tiefenwirkungen. Es gibt keine bessere Medizin für Übermüdete, Überreizte, nervlich Zerrüttete als die *Stille gewollten Entspanntseins*, die Ruhe bewussten *Schweigens*.

Ausdauerndes Üben führt zum restlosen Vergessen des Körpers, befreit von der Last der Erdenschwere, schafft einen Zustand innerer Geborgenheit.

Das erste Hochziel neuen Werdens: *Die Herrschaft über den Körper!* Brechung seiner Tyrannei, die er uns aufzwingt vom ersten Tage seiner Existenz an. Anfangs wird er sich aufbäumen, sich dagegen stemmen. Leicht macht er uns den Sieg bestimmt nicht. Mystiker wie Magier aller Zeiten und Zungen berichten in nüchterner oder blumenreicher Sprache von der Widerspenstigkeit des Fleisches, von den dornenreichen Kämpfen wider seine Tücke. Willfähriges Instrument jedoch hat der Körper zu sein. Es bestmöglich zu verfeinern sei von jetzt ab unser Streben. Keine der in den Exerzitien eingenommenen Stellungen darf der Körper von sich aus auch nur um Haaresbreite verändern. Mag er mit Unbehagen, Jucken, Schmerzen uns noch so stürmisch attackieren, wir zwingen ihm unseren Willen auf. Wir brauchen keineswegs ängstlich besorgt zu sein, es könne ihm etwa schaden. Zu schwere oder gar körperschädigende Posen vermeiden wir ohnehin. Desgleichen was die Dauer der Übung anbelangt. Zeitlich halten wir ebenso Maß.

Von vornherein unterscheiden wir scharf zwischen tatsächlicher Überanstrengung und mangelnder körperlicher Disziplin. Trägheit, Laschheit, nervöser Unrast, kribbeliger Ungeduld begegnen wir mit einem unerschütterlichen DENNOCH.

So entwachsen wir von Übung zu Übung dem Zwange fleischlicher Despotie, wobei wir noch einen anderen Vorteil buchen können. Diese einfachen, von jedermann durchführbaren Entspannungsexerzitien stärken bereits unsere *Willenskraft*, steigern unser *Konzentrationsvermögen*.

Wie segensreich sich die Entspannung auf allen Gebieten des Seelisch-körperlichen auswirkt, beweist das Interesse das ihr heute in immer größerem Maße Ärzte und Psychotherapeuten entgegenbringen. Wer hätte nicht schon vom „autogenen Training" gehört? Eine Methode des Entspannens, der der Berliner Nervenarzt C. H. SCHULTZ schon vor Jahren Eingang in die ärztliche Praxis geschaffen hat. Anstoß gaben sicher dazu die Erfolge der auf psychodynamischer Grundlage arbeitenden Suggestionspraktiker, die ihrerseits wiederum aus dem Okkultismus und Yoga schöpften.

Sechs Exerzitien zur Entspannung

Erstes Entspannungsexerzitium

Legen Sie sich ohne beengende Bekleidungsstücke bequem, längelang auf ein Ruhebett. Arme zwanglos seitlich des Körpers. Füße eventuell leicht erhöht auf einem Kissen. Im Nacken eine kleine Stützrolle. (Wer noch dazu die Polarisation der Erdaura berücksichtigen will, wähle als Lage: Kopf = Norden, Füße = Süden.) Der Raum sei lärmgeschützt. Abdunkeln oder Blaulicht unterstützt wesentlich die Erschlaffung. Nun richten Sie zuerst Ihre ungeteilte Aufmerksamkeit auf den Atem. Wie von selbst ströme er; ruhig, gleichmäßig. Also keine gewollte gesteuerte Atmung, sondern fließend *atmen lassen*. So bringen wir allmählich die Gedanken zum Schweigen.

Nach Stillung der Gedanken — (werden Sie bitte nicht ungeduldig, wenn sich dieser Zustand nicht sofort auch nur annähernd zu Ihrer Zufriedenheit einstellt) — nach erlangtem inneren Schweigen:

Konzentration auf völlige Erschlaffung des Körpers.

Beginnen Sie bei den Füßen. Erfühlen Sie, wie diese immer schwerer werden, wie diese Schwere auf die Beine übergreift, die Schenkel empor, zum Leib.

Nunmehr Hände — Arme — Brust — Hals — Gesicht — Kopf.

Desgleichen die Innenorgane. (Ausgenommen das Herz.)

Verweilen Sie in diesem wundervollen gelösten Zustand. Achten Sie darauf, dass er nicht gestört wird von unwillkürlichen Bewegungen. Keinerlei Spannung, kein Zucken der Muskeln, selbstverständlich auch kein zudringlicher Gedanke darf ihn beeinträchtigen. Halten Sie dabei die Augen geschlossen und bleiben Sie wach. Die anfänglich sich einstellenden Schwierigkeiten müssen überstanden werden. Fassen Sie dieses, wie jedes andere Exerzitium zugleich als Willenstraining auf. Als erfüllt gilt die Übung, wenn Sie Ihren Körper so gut wie nicht verspüren, er unbeweglich, gelöst in absoluter Ruhe verharrt; wenn keine Vorstellung vom Gemüt her Sie belästigt.

Richten Sie Ihre Gedanken im Zustande des Entspanntseins auf

Ruhe — Stille — Friede — SCHWEIGEN.

Geben Sie sich ganz hin diesem Gelöstsein. Üben Sie täglich wie es Ihnen Ihre Zeit gestattet, wenn möglich, morgens und abends zur gleichen Stunde — und zwar durch Monate! Beginnen Sie mit drei Minuten. Steigern Sie ganz langsam bis zu einer halben Stunde. In der ersten Zeit jedoch genügt es vollauf, die Übung auf fünf bis acht Minuten auszudehnen. Nicht auf die Länge der Zeit kommt es an, die Gründlichkeit der Durchführung entscheidet.

Der Übergang in den Normalzustand erfolge allmählich. Einige gymnastische Übungen darauffolgend — Arme beugen, Beine strecken — stellen das Gleichgewicht wieder her. Dies natürlich nicht, wenn man von der Übung in den Schlaf überleiten will.

Praktische Anwendung:

Bei körperlicher Übermüdung, geistiger Anstrengung, Abspannung, Depressionszuständen, Gemütserregungen usw.

Richtig durchgeführt belebt dieses Exerzitium in jeder Hinsicht. Die Nerven gesunden, nervöse Erscheinungen schwinden; Gereiztheit weicht überlegener Ruhe; geistige Frische stellt sich ein; der gesamte Organismus kräftigt sich. Alles in allem, eine treffliche Therapie für jeden von uns, den der Alltag zu zerreiben droht, besonders bei Überarbeitung geistiger Natur, bei nervlicher Zerrüttung und zu großer körperlicher Inanspruchnahme.

Zweites Entspannungsexerzitium

Stellung: Liegend, späterhin auch im Sitz.

Vorbedingung: Wie zuvor.

Entspannungsfolge: Lösen Sie Stück für Stück die Spannungen.

Beginnen Sie bei den Händen, und zwar: Daumen rechts — Daumen links; Zeigefinger rechts — Zeigefinger links und so fort, wechselseitig bis beide Hände entspannt sind.

Hierauf: rechter Unterarm-linker Unterarm; rechter Oberarm — linker Oberarm; rechte Schulter — linke Schulter; sodann rechter Fuß — linker Fuß;

wechselweise aufwärts: Knie — Schenkel — Unterleib — Brust — Rücken — Hals — Nacken.

Zuletzt: Kopf, beginnend bei den Gesichtsmuskeln, nachfolgend: Augenlider — Zunge — Kiefer.

Abschließend Lösung aller Spannungen im Nervensystem und den Innenorganen.

Gehen Sie in Gedanken ganz langsam, sachte Ihren Körper durch. Entziehen Sie ihm alle Spannung, befreien Sie ihn von jederlei Verkrampfung. Lassen Sie jeden Muskel, jede Sehne weitmöglich erschlaffen.

Und immer wieder: *Erfühlen* Sie dieses wundervolle Gelöstsein. Heißen Sie alles was Sie quält in sich *schweigen*.

Drittes Entspannungsexerzitium

Eine zweite, ebenfalls von vielen geübte Art der Entspannung führt die muskuläre Erschlaffung in nachstehender Reihenfolge durch.

1. Fuß und Bein rechts. — Das Schwereempfinden wird in Richtung nach dem Körperschwerpunkt gesteuert.
2. Hand und Arm rechts. — Schwereempfinden wiederum einwärts zum Schwerpunkt des Körpers.
3. Entspannung des Gehirns durch Ruhigstellung der Gedanken.
4. Schwereempfinden in Gesicht — Zunge — Unterkiefer — Nacken; einwärts wie vorstehend.
5. Hand und Arm links, wie oben.
6. Fuß und Bein links, wie oben.
7. Sämtliche Organe im Rumpf einbeziehen. Immer dem Körperschwerpunkt zu.
8. Zuletzt aufrollen der Zunge, dergestalt, dass die Spitze zum Schlund weist und etwas eingesaugt wird. — Augäpfel leicht nach oben (Stirnmitte) richten.
9. Den Ruhepunkt bildet das Herz, auf das sich nach Auflösung aller Spannungen die Aufmerksamkeit konzentriert.

(Vertreter der mystischen Richtungen allerdings empfehlen größte Vorsicht hierbei.) Keinesfalls darf die Konzentration auf das physische Herz vorgenommen werden bei fehlender körperlicher Gesundheit, unreinem Gedankenleben und mangelndem inneren Entwickeltsein. Im Allgemeinen geben Mystiker den Vorzug der Konzentration auf die Brustmitte, Sitz des „mystischen Herzens". Ihrer Ansicht nach ist so das Exerzitium gefahrloser und soll bei genügend langem Training, so wird behauptet, zu bestimmten mystischen Erlebnissen führen.

Viertes Entspannungsexerzitium

Verfahren Sie in gewohnter Ruhelage wie beim autogenen Training. Richten Sie Ihre ausschließliche Aufmerksamkeit auf den rechten Arm. Suggerieren Sie sich darin Schwere. Etwa wie Professor SCHULTZ es vorschreibt: „Rechter Arm schwer."

Dasselbe anschließend mit dem linken Arm.

Auf diese Weise können auch die Beine und dann der Rumpf miteinbezogen werden.

Ist das Schwereempfinden gut erarbeitet, wird auf Wärme umgeschaltet.

„Arme schwer und warm."

Das Wärmeempfinden muss den ganzen Körper erfassen, mit Ausnahme des Kopfes. Bei diesem richtet sich die Vorstellung auf angenehme Kühle.

Fünftes Entspannungsexerzitium

Der „Droschkenkutschersitz", abgelauscht dem einstmals auf Kundschaft wartenden, vor sich hindösenden Kutscher. Für die tägliche Praxis eignet er sich wie kaum eine andere Entspannungspose. Überall, wo wir sitzen und Muße haben, ist er durchführbar. Im Park auf einer Bank, im Kino, in Straßen- und Eisenbahn, als Mitfahrer im Auto, und sicherlich auch im Büro oder in der Werkstatt findet sich bestimmt ein unbewachter Augenblick, der uns eine kurze Entspannung in denkbar einfacher Sitzhaltung erlaubt.

Ein gewöhnlicher Stuhl genügt, auf dem wir bequem sitzen. Die Beine stellen wir in einigen Zentimetern Abstand voneinander parallel auf den Boden; Ober- und Unterschenkel etwa im rechten Winkel.

Nun sacken wir im Oberkörper zusammen und achten darauf, dass er hierbei leicht nach vorne fällt.

Die Unterarme ruhen auf den Oberschenkeln, die Hände zwischen den Knien. Der Kopf hängt schwer wie eine Kugel nach unten.

Nichts darf dieses Gelöstsein behindern, kein Spannen, kein Verkrampfen. Ohne vollkommene Muskelentspannung verfehlt die Übung ihren Zweck.

Jederzeit, wenn wir uns abgespannt fühlen, immer aber sofort nach Feierabend oder sonst einer anstrengenden Tätigkeit nehmen wir diese Haltung ein mit dem Gefühl letzten Gelöstseins, ledig aller Pflichten, Sorgen, Nöten. Wenige Minuten schon genügen zu neuer Erkraftung.

Sechstes Entspannungsexerzitium

Eine andere Art vorgenannten Sitzes wird ebenfalls gerne praktiziert. Hierzu bedarf es eines Stuhles mit bequemer Rückenlehne und Armstütze, nötigenfalls eines Kissens für den Nacken.

Wir nehmen so darauf Platz, bei mäßig gespreizten Beinen, dass Kopf und Rumpf nahezu eine Schräge bilden.

Die Arme ruhen mit ganzer Schwere auf der Lehne oder sie hängen über diese zwanglos herab.

Nichts darf behindern, keine beengenden Bekleidungsstücke, keine irgendwie gekünstelte Haltung. Schlaff, willenlos seien Leib und Glieder, gleichsam in ein erfrischendes Bad getaucht.

Hebt eine zweite Person unversehens einen der entspannten Arme hoch und lässt ihn plötzlich wieder los, so muss er — und das gilt bei jeder Art von Entspannung — dem Gesetz der Schwere gehorchend, ganz von selbst herunterfallen, ohne Zutun des Übenden.

Gleich dem Körper, den nichts mehr belästigt, sei das Gemüt. Frei sei es von Lasten und Hasten des Tages.

Die erste Hürde auf dem Wege zu Gesundheit und Lebenserfolg ist genommen, sobald wir uns einmal in jeder Lebenslage richtig zu entspannen vermögen.

III

Atemlehre

Die Atmungsarten / Der Vollatem / Der rhythmische Atem
Der vergeistigte Kraftatem (Die dynamische Vollatmung)

Die *Atempraktiken*

1. Beruhigungs-Atem
2. Anregung! — und Reinigungs-Atem
3. Zirkulationsfördernder Atem
4. Erwärmender Atem
5. Schlaffördernder Atem
6. Körperstärkender Atem
7. Nervenstärkender Atem
8. Meditations-Atem
9. Sonnenprana-Übung
10. Jima- und Airyama-Übung
11. Ida-Pingala-Atmung
12. Die 108 „mystischen Atemzüge“ der Tala-Yukta-Praktik

Uralt ist die Atemlehre. Noch heute bieten die Vorschriften des indischen Yoga eine unverfälschte Überlieferung der Mysterien des Atems. Eine Unzahl Bände über Atempraktiken füllt die abendländische Literatur. Aber wer versteht wirklich richtig zu atmen? Wem fällt es ein, tief die Luft einzusaugen? Rhythmisch, bewusst, Brust und Flanken füllend.

Unvollkommene, flache Atmung schafft im Körper aufnahmebereite Herde, Krankheitskeimen eine willkommene Brutstätte; denn die übliche Atmung scheidet nur höchst unvollkommen die sich ansammelnden Schlacken aus. Reste giftiger Kohlensäure verseuchen Lunge und Blut, schädigen Drüsen, Nerven und andere lebenswichtige Organe.

Regelmäßige Tiefatmung hingegen reinigt nicht nur den, Organismus, sondern fördert die *Selbstbeherrschung und wehrt „dem Gefühl der Furcht und Angst.*

Ja sogar auf Charakter und Intelligenz soll die Atmung Einfluss haben. Ein Pariser Arzt, Dr. MEINGOTT, der sich die Beobachtung seines alten Gärtners zunutze machte, vertrat zumindest diese These, der zufolge die spätere Entwicklung des heranwachsenden Menschen davon abhängig sei, wie er in der Jugend geatmet habe. Starke materielle Neigungen seien Folge ausgesprochener Unterleibsatmung. Verteile sich die Luft hauptsächlich im oberen Teil der Brust, so sei mit gutem Intellekt, mit dem Hang zu Studien zu rechnen. Kräftig sich spreizende Lenden vertieften das religiöse Gefühl; und wo sich die Atmungsarten vermischten, ergäben sich naturgemäß gemischte Naturelle.

Andere gehen noch weiter. Sie versichern, Länge und Tiefe des Atems beeinflusse Schicksalsverlauf und Lebensdauer. Anhänger von O.Z. HANISH, des Begründers der Mazdaznanlehre, sind der Ansicht, bei andauernder Tiefatmung verbessere sich nachweislich die Lebenslinie in der Hand. So soll bei einigen, von Natur aus mit einer kurzen Lebenslinie bedacht, bewusstes tiefes Atmen die ursprünglich angezeigte Lebensdauer bis zu zwanzig und dreißig Jahren verlängert haben.

An solchen Berichten mag was Wahres sein, zieht man in Betracht, dass richtiges Atmen den Stoffwechsel fördert, Darmträgheit vorbeugt, den Appetit erhöht, das Blut verbessert, die Körperwärme reguliert, Herz und Kreislauf anregt, den Gedankenstrom beruhigt, seelische Spannungen löst, und vieles mehr.

Allein nicht nur lebensnotwendigen Sauerstoff erhält unser Körper, wir nehmen außerdem — und hierin stimmen die Geheimlehren der verschiedenen Kulturkreise überein — ein Unwägbares mit der Atmung in uns auf: den Träger des universellen Lebenswillens, ohne dem es nichts auf Erden gäbe:

PRANA, die universelle Lebenskraft.

So der Yogi Indiens. Die Zarathustrier im alten Persien (und mit ihnen heute die Mazdaznanlehre) sprachen vom „Lichtsamen“, von Ga-Llama (auch Galama), die Alchimisten des Mittelalters wussten vom „Wasser des Lebens“, Erfolgspraktiker der neueren Schule haben dafür die Bezeichnung „Lebensstoff“ oder „Biogen“.

Nicht selten wird gewarnt vor dem gesundheitsschädigenden Hatha Yoga-Atem. Allein nicht bei diesem liegt die Schuld, vielmehr trifft diese die jeweilige Methode, die dem Anfänger oft Leistungen zumutet, denen der erfahrene Praktiker erst nach gewissenhaftem Training gewachsen ist. Natürlich kommt auf solche Weise der Lernende nie zum Ziel, obendrein, schlimmer noch, erleidet er vielfach körperliche Schädigungen. Unter anderem Zerrungen, Dehnungen der Lungenbläschen, Herzerweiterung.

Wir gehen daher äußerst vorsichtig zu Werke und meiden jederlei Forcierung. Das Mehr an Zeit gleicht der Erfolg aus.

Die Atmungsarten

Über die Arten des Atems sind sich wohl alle Atemschulen einig. Wir unterscheiden:

1. *Hochatem*, auch Schlüsselbein- bzw. Spitzenatmung genannt. Der „hohe Atem“.
2. *Mittelatem*, bekannt als „mittlerer Atem“, als Flanken-, Rippen-, Zwischenrippen- oder Brustatmung.

3. *Tiefatem* oder die Zwerchfell- oder Bauchatmung.

Jede Art ist in ihrer Wirkung unvollkommen und versorgt die Lunge unzureichend mit Luft. Erst die Synthese von Hoch-, Mittel- und Tiefatem ergibt

4. den *Vollatem*,

Grundlage jeder Atemgymnastik. Er nur versorgt die Lungen genügend mit sauerstoffreicher Luft, dehnt die Rippen und die Brustmuskulatur und macht das Zwerchfell, jene Scheidewand zwischen Brustkorb und Unterleib, dehnbar und elastisch. Rein zahlenmäßig schon lässt sich die überaus günstige Wirkung des Vollatems erkennen. Der übliche Atem führt der Lunge in der Minute 7 bis 10 Liter Luft zu, bewusste Vollatmung 50 bis 70 Liter!

Der Vollatem

1. In entspannter Ruhelage

Einatmen langsam, zwanglos durch die Nase; Muskeln, vor allem Hals- und Gesichtspartie locker.

Füllen Sie zuerst die unteren Lungenpartien, indem Sie das Zwerchfell nach unten drücken. (Ohne Pressen und Spannen selbstverständlich.)

Danach die mittleren Teile der Brust. (Flanken und Hippen treten nach außen.)

Zuletzt die oberen Partien durch leichtes Anheben der Brust. (Wobei die letzten Rippenpaare gleichfalls angehoben werden!) Abschließend Leib mäßig einziehen, um so der Lunge die nötige Stütze zu geben. Unbedingt zu vermeiden ist das Zerreißen der Einatmung in drei gesonderte Phasen. Alles vollziehe sich fließend in einem Zuge.

Atem anhalten einige Augenblicke. Wiederum ohne Krampf und Spannung.

Ausatmen durch den Mund mit dem Gefühl des Befreitseins. (Versuchen Sie späterhin auch durch die Nase auszuatmen.)

Kontrollieren Sie sich scharf. Nur wenn Brust und Zwerchfell schwerefrei und die Muskeln entspannt sind, ist der Zweck des

Exerzitiums erfüllt. Wundervolles Gelöstsein muss Sie beseelen.

Beobachten Sie Ihre Atmung abends im Bett. Hier ist meist noch ein Rest der ursprünglichen Atmung vorhanden. Als Kinder haben wir natürlich geatmet, und wir müssen es wieder lernen.

Atmen Sie in der Regel durch die Nase ein. Der Atemstrom fließt leichter, harmonischer. Die im Kopf vorgewärmte Luft schützt die Atmungsorgane vor Erkältungen und vor eindringenden Unreinigkeiten.

Das Ausatmen geht bei leicht geöffnetem Mund vor sich. Zwischendurch darf auch der Nasenatem geübt werden. Einige Autoren geben dieser Ausatmung sogar den Vorzug bei bestimmten Exerzitien. Üben Sie in der Folge beides.

Jeder Atempraktik geht eine langsame gründliche Ausatmung mit leichtgeöffnetem Mund voraus.

2. Im locker-freien Stand

Stellung I.

Körperlich wie geistig entspannt, Hände beiderseits schlaff herabhängend, Füße in etwa 20-30 cm Abstand parallel zueinander, Kreuz gerade, jedoch ohne Übertreibung. Kopf hoch. (Zu Beginn darf der Oberkörper leicht nach vorn geneigt sein. Im Zuge der Einatmung richtet er sich allmählich auf.)

Ausatmen mit *weichem* Aushauch bei mäßig geöffnetem Mund. Stoßen Sie bewusst die verbrauchte, mit gasigen Abfall-Stoffen verseuchte Luft aus. Nur eine gute Entleerung der Lungen bürgt für ausreichende Wiederauffüllung des Atemapparates. Oberarmschulter- und Schlüsselbeinpartie senken sich hierbei zwanglos.

Nach erfolgter Ausatmung wieder aufrichten und warten, bis der Organismus von selbst einzuatmen verlangt. Vergessen Sie nie, diesen natürlichen Impuls abzuwarten!

Einatmen durch die Nase so tief Sie es vermögen. Zuerst den Raum unten um das Zwerchfell füllend, nach und nach aufwärts, Flanken und Brustkorb.

Immer *ohne Anstrengung!* Hals- und Gesichtsmuskulatur gelockert.

Atem halten, kurz, wiederum ohne Zwang, Druck, Pressung, Spannung.

Ausatmen wie zuvor. Oberkörper leicht nach vorne fallen lassen.

Später auch durch die Nase üben. Ferner im Summton ausatmen.

Stellung II.

Stand bleibt derselbe, die Hände ruhen jedoch verschränkt auf dem Hinterkopf, wobei die Arme zum Körper eine Gerade bilden. (Also nicht mit vorstehenden Ellbogen.)

Bei der Ausatmung neigen wir den Kopf leicht nach vorn, beim Einatmen nach rückwärts.

3. Im Sitz

Wir setzen uns aufrecht auf einen Stuhl und üben wie vorstehend. Beim Ausatmen wieder den Oberkörper leicht nach vorne fallen lassen. Nach Erarbeitung des Ägyptischen Sitzes (Seite 84) üben wir zwischendurch auch in dieser Sitzhaltung.

Allgemein gesehen, sei geachtet auf Reinigung und Reinhaltung. Rein sei der Körper, rein die Gedanken, harmonisch das Gefühlsleben. Atemübungen (selbstverständlich nicht minder die weiteren Exerzitien zum Zwecke der Hochpolung) ohne Befolgung dieser Bedingung könnten sich sonst sehr unangenehm auswirken.

Zu beachten ist ferner, wie betont, die Haltung der Wirbelsäule. Gerade aufgerichtet ist sie dem Yogi Gewähr für den ungebrochenen Stromlauf der pranischen Lebensenergie. Physisch gewertet, arbeiten die oberen Lungenflügel besser bei aufgerichteter Wirbelsäule, was sich durch ausreichende Blutverteilung besonders bei den Kopf nerven bemerkbar macht.

Praktizieren Sie die gegebenen Vorübungen täglich zwei- bis dreimal. Viel Zeit erfordern sie nicht. Wenige Minuten tun es bereits.

Gehen Sie bitte nicht eher zu anderen Atemexerzitien über, bis Sie die in Arbeit genommene Übung gründlich beherrschen. Stets eingedenk: *Mit Gewalt lässt sich schwerlich etwas für die Dauer erreichen, wohl aber mit Geduld, Fleiß und Systematik.*

Der rhythmische Atem

Urgesetzlichem Rhythmus ist alles Bestehende im All unterworfen. Andere Züge vermöchten wir dem Universum zu geben, wären uns die Gesetze der Rhythmik voll bekannt. Soweit der Mensch sie erkennt und beherrscht, hat er sie zum Ausdruck gebracht in Kunst und Technik. Musik und Tanz wie Schwingungsforschung sind beredte Beispiele.

Auch der Atem ist dem universellen Rhythmus unterworfen. Allein die heutige Zivilisation hat diese naturgewollte Rhythmik zerrissen. Streben wir danach, uns von diesen Kulturauswüchsen zu befreien. Nachdem es uns in wohl wochenlanger Arbeit gelungen ist, die unnatürliche, flache, verkrampfte Atmung in harmonische Funktion zu bringen, geben wir ihr nunmehr die verlorengegangene Rhythmik wieder.

1. Übung.

Vorbedingung: Vollatem, wie wir ihn inzwischen erarbeitet haben.
Stellung: Im Liegen, Sitzen, Stehen, ebenso im Gehen.

Wir zählen dabei langsam:

Einatmen	5 Einheiten
Atem anhalten	3 Einheiten
Ausatmen	7 Einheiten

Nach dem Ausatmen warten wir, bis sich der natürliche Atemdrang einstellt.

Allmählich steigern wir:

7 — 5 — 9;
9 — 7 — 11;
11 — 9 — 13; usw.

Doch vermeiden Sie ja jede Forcierung. Üben Sie lieber eine minder hohe Zahl, aber umso gründlicher.

Den gesamten Atemverlauf wiederholen wir fünf- oder siebenmal. Einmal darin versiert, entsprechend öfter.

2. Übung

Oder wir passen den Atemrhythmus den Pulsschlägen an. Wir üben:

Einatmen	5 Pulsschläge
Atem anhalten	3 Pulsschläge
Ausatmen	5 Pulsschläge
Ausgeatmet warten	3 Pulsschläge

Wieder allmählich nach Vermögen im Verhältnis der ungeraden Zahl steigern.

Vorstehende Übung empfiehlt sich besonders im Gehen, indem man den Atem den Schritten angleicht, diese wiederum tunlichst mit dem Puls in Einklang bringt. Exakt durchgeführt in frischer, sauerstoffreicher Luft wirkt dieses Atemexerzitium harmonisierend auf den Organismus und sollte deshalb oft bei Spaziergängen und Wanderungen gepflegt werden.

Das Lebensgefühl steigert sich. Wohlbehagen und innere Sicherheit entheben uns der Schwere des Alltags.

Esoterischer Lehre zufolge beeinflusst die rhythmische Atmung das Molekularsystem. Sie gleicht die Lage der Moleküle zueinander aus, was sich durch erhöhtes Wohlbefinden und Erstarkung der Willenskräfte bemerkbar macht.

Es sind auch noch andere Rhythmen zulässig. Etwa: 5—1—5; 4 — 2— 4; oder: 4 ein — 2 halten — 4 aus — 2 Atempause; 6 ein — 3 aus — 2 Atempause.

Der vergeistigte Kraftatem (Die dynamische Vollatmung)

Ein Meer von Kraft pulst um uns. *Jiva*, die unendliche Lebensenergie, wie sie der Yogakundige nennt, erfüllt alle Räume. Mit jedem Atemzug nehmen wir einen Teil hiervon auf als Prana, als Lebensodem. Mangelte der Luft dieses Agens, das Leben müsste erlöschen in all seinen Formen.

In der Yogapraxis nimmt die bewusste Kraftaufnahme mittels vergeistigter Atmung eine breite Basis ein. Viele westliche Systeme der Persönlichkeitsentwicklung folgten diesem Beispiel. Auch für uns ist die rhythmisch-dynamische Vollatmung grundlegend.

1. Übung

Vorbedingung: Tiefe rhythmische Vollatmung.

Stellung: Im Liegen, Sitzen, Stehen oder Gehen.

Geistige Vorstellung:

Beim Einatmen: Die mit der Luft einströmende pranische Lebenskraft so deutlich wie nur möglich *erfühlen*.

Beim Anhalten des Atems: Mit gleicher Konzentration: Entzug der pranischen Energie aus der nunmehr im Körper befindlichen Luft.

Beim Ausatmen: *Hinleiten des angesammelten Pranastromes* durch den ganzen Körper zu allen Organen.

Zwischen Aus- und Wiedereinatmung: Sichbewusstwerden der *universellen Lebenskraft*, die alles umgibt und durchdringt.

Obigen Vorstellungen können wir noch folgende Suggestionen hinzufügen:

Vor dem Einatmen: „Der Kräfte verströmende Lebensodem umflutet mich.

Während des Einatmens: „Ich atme die mit pranischer Kraft erfüllte Luft in mich ein."

Beim Ausatmen: „Der Lebensstrom durchpulst meinen ganzen Körper und steigert meine Kräfte von Übung zu Übung, von Tag zu Tage."

Ähnliche autosuggestive Formeln kann sich jeder nach Belieben selbst bilden. Man klebe keinesfalls ängstlich am Worte. Hauptsache ist und bleibt — dies bei jeder psychischen Praktik! — die Imagination, die *Kunst des bildlich-plastischen Vorstellens*;

mit einem Wort: jederzeit das zu empfinden, zu fühlen, was man mit stärkster Konzentration denkt.

2. Übung

Erweitern Sie vorstehende Übung, aber erst dann, wenn Sie diese wirklich beherrschen.

A Das Prana wird im *Solarplexus aufgespeichert* und daselbst festgehalten. Gleich einem Akkumulator also wird das Sonnengeflecht aufgeladen. Ein Vorgang, der auf alle anderen lebenswichtigen Zentren ausgedehnt werden kann, auf Nerven, Lunge, Hirn oder im metaphysischen Sinne auf die einzelnen Chakras (Siehe VIII). Stets aber mit Vorsicht. Nie darf ein Organ überladen werden. Übertreibung schadet auch hier.

B *Ansammeln* der Lebenskraft im Sonnengeflecht wie zuvor und während der Ausatmung auf den *Nervenkörper einstrahlen*.

Oder aufspeichern in den *Lungen* und *überleiten in das Blut und Aufladen der Blutkörperchen.*

C Bei hinreichend geschulter Vorstellungskraft:

Einatmen der Prana-Essenz durch die Hautfläche des ganzen Körpers.

Desgleichen durch die *Knochen* (ebenso durch die Muskeln) als ob diese porös wären.

Am vorteilhaftesten ist hier stückweises Vorgehen. Zuerst die Fußknochen, dann die Knochen der Beine, der Brust, der Arme, zuletzt die des Kopfes.

Abschließend als universelle Übung: Pranazufuhr durch die Haut, wie oben angeführt. Variationen sind gestattet.

Mit Beherrschen der rhythmisch-dynamischen Kraftatmung ist das Hochziel des Vollatems erreicht. Alle weiteren Atemexerzitien basieren auf den gleichen Grundbedingungen.

Üben Sie regelmäßig! Doch kein Zuviel. Äußerste Vorsicht ist geboten bei schwacher Lunge und bei Herzleiden. Und immer: Körper gelöst, entspannt, ohne Druck, Pressung und Gewaltanwendung; Lunge gründlich entleeren und — wo nicht anders vorgeschrieben

— natürlichen Atemdrang abwarten. Nie zu viel Luft in sich hineinpressen, niemals die Zeiten der einzelnen Atemphasen über Gebühr ausdehnen. Bei gewissenhafter Befolgung dieser Regeln werden ganz sicherlich die Atemexerzitien Geist und Körper beleben, die Widerstandskraft stählen, den Lebensmut mehren. Dies umso mehr, je kontrollierter wir die Gedanken am Zügel halten.

Beginnen Sie künftighin jede Übung mit dem vergeistigten Vollatem und laden Sie sich nach Beendigung derselben mit dem pranischen Lebensfluidum. Verbinden Sie diese Aufladung mit dem Gefühl allumfassenden Stillesein, erlösender, befreiender Harmonie, beglückender, unbesiegbarer Kraft.

Atmen Sie Ruhe!

Atmen Sie *Harmonie*!!

Atmen Sie *KRAFT*!!!

Kehren Sie aus dieser Betrachtung zurück zu Ihren Pflichten mit der Ruhe des Gelösten, der Harmonie des Befreiten, der Kraft des Werdenden, und das Grau des Tages wird an Öde verlieren, an zermürbender Hast. Die Menschen werden Ihnen anders erscheinen — und Sie den Menschen. —

Aus der verwirrenden Überfülle an Atempraktiken wollen wir uns eine erprobte Auswahl zu eigen machen. Nicht früher jedoch, bis alle bisher geforderten Voraussetzungen dazu erfüllt sind.

Die Atempraktiken

Atempraktiken mannigfachster Art kennt der Yoga, dienend verschiedensten Zwecken, wenig zusagend der Konstitution des Durchschnittseuropäers. Nicht selten sogar wirken sie höchst schädlich. Wir sehen daher von besonders komplizierten Atemweisen ab. Der westliche Organismus darf ohne gründliche Vorbereitung nicht mit solchen mitunter recht drakonischen Praktiken attackiert werden.

Beherzigen Sie diese Warnung. Bauen Sie die folgenden Exerzitien nur ganz allmählich und nicht früher in Ihr Übungsprogramm ein, bis Sie die Technik der Atmung einwandfrei erarbeitet haben. Nur so zeitigt ausdauerndes regelmäßiges Üben Erfolge auf allen Lebensgebieten.

1. Beruhigungs-Atem

A

Stellung: Im Liegen, Sitz, Stand oder Gehen. Gründlich ausatmen auf den Zischlaut S.

Natürlichen Atemdrang abwarten.

Einatmen: Sehr langsam und tief (wie immer durch die Nase).

Atem anhalten: Ganz kurz.

Ausatmen: Kräftig (jedoch ohne Gewaltanwendung) mit — wie zum Pfeifen — gespitzten Lippen. (Wangen dabei nicht aufblasen!) Die Luft wird stoßweise auf „pf" ausgeschieden, in Gedanken alles Belastende, Bedrückende mit.

Atemdrang abwarten und wieder wie zuvor. Drei- bis fünfmal wiederholen.

Zur Angleichung an den natürlichen Atemrhythmus sollte jedes Atemexerzitium mit dieser Übung seinen Abschluss finden.

B Erweiterte Form

Wie bei A; nur wird jetzt die Luft nach der Einatmung durch *Einziehen des Unterleibes in den Brustkorb gehoben und durch nachfolgendes Vorwölben des ersteren in den Leib zurückgeführt.*

Diesen Vorgang wiederholen wir, solange er ohne Zwang und Anstrengung verläuft, hernach atmen wir wiederum stoßweise auf „pf" aus.

2. Anregung- und Reinigungs-Atem

A

Stellung: Aufrechter Stand, Kopf im Nacken. Einatmen und *gleichzeitig* Arme seitlich strecken. Ausatmen und mit der gefausteten Hand dreimal kurz an die Brust schlagen. (Nicht zu kräftig!) Insgesamt dreimal.

Hierauf: Einatmen und Atem halten und dreimaliges an die *Brust* schlagen. Diese Phase nur *einmal*. — Abschließend:

Einatmen und Arme an die Brust und unter die Achselhöhlen zur Wirbelsäule führen und dort bei voller Entspannung rückwegs herabgleiten lassen.

B

Stellung: Wie oben.

Einatmen: Tief und langsam. Kurz vor Beendigung der Phase an die Brust schlagen.

Ausatmen: Die Hände ruhen hierbei entfaustet auf der Brust.

Atemdrang abwarten und indes die Arme mit weitgestreckten Fingern nach oben führen.

Einatmen: Tief und langsam und dabei in Rumpfbeuge übergehen; Hände bis an die Fußspitzen, Knie möglichst gestreckt, was sich günstig auswirkt auf verlagerte Organe.

Ausatmen und den Körper allmählich aufrichten. Arme langsam abwärts an die Brust.

C

Stellung: Wie zuvor.

Einatmen: So langsam und tief wie nur möglich.

(Nach Vermögen bis zu 12 Pulsschlägen und mehr.)

Gleichzeitig: mit hochgehaltenem Oberarm und Ellbogen die Brust mit gespreizten Fingern klopfen. Die Fingerspitzen schlagen gelinde an den Brustkorb.

Atem halten: (Halbe Einatmungszeit). Dabei die Finger zur Handfläche schließen und damit elastisch, vibrierend mit lockerem Armgelenk die jeweilige Brusthälfte bearbeiten; an der Schulter beginnend, kreisend bis zur Brustwarze. Erst links, dann rechts.

Ausatmung: (Länge der Einatmung). Ganz langsam, allmählich.

Zweck der Übungen A, B und C: Neben allgemeiner körperlicher Anregung, Reinigung der Lungen von Fremdkörperchen (Staub, Schleimteilchen und ähnliches).

3. Zirkulationsfördernder Atem

Stellung: Aufrecht stehend, mit gestreckter Wirbelsäule.
Durchführbar auch in verschiedenen Sitzposen, sofern diese gerade Wirbelsäulenhaltung gewährleisten.

Einatmen: Etwa zwölf Pulsschläge, tief und voll.

Atem halten: (Halbe Zeit der Einatmung).

Verbunden mit folgender Gymnastik: Körper mit waagrecht ausgestreckten Armen mäßig nach vorne beugen. Hände mit der Vorstellung des „Stockhaltens“ fausten. Beim Niederbeugen den imaginierten Stock immer stärker umfassen.

Körper wieder aufrichten und den Druck in Händen und Armen allmählich lösen. Arme senken.

Ausatmen: (Länge der Einatmung).

Vorstehendes drei- oder fünfmal wiederholen.

Zweck: Belebung des Blutkreislaufes. Harmonisierung der Zirkulation. (Vorsicht bei anomalem Kreislauf.)

4. Erwärmender Atem

Vorbedingung: Im Gehen, bei rascherer Gangart.

Einatmen: Fünf, bzw. sieben Schritte.
Dabei Hände mit jedem Schritt fester ballen.

Atem anhalten: Drei, bzw. fünf Schritte.
Ballung der Hände beibehalten.

Ausatmen: Fünf, bzw. sieben Schritte.
Muskeln *allmählich erschlaffen* lassen.

Atempause: Drei, bzw. fünf Schritte.
Entspannung der Hände und Arme beibehalten. Solange durchführen, bis eine zunehmende Erwärmung bemerkbar wird.

Plastische Vorstellung: Während der Einatmungsphase die ätherischen Kräfte der Luft durch den ganzen Körper schicken bis hinab in die äußersten Fußspitzen. Die gesamte Übungsdauer über Wärme imaginieren.

Zweck: Wärmesteigerung.

5. *Schlafförderner Atem*

Stellung: Waagrechte Lage. Arme jeweils seitlich des Körpers. Handteller ruhen auf der Lagerfläche, gelockert, entspannt. Entspannt sei auch vor allem der Unterleib.

Gedanken zwanglos auf den Atemvorgang gerichtet.

Ausatmung: Ganz tief, wie seufzend, erlöst, befreit.

Leergeatmet: Drei bis fünf Sekunden warten, wobei der Brustkorb in der letzten Phase der Ausatmungsphase verbleibt.

Einatmung: *Sehr langsam.*

Die Luft nur ganz wenig und ganz gleichmäßig einsaugen.

Brustkorb wie zuvor, dafür wölbt sich der Leib mäßig vor.

Atem stoppen! Kurz vor gänzlicher Auffüllung der Lungen.

Diese Unterbrechung des normalen Einatmungsverlaufes hat alsbald ein herzhaftes Gähnen zur Folge.

Übung mehrmals wiederholen und weiterhin entspannt bleiben.

Geistige Einstellung: Bestmögliche Gedankenleere, zumindest aber Gedanken des absoluten Geborgenseins.

Die die Übung einleitende körperliche Entspannung *stückweise* vollziehen:

Füße — Knie — Oberschenkel — Rumpf — Hals — Zunge — Gesichtsmuskulatur — Gehirn.

Wohlige Erschlaffung erfasse jeden Muskel, jeden Nerv, jedes Organ.

So vorbereitet wird der Atem nie seinen Zweck verfehlen und wohl kaum in Pressung, Verkrampfung und sonstiger Forcierung ausarten.

Zweck: Diese ärztlich empfohlene und vielfach erprobte Übung eignet sich vorzüglich zur Überwindung der Schlaflosigkeit, sofern dieser nicht Störungen krankhafter Art zugrunde liegen.

Dieses Atemexerzitium unterstützt auch das Eintreten des

Schlafes nach der abendlichen Meditation.

6. Körperstärkender Atem

Stellung: Flache Rückenlage. Arme und Beine ausgestreckt, Fersen zusammen. Handteller flach auf dem Boden.

Tief aus- und einatmen: Langsam, dreimal. — Anschließend:

Einatmen: Tief und voll, soweit dies ohne Anstrengung möglich ist.

Gleichzeitig: Fersen, Hände und Hinterhaupt fest auf den Boden stemmen, die mittleren Körperpartien etwas anheben.

Nach vollständiger Füllung der Lungen:

Hände und Beine restlos entspannen — zurück in die flache Rückenlage, zugleich die Luft aus dem Brustkorb in den Unterleib führen und kurz halten.

Ausatmung: Langsam, gelöst, durch die *Nase*.

Luftleer verharren, bis sich der natürliche Atemdrang von selbst einstellt. — Abschließend:

Entspannung — *Stille* — SCHWEIGEN.

Geistige Vorstellung: Im Zustande äußeren und inneren Gelöstseins Konzentration auf erhöhtes Wohlbefinden sowie auf den verstärkten Verbrennungsprozess, der eine Steigerung des Blutkreislaufes bewirkt.

Voraussetzung ist sauerstoffreiche Luft, also bei offenem Fenster üben, natürlich besser noch in staub- und rauchfreier Natur.

Während des Atemvorganges selbst — dies gilt ebenso für die folgende Übung — richtet sich die ganze Aufmerksamkeit auf die *Aufnahme der pranischen Lebenskraft*.

Zweck: Stärkung der Körperkonstitution, insbesonders der Lungen. *Vorsicht* jedoch bei Herzfehler oder angegriffener Lunge!

7. Nervenstärkender Atem

A

Stellung: Aufrecht.

Einleitend: Dreimal Beruhigungsatem (Atemexerzitium 1).

a) Einatmung: Sehr langsam und tief. — Gleichzeitig:
Arme locker nach vorne strecken — an die Brust ziehen, Hände an die Schultern — sodann Hände fausten und *fest spannen*, bis ein leichtes Zittern der Muskeln spürbar wird.

b) Atem anhalten: Langsam die gestrafften Arme mit geballten Fäusten nach vorn strecken und ebenso stramm, jedoch mit schneller *Schleuderbewegung* wiederum zurück zu den Schultern.
Mehrmals — solange der Atem *zwanglos* gehalten werden kann — wiederholen.
Auf das markante Spannen der Arm- und Handmuskeln ist zu achten, desgleichen auf das schnelle und präzise Beugen und Strecken.

c) Ausatmen: Dabei Hände entfausten, Arme entspannt sinken lassen.

Zweck: Zur Anregung, Stärkung und Belebung des Nervensystems. Zur Erhöhung der Nervenenergie und der magnetischen Strahlkraft.

Am günstigsten des Morgens nach dem Aufstehen.

B

Durchzuführen wie Übung A — nur vollzieht sich hier die

Einatmung bei entspannt herabhängenden Armen, indes die anderen unter a) und b) geschilderten Vorgänge in die *Phase der Ausatmung fallen*, was natürlich schon eine ziemliche Fertigkeit im Atemanhalten voraussetzt.

Deshalb sollte Übung B nur dann praktiziert werden, wenn tatsächlich die Voraussetzungen hierzu vollgültig erfüllt sind.

Nochmals eindringlich: bei Herzfehler, Lungenleiden und Neigung zu hohem Blutdruck *äußerste Vorsicht*. Phase des

Atemhaltens dann möglichst kurz nehmen.

Mit dem Beruhigungsatem schließt das Exerzitium.

NB. Anstelle des Vorhebens der Arme können dieselben auch *seitlich* bis zur Schulterhöhe und dann im weiten Bogen nach vorne geführt werden.

8. Meditations-Atem

PAUL BRUNTON, der englische Journalist, Schriftsteller und Mystiker — Kenner indischer Weisheit — gibt nachstehender Art zu atmen den Vorzug vor allen anderen. Der Meditationsatem soll selbst dort noch zum Ziele führen, wo andere Atmungsarten bedenklich erscheinen. So bei Lungendefekten.

Für Betrachtung und Innenschau ist dieses Atemexerzitium das geeignetste; aus diesem Grunde nennen wir es den Meditationsatem.

Stellung: Im Liegen und im Sitz. Bei guter Körperbeherrschung auch stehend. Augen geschlossen.

Einatmen: Weich, ruhig, so langsam wie nur möglich durch die *Nase*.

Atem halten: Einen kurzen Augenblick und sofort wieder ausatmen: Sehr, sehr langsam, gleichmäßig, ohne zu stocken (durch die Nase! Später auch durch den Mund üben).

Gedankliche Einstellung: Das Denken ist ausschließlich auf den Atemverlauf gerichtet. Also mit ganzer Bewusstseinsvorstellung atmen.

Zeitdauer: Vorerst höchstens fünf Minuten. Nach und nach steigern bis zu zehn, fünfzehn Minuten und mehr.

Zweck der Übung ist es, die Zahl der Atemzüge — beim gesunden Menschen etwa fünfzehn bis achtzehn in der Minute — auf ein Minimum zu bringen. Je langsamer bei bester Entspannung die Atmung, desto gelassener werden wir innerlich. Der Strom jagender Gedanken verebbt, *Ruhe, Stille, Schweigen* erfüllen uns: Voraussetzung jedweder Meditation.

Bewusstes langsames Atmen

fördert: Gedankenzucht und Selbstbeherrschung;
wehrt: Gemütsbewegungen und Leidenschaften;
beruhigt und gesundet: Herz und Nerven.

9. Sonnenprana-Übung

Die Sonne — Mittelpunkt des Kraftfeldes unserer Planetenkette — ist der Esoterik zufolge zugleich geistiges Zentrum unseres engeren Weltsystems. Der sichtbare Glutball ist lediglich die materielle Erscheinungsform einer großen geistigen Wesenheit, des SONNEN-LOGOS. Diesen wohl seltsam anmutenden Gedanken finden wir nicht nur in östlichen Weisheitslehren, auch die Eingeweihten des europäischen Kulturkreises vergangener Jahrhunderte scheinen mit ihm vertraut gewesen zu sein, wie aus einschlägigen Schriften hervorgeht. So ist uns von dem Mystiker JOHN PORDAGE (gest. 1631) nachstehender

Ausspruch erhalten, der sich mit der Anschauung heutiger Theosophen, Anthroposophen und anderer Esoteriker deckt:

> „Insonderheit besteht der Körper der Sonne aus Lichtfeuer und ist das Zentrum, das Herz und die Seele der Welt. Der Geist hat darin seine Kräfte des Verstandes, des Willens, der Sinne und Vorstellung, folglich seine Vernunft gesetzt und verkörpert. Er regiert durch dieselbe (die Sonne) die ganze Welt, beseelt alles durch ihre lebendig machenden Strahlen.“

Jedenfalls stellt unser Muttergestirn ein gewaltiges Reservoir an vitaler Energie dar. Unablässig sendet uns der Sonnenball seine mit Lebenskraft geladenen Strahlen. Die belebenden, heilenden, wachstumsfördernden Sonnenkräfte: wer möchte sie in Frage stellen? Ähnlich der Luft enthalten die Lichtstrahlen der Sonne außer den von der exakten Wissenschaft nachgewiesenen Wirkkräfte die *pranische Lebensessenz*, von deren Existenz bislang nur Metaphysiker überzeugt sind.

Zur Aufnahme dieser subtilen solaren Kräfte dienten in den alten Sonnenkulten ganz bestimmte Praktiken, die uns leider verloren gingen. Eine einfache Form der Aufladung mit Sonnenprana jedoch ist uns bekannt.

Exerzitium I

Stellung: Aufrecht, Wirbelsäule gerade, Kopf leicht im Nacken, Beine mäßig gespreizt. Der Sonne zugewandt.

Nach dreimaliger Tiefatmung und gründlicher Entleerung des Atemapparates

Einatmung und *gleichzeitiges*

Hochführen der Arme im weiten Außenbogen über den Kopf, Hände leicht gefaustet. Atem anhalten und

Übergehen in den Zehenstand. Hände bei geschlossenen Fingern schalenförmig öffnen, damit die Strahlen der Sonne die Handteller treffen. Ellbogen etwas einknicken. Abstand der Hände etwa siebzig Zentimeter. Mit gestautem Atem zwanglos einige Sekunden verharren und die Sonnenenergie *bewusst ansaugen* mit der ganzen Körperfläche, insonderheit mit den Innenhandflächen und Fingerspitzen. Abschließend Hände wieder leicht fausten und

Arme im Seitenbogen abwärts zur Ausgangsstellung. — Gleichzeitig Niedergehen aus dem Zehenstand und befreiendes Ausatmen durch den Mund.

Praktik zwölfmal wiederholen.

Zeit: Möglichst bei Sonnenaufgang, Sonnenhochstieg oder im Zenitstand und bei klarem Himmel.

Trübes Wetter soll die von der Sonne ausgesandten Schwingungen des Pranastromes mindern, die sich dann weniger lebhaft dem Ätherkörper (Seite 125) mitteilen. Dies der Grund der gedrückten Stimmung so vieler. Strahlender Sonnenschein hingegen erhöht den Gehalt an pranischer Lebensenergie und regt unseren ätherischen Organismus zu gesteigerter Tätigkeit an.

Zweck: Aufladung jeder Zelle, jedes Organs sowie unserer Aura (Siehe ende Kapitel VII) mit Sonnenprana.

Geistige Einstellung: Ansaugen und Aufspeichern der Lichtkraft verbunden mit dem freudig dankbaren Gefühl des Einswerdens mit dem geistigen Zentrum unseres Muttergestirns.

Üben Sie jedoch nur, wenn Sie völlig harmonisch sind. Erlauben es die Umstände, dann draußen in freier Natur und so wenig wie möglich bekleidet, sonst bei geöffnetem Fenster.

Exerzitium II

Körperhaltung wie zuvor.

Arme hochführen und in dieser Haltung verbleiben. (Gestattet ist, die Ellbogen beim Ausatmen leicht senken und beim Einatmen wieder hochheben.)

Handteller sind flach der Sonne zugekehrt.

Zehenstand während der Gesamtdauer der Übung.

Beim Einatmen und der kurzen Atemstauung wird das Sonnenprana mit den Handflächen unter stärkster Konzentration angesaugt.

Das in den Händen aufgespeicherte Sonnenprana leiten wir beim Ausatmen durch den Körper.

Exerzitium III

In Verbindung mit der automagnetischen Praxis.

Einmal vertraut mit dem Automagnetismus (Seite 203) stehen uns folgende Variationen zu Gebote:

a) Nach Ansaugen und Aufspeichern der Sonnenenergie in den Handflächen kreuzen wir die Arme und führen sie während der Ausatmung langsam den Körper entlang bis zu den Füßen, das in den Händen angesammelte Sonnenprana einstrahlend.

   Abwechselnd *mit* und *ohne* körperlicher Berührung wie beim Selbstmagnetisieren, alle dort gegebenen Regeln beachtend.

b) Die Sonnenpranaübung mit der vollen automagnetischen Praktik kombinieren, wobei der eigene Magnetismus durch die Energiezufuhr aus dem Kraftfelde der Sonne an Stärke gewinnt.

c) Eine weitere Steigerungsmöglichkeit liegt in der Kombinationsmöglichkeit mit dem Vokal A (Seite 174) und für Runenpraktiker im Gebrauch der Runen.

10. Jima- und Airyama-Übung

Sehr geschätzt werden diese beiden Übungen in Mazdaznankreisen. Sie finden Anwendung als Reinigungs-, Kraft- und Heilatem.

Jima- oder Ausatmungs-Übung

Vorbedingung: Jeder Muskel gelöst, Gesicht und Zunge inbegriffen, letztere mit der Spitze an die untere Zahnreihe. Blick entspannt auf einen Punkt in Augenhöhe.

Brust ohne zu übertreiben herauswölben und halten. Nur Unterleib und Zwerchfell werden bewegt. Sämtliche Muskeln bleiben weiterhin entspannt.

Stellung: Morgens und abends im Kniesitz (Seite 87) bei lose herabhängenden Armen; vormittags und nachmittags aufrecht stehend, Arme beiderseits des Körpers oder leicht im Nacken verschränkt; mittags im Ägyptischen Sitz. Die verschiedenen Stellungen zu verschiedenen Zeiten wirken auf verschiedene Nervengruppen ein.

Ausatmen: Sehr langsam, ohne Unterbrechung in einem Zuge. Oder: langsam, stoßweise, mit wie zum Pfeifen gespitzten Lippen. Beim jedesmaligen Anhalten der Luft nicht pressen! Die Lunge stets bis zum äußersten entleeren. Aber ohne Forcierung!

Luftleer ungefähr zehn Sekunden verharren, dabei den Körper noch mehr lockern.

Einatmen mit einem tiefen Seufzer, langsam die Lunge voll auffüllend.

Ausatmen wie zu Beginn.

Luftleer wieder zehn Sekunden verharren. Diese Atempause *allmählich* steigern bis zu zwanzig Sekunden und mehr. Immer jedoch ohne jede Anstrengung. Bei Herz- und Lungenleiden ist wiederum Vorsicht am Platze.

Dauer: Obigen Vorgang fünf- oder siebenmal wiederholen. Bei besonderen Beschwerden täglich alle drei Stunden.

Zweck: Gegen Übel *körperlicher* Natur. Reinigung und Auffrischung zu trägen Blutes. — Belebung des Kreislaufes. — Stärkung der Lungen. — Entwicklung der Nervenknoten. Anwendung von Lauten und mantrischen Formeln während der Ausatmung steigert die Wirkung. (Vokalatmung siehe Kapitel X).

Airyama- oder Einatmungs-Übung

Vorbedingung und Einatmung wie zuvor; desgleichen die die Übung einleitende Ausatmung.

Einatmen langsam, stoßweise, ähnlich dem Seufzen.

Atem halten zehn Sekunden; späterhin steigern nach Vermögen. Körper stets locker, entkrampft.

Ausatmen leicht seufzend beginnen; Luft durch den nur wenig geöffneten Mund in kurzen Abständen ausstoßen bis zur völligen Entleerung der Lungen und sofort *erneut* einatmen.

(Im Laufe der Zeit die Ausatmung auch in Verbindung mit Vokalatmung, Mantramistik und Runen üben.)

Dauer: Drei- bis fünfmal wiederholen.

Zeit: Morgens gleich nach dem Aufstehen und abends vor dem Schlafengehen.

Zweck: Zu diesem Exerzitium nehme man seine Zuflucht bei Bedrückung und Hemmungen geistigen und seelischen Charakters. Es stärkt die Nerven, auch wird ihm nachgerühmt, dass es bei erhöhter Temperatur Kühle erzeugt.

11. Ida-Pingala-Atmung

Nicht gleichmäßig strömt die eingesogene Atemluft durch die Nasenlöcher, wie wir uns leicht überzeugen können. In der Regel ist eines frei, indes das andere der Luft eben noch schwachen Zutritt gewährt. Beim Gesunden wechselt dieser Rhythmus *alle zwei Stunden*.

Im Augenblick der Umschaltung fließt die Atemluft gleichmäßig, jedoch schwächer durch beide Öffnungen.

Sushumna nennt der wissende Inder dieses Stadium; den rechten Nasenstrom bezeichnet er als *Pingala-*, bzw. *Surya-* (Sonne)Atem, den linken als *Ida-* oder *Chandra-* (sprich: Tschandra = Mond)Atem. Nach Yogaanschauung hängt dieser Wechsel mit einem großen kosmischen Rhythmus zusammen. In der Surya-Phase dominieren die Sonnenkräfte, in der Chandra-Phase die Mondkräfte.

Der *Sonnenatem* untersteht dem positiven Prinzip. Er wirkt erregend, umformend, lösend; der Mondatem ist negativ, kalt, kühlend, ausgleichend, herabstimmend, *bindend.*

Es ist keineswegs gleichgültig, welcher Rhythmus gerade überwiegt. Selbst die Verrichtungen des äußeren Lebens sollen hiervon berührt werden. So wird gewarnt, in der Phase des Sonnenatems eine Ehe zu schließen wie überhaupt alles zu unterlassen, was lange währen soll. Dagegen begünstigt Surya, so wird gesagt, ernste Studien, schriftliche Erledigungen, Sport, sexuelle Betätigung, Verkehr mit Höhergestellten. Magnetisieren, auch Haarschneiden und Rasieren wird zu diesem Zeitpunkt empfohlen. Der Sonnenatem bessert Erkältungserscheinungen, verschlimmert jedoch fieberhafte Zustände.

Der *Mondatem* begünstigt, wie es weiter heißt, alles was mit Geld, Schmuck, Reisen, Haus und Heim zusammenhängt. Bäder hingegen sind zu unterlassen. Fieberhaften Erkrankungen wirkt Chandra entgegen.

Wie erwähnt, gilt der Zweistundenrhythmus nur bei körperlichem Wohlbefinden. Bei Fieber stagniert Ida, bei Erkältungen Pingala.

Dem Yoga zufolge soll beim gesunden Menschen folgender naturgemäßer Rhythmus herrschen:

Den ersten bis dritten Tag von Neumond gerechnet, bei Sonnenaufgang: links, den vierten bis sechsten Tag von Neumond gerechnet, bei Sonnenaufgang: rechts.

Den siebten bis neunten Tag von *Neumond* gerechnet, bei Sonnenaufgang: links, und so fort.

Den ersten bis dritten Tag ab Vollmond gerechnet, bei Sonnenaufgang: rechts, den vierten bis sechsten Tag ab Vollmond gerechnet, bei Sonnenaufgang: links, und so fort.

Wer sich für die Erforschung dieser Rhythmen interessiert,

stelle Beobachtungen an.

Der Yogaschüler schaltet den Nasenstrom willkürlich um, damit im Krankheitsfalle oder für beabsichtigte Verrichtungen günstigere Bedingungen schaffend.

Will er die Sonnen- auf Mondatmung überleiten, also von rechts nach links, so legt er sich ausgestreckt hin auf den Boden oder eine harte Matratze. Unter die rechte Brustseite presst er obendrein ein hartes Kissen, das vorwiegend auf die Gegend um die fünfte Rippe, von unten gerechnet, drückt. In dieser Lage verweilt er nun so lange — dabei durch das linke Nasenloch atmend — bis dieses völlig frei ist und hier der Nasenstrom vorherrscht. — Umgekehrt verfährt er bei der Überleitung des Mondatems auf Sonnenatem. Ebenso im Sitzen oder im Stehen nimmt er diese Praxis vor, nur drückt er in diesem Falle die entgegengesetzte Rippenseite und verschließt das andere Nasenloch als im Liegen.

Wir halten uns lieber an die kosmische Ordnung des Nasenstroms, das heißt, wir richten uns nach dem allgemein herrschenden Rhythmus. Nicht eher aber gehen wir an dieses gewiss nicht leichte Exerzitium heran, bis wir die volle Reife in der Atemtechnik erlangt haben und uns keine der Sitzhaltungen mehr Schwierigkeiten bereitet.

Exerzitium I

Stellung: Ägyptischer Sitz (oder in Buddha- oder sonst einer morgenländischen Sitzpose).

Der rechte Zeigefinger — Hand geballt, Ellenbogen in Schulterhöhe, Kopf leicht gesenkt — schließt das *rechte* Nasenloch; sofern Ida strömt; herrscht jedoch Pingala vor, verfahren wir umgekehrt.

Einatmen durch das *linke* Nasenloch.

Atem anhalten und linke Nasenöffnung mit dem linken Zeigefinger schließen. (Demnach also *beide* Öffnungen zuhalten.)

Ausatmen und gleichzeitig die flache Hand seitlich abwärts führen. Hierauf Übung in umgekehrter Folge. (Linkes Nasenloch schließen usw.)

Die Länge der einzelnen Atemphasen entsprechen der gewohnten rhythmischen Atmung.

Geistige Vorstellung ist auf Aufnahme des Pranastromes gerichtet und auf Aufspeicherung der pranischen Kraft in den einzelnen Körperzentren, insbesonders in Solarplexus und Zirbeldrüse. Diese Atemübung eignet sich auch für die Transmutation.

Exerzitium II

BRANDLER-PRACHT empfiehlt folgende Art der Aufladung mit pranischer Lebensenergie:

Siebenmalige Ein- und Ausatmung bei nur einseitigem Nasenstrom: Einatmung *rechts* — Ausatmung *links*.

Nach dem Einatmen wird die eingesogene Luft zum Solarplexus hinabgeführt und daselbst während der *Atemstauung* gehalten.

Den aufgenommenen pranischen Kraftstrom dirigiert man nun in Gedanken vom Sonnengeflecht aus längs des *Rückgrates* hinauf zum *Kopf* einerseits, andererseits hinab bis zu den *Füßen*.

Immer mit der Vorstellung: *das Prana belebt, gesundet, kräftigt den Organismus.*

Exerzitium III

Andere Praktiker des Hatha-Yoga wiederum empfehlen diese Variation:

Rechtes Nasenloch schließen mit dem Daumen der rechten Hand. Ein- und Ausatmung bei geschlossenem rechtem Nasenloch, also *nur* durch die *linke* Nasenöffnung.

Der Vorgang ist fünfmal zu wiederholen, worauf nach kurzer Pause der *linke* Nasenkanal mit dem kleinen und dem Ringfinger geschlossen wird.

Die Ein- und Ausatmung geht nunmehr durch das *rechte* Nasenloch vor sich. Ebenfalls fünfmalige Wiederholung.

Besser freilich ist es, anfangs nur je einmal rechts und links zu üben. Nur wer schon ein sehr routinierter Atmer ist, wage sich an diese Übung.

Die beste Zeit für die Surya/Chandra-Atmung ist der Morgen und der Abend, sofern gerade der Nasenstrom im gewünschten Rhythmus fließt.

12. Die 108 „mystischen Atemzüge der Tala-Yukta-Praktik

Gleichfalls ein Exerzitium, an das sich nur der versierte Atempraktiker wagen darf, der außerdem noch in seiner inneren Entwicklung merkbare Fortschritte zu verzeichnen hat. Unerwünschte, oft nicht unbedenkliche Nebenerscheinungen sind sonst die Folge. Atemtechnik allein tut es hier nicht. Nur wessen Lebensführung der eines Esoterikers entspricht, nur wer Gebieter seiner Triebnatur geworden ist, hat Aussicht, dass ihm die sechs mystischen Zentren, die — wie der Yogi versichert — Tala-Yukta aufschließt, ihr Geheimnis gefahrlos offenbaren. Zuteilwerden ihm dann freilich Wahrnehmungen sechsfacher Natur, wonnigster Art, ausgelöst durch Atemrhythmus, Pranastrom und die „Magie des Wortes“; wirkend vornehmlich auf Drüsen, Nervenplexe und die fluidalen Ätherzentren. Eine Atemübung also, deren letzter Zweck in der Erweckung der Chakras (Siehe über die Erweckung der Chakras) gipfelt.

108 Atemzüge in pausenloser Folge — Einatmung wie Ausatmung von gleicher Länge — führen den Pranastrom an bestimmten Körperstellen ein und aus, wobei in diese Zentren ein besonderes Wort zu denken ist, eine der mystischen Silben des Yoga.

Ausgehend von der Rückenbasis, von wo aus das Exerzitium seinen Anfang nimmt, steigt der Pranastrom von Zentrum zu Zentrum bis hinauf zum Kopf, um von hier aus — absinkend vorne zur Ausgangsstelle — abermals, jedoch in umgekehrter Folge, die gleichen Punkte zu berühren.

Der Buddhasitz ist die ideale Stellung für dieses Pranayam. Wer ihn nicht beherrscht, wähle den Ägyptischen Sitz. Hin und wieder raten Yogalehrer zum Shava-Asana, die tibetische Totenlage, dem Runenpraktiker als Sie-Runenlage bekannt.

Atem-Pranaverlauf und Folge der mystischen Silben:

1. *Steißbeingegend*: Steißbeindrüse (glandula conygea); hinteres Wurzel-Chakra (siehe Abschnitt über Charakterlehre). Mystische Silbe: LAM (hineindenken in die Steißbeingegend), *achtmal* ein- und ausatmen.
2. *Kreuzbeingegend*: Sexualzone, Geschlechtsdrüsen) Plexus sacralis); vorderes Wurzel-Chakra.

Mystische Silbe: VAMM (denken: Wamm), *zehnmal* ein- und ausatmen.

3. *Nabelgegend*: Magen, Leber, Milz, Nebenniere, Gedärme, Bauchspeicheldrüse (Solarplexus); Magen- und Milz-Chakra.

   Mystische Silbe: RAMM; *zehnmal* ein- und ausatmen.
4. *Herzgegend*: Herz, Thymusdrüse, Herzgeflecht (plexus cadiacus); Herz-Chakra.

   Mystische Silbe: YAMM (denken: Jamm), (zuweilen auch PAMM anstelle von Yamm); *zehnmal* ein- und ausatmen.
5. *Halsgegend*: Schilddrüse (glandula thyreoidea — glandula parathyregoidea) Halszentrum (plexus laryngeus); hinteres Hals-Chakra.

   Mystische Silbe: HAMM; *zehnmal* ein- und ausatmen.
6. *Kopfgegend*: Gehirn, Zirbeldrüse (Epiphyse), Hirnanhang (Hypophyse); Scheitel-Chakra, Stirn-Chakra.

   Mystische Silbe: OMM; *zehnmal* ein- und ausatmen.

Abwärts in umgekehrter Reihenfolge: Stirn, Hals (vorderes Hals-Chakra) bis zur Steißbeinzone. Daselbst wird jetzt, um die erforderlichen 108 mystischen Atemzüge zu erreichen, ebenfalls zehnmal ein- und ausgeatmet.

Die Konzentration ist stets auf das aufgenommene Prana und auf die jeweilige mystische Silbe zu richten.

Wähle jeder nun die ihm zusagenden Atemexerzitien gemäß seinen Absichten und seiner Reife. Die zuletzt gegebenen Atempraktiken dürften wohl für die meisten von uns erst nach gründlicher Durcharbeit des ganzen Werkes in Frage kommen.

IV

Gedankenbeherrschung

I. Schulung der Vorstellungskraft
II. Gedankenkontrolle
III. Gedankenzucht im Alltag
IV. Willensstählung
V. Der „negative Zustand“

I. Schulung der Vorstellungskraft

Ausschlaggebend jederzeit — sei es Exerzitium oder praktisches Leben — ist die Stärke unserer Konzentration.

Was ist Konzentration? *Gedankenbeherrschung. Gesammeltsein auf einen Punkt. Gefühlsbetonte plastische Vorstellung.* In der Vollendung: *IMAGINATION: geistiges Gestalten.*

Jedes Exerzitium erfordert ungeteilte Aufmerksamkeit, nicht minder jede Handlung, jedwedes Tun. Unentwegt muss unser gesamtes Trachten auf einen Punkt gerichtet sein. Umso gewisser der Erfolg, je ausschließlicher wir das Zuverrichtende im Auge haben. Jedes Abschweifen der Gedanken ist Abirren vom vorgefassten Ziel. Denken und Tun müssen stets in Einklang stehen.

Kein leichtes Unterfangen. Unendlich viel an Geduld, Mühe, Ausdauer sind erforderlich. Unermüdlich müssen wir daran arbeiten, um die Gedanken nach unserem Wollen zu lenken, zu stillen, die Vorstellungskraft zu entwickeln. Obzwar jedes Exerzitium ohnehin schon eine Konzentrationsübung darstellt, wollen wir dessen ungeachtet unser Vorstellungsvermögen noch speziell schulen.

1. Nehmen Sie eine einfache Zeichnung (Kreis, Dreieck usw.) in starker, schwarzer Linienführung. Betrachten Sie diese Figur bei entspannter Haltung und ruhiger Atmung einige Minuten hindurch. Nehmen Sie jede Einzelheit in sich auf. Schließen Sie sodann die Augen und *rekonstruieren* Sie im *Geist* das geschaute Bild.

   Mit der Zeit müssen Sie *Form* und *Farbe* naturgetreu vor sich sehen. Versuchen Sie, dieses Bild einige Minuten festzuhalten.

   Erst wenn diese einfachen Übungen gelingen, hat es Zweck zu den folgenden überzugehen. Überstürzen Sie nichts. Werden Sie niemals ungeduldig bei Ihrer Arbeit.

Zeit lassen — reifen lassen sei die Parole.

2. Anstelle des Flächenhaften treten jetzt dreidimensionale Körper, Kugel, Würfel und dergleichen.
3. Ziehen Sie nunmehr Gegenstände des täglichen Bedarfes in den Kreis Ihrer Betrachtungen. Zuerst einfache Objekte, einen Bleistift, ein Messer, ein Buch, dann schwierigere Gegenstände: Stuhl, Lampe, Tisch usw.
4. Lenken Sie ferner Ihre Aufmerksamkeit auf *Farben*. Deutlich müssen diese kraft Ihrer Imagination vor dem geistigen Auge aufleuchten. —

   Dehnen Sie diese wichtigen Versuche auf Blumen und Bilder aus.
5. Nach *monatelangem* erfolgzeitigenden Üben können Sie nun Ihre Imaginationsfähigkeit an *lebenden Wesen* erproben. Vorerst an kleinen Tieren, Käfern, Würmern. Befriedigen Sie die Ergebnisse, dann steht nichts im Wege, sich an größere zu wagen, an Hunde, Katzen.

   Gestalten Sie sorgfältig Zug für Zug bis das ganze Tier mit allen seinen Wesenseigentümlichkeiten *plastisch* vor Ihnen ersteht, trotz geschlossener Augen.
6. Als schwerstes: Lassen Sie endlich den *Menschen* in Gestalt und Antlitz vermöge des erweckten Imaginationssinnes *bildhaft* in Ihnen werden. Widmen Sie vor allem die größte Aufmerksamkeit dem *Antlitz*. Kein Mienenzug entgehe Ihrer Beobachtung. *Bildgetreu* forme ihn die Erinnerung kraft plastischen Denkens.
7. Lassen Sie vor dem geistigen Auge *Erlebtes* wiederum erstehen; Gegenden, Geschehnisse. Verfolgen Sie ähnlich einem Film den Ablauf der dramatischen Handlungen.

   Leben Sie sich in die damals Ihr Gemütsleben beherrschenden Stimmungen ein — ohne jedoch von diesen überwältigt zu werden!

Am leichtesten verhältnismäßig haben es Eidediker, da diese an sich schon eine ausgeprägte innere Bildschau besitzen. Die in dieser Hinsicht weniger Glücklichen sind gezwungen, das von Natur aus Fehlende eben durch erhöhten Fleiß zu ersetzen.

II. Gedankenkontrolle

Nicht weiter dürfen Sie Spielball Ihrer ungezügelten Gedanken sein. *Überwachung des Gedankenlebens* ist neben den plastischen Denkübungen unsere nächste Aufgabe, indem wir laufend die Vorstellungsinhalte unseres Bewusstseins prüfen. Kein Gedanke darf in uns Platz finden, über dessen Wert oder Unwert wir uns nicht Rechenschaft geben.

Schnell schreibt es sich hin, wie schwer jedoch ist es zu verwirklichen. Ist schon die Beherrschung des Körpers kein Leichtes, um wieviel schwerer erst die Zügelung der Gedanken. Gewiss, auch der Köper rebelliert sobald er merkt, dass er in seiner Selbstherrlichkeit bedroht ist. Weit schlimmer noch gebärden sich die Gedanken, verspüren sie die Kraft des zähmenden Willens. Was sind da die „Proteste der Materie", Jucken, Schmerzempfinden und die sonstigen Unbequemlichkeiten im Hinblick auf die Wut, die zähe Zudringlichkeit ungerufener Gedankenschwärme. Für einen vertriebenen Gedanken entstehen ihrer zehn. Mit Fliegenschwärmen, kletternden Affen, brandenden Wogen, züngelnden Flammen und ähnlichem Unbeständigen, Revoltierenden hat man ihr ungebärdes Trachten verglichen.

Ein wichtiger Abschnitt unserer Schulung nimmt damit seinen Anfang. Alles ist abhängig von der Macht richtig gelenkter Gedanken: Charakter, Schicksal, Lebenserfolg.

Gedanken sind Kräfte, aufbauender wie zerstörender Natur. Binsenweisheit heute schon, dennoch von verhältnismäßig so wenigen erst beachtet.

Keineswegs ist es gleichgültig was wir denken. Das Sprichwort von der Zollfreiheit der Gedanken birgt eine der gefährlichsten Lügen in sich.

Aus Gedanken werden Wünsche, Begierden, Leidenschaften; Folge davon sind diesen entsprechende Handlungen.

Beobachten Sie daher von nun an noch schärfer als bisher Ihr Gedankenleben. Werden Sie Herr über das ungebetene Gedankengelichter. Merzen Sie niederziehende Strebungen aus. Nichts darf Sie hierbei entmutigen. Nehmen Sie entschlossen den Kampf auf mit diesen Schmarotzern.

Außer der Überwachung unerwünscht auftauchender Vorstellungen tagsüber, hilft uns nachstehende Übung, die Gedanken in straffe Zucht zu nehmen.

Exerzitium:

A Im Liegen oder im Ägyptischen Sitz.

Beobachten Sie gelassen bei ruhig gestelltem Körper die Flut der auf Sie einstürmenden Gedanken.

Versuchen Sie nun diese zurückzudrängen und allmählich ganz auszuschalten.

Vieler, vieler Übungen wird dies bedürfen.

B Nachdem Sie bereits einigermaßen der auftauchenden Gedanken Herr geworden sind, sei es Ihr Bestreben, *einen gewollten* Gedanken scharf von dem wogenden Gewirre ungerufener abzuschirmen und *festzuhalten*.

Nur für Augenblicke wird dies in der ersten Zeit gelingen. Sie werden es anfangs nicht verhindern können, dass gegenteilige Gedanken aufzucken, Sie behindern, ablenken, Ihnen die Versuche sauer machen.

Harren Sie unbeirrt aus. Beginnen Sie immer wieder von vorne! Sie stählen dadurch gleichzeitig Geduld, Wille und Ausdauer!

Sagen Sie sich beständig:

„Ich bin ruhig — Ich bin konzentriert — Ich beherrsche meine Gedanken."

Idealziel wäre das *absolute Festhalten* ein und *desselben Gedankens* durch zwölf Sekunden, wie es der Yoga als Erfüllung von Dharana fordert.

Zwölf Sekunden? — Sie lächeln. Welch geringfügige Zeitspanne. Bitte versuchen Sie es! Denken Sie einen Gedanken — unausgesetzt! Ohne auch nur ein einziges Mal abzuschweifen, von keinem irrlichternden Gedankenfetzen behindert.

Nur wer dies wirklich geübt hat, kann das anfangs schier Unmögliche ermessen.

Seien wir deshalb zufrieden, wenn es uns gelingt, wenigstens

Teilerfolge zu erzielen, ohne selbstverständlich dabei die Zielsetzung späterer Reifeergebnisse aus den Augen zu verlieren.

Allein wenn wir selbst nach mühevollem, unendlich zähem Willenskampf den Zustand von Dharana errungen haben sollten, sind wir noch lange nicht am Ende. Zwei große mystische Bewusstseinszustände kennt der Yoga noch:

Dhyana — im Zeitmaß elf Dharanas (144 Sekunden) umfassend und

Samadhi — zwölf Dhyanas, 1728 Sekunden, das heißt fast eine halbe Stunde.

Doch dies nur nebenbei.

Mehr zu bewerten als die Länge der Zeit ist die Tiefe der Bewusstwerdung.

III. Gedankenzucht im Alltag

Nachdrücklich nochmals:

Konzentrationsübungen auf einen kurzen Zeitraum beschränkt, genügen nicht.

Wenig wäre praktisch damit gewonnen, erstreckte sich die Bemeisterung unseres Gedanken- und Gemütslebens bloß auf die gegebenen Exerzitien.

Unausgesetzt müssen Sie Ihr Denken und Fühlen konfrontieren, um frei zu werden von Gedanken des Missmuts, der Eifersucht, des Neides, des Hasses. Nicht länger dürfen Sie Sklave minderwertiger Regungen sein. Bekämpfen Sie in Hinkunft noch entschlossener denn je die Parasiten Ihrer Gefühlssphäre.

Fort mit Angst und Furcht und Hoffnungslosigkeit! Hinweg mit dem Schreckgespenst der Verzweiflung! Weg mit den kräfteverzehrenden Vampiren, mit Ärger, Zorn, Wut. Halten Sie fern von sich nutzlosen, banalen Gedankenschutt, üble Nachreden, Zuträgereien, nichtssagende Debatten, bramarbasierendes Geschwätz.

Verzeichnen Sie schonungslos bei der abendlichen Gewissenserforschung, wo Sie den Tag über strauchelten.

Pflegen Sie gehaltvolle, hochgeistige Ideengänge.

Und immer wieder: Lassen Sie es an der nötigen Geduld, an hinreichendem Fleiß nicht fehlen.

Von speziellen Geduldsübungen, wie sie mancherorts empfohlen werden, sei abgesehen. Es ist nicht jedermanns Sache beispielsweise ein Pfund auf den Boden verstreuter Erbsen oder Linsen, Körnchen für Körnchen aufzulesen. Bei absoluter Gemütsruhe selbstredend. Zweifellos haben derlei Übungen ihren Wert. Wir aber wollen mit unserer Zeit haushälterisch zu Werke gehen und das Exerzitium der Geduld mitten ins praktische Leben verlegen.

Die Bahn kommt. Sie warten geduldig, rhythmisch atmend, harmonischen Gedankengängen nachhängend.

Sie sind mitten im Gedränge. Masse Mensch tobt. Sie bleiben ruhig. Lächeln überlegen.

Ein unangenehmer Zeitgenosse belästigt sie. Gelassen hören Sie ihm zu, sagen ihm notfalls entschieden Ihre Meinung, bleiben aber höflich, ohne die Spur von Erregung und Nervosität.

Aberhundert Beispiele werden Sie mühelos selber finden, vom verlorenen Manschettenknopf, verknoteten Schnürsenkeln bis zu einschneidenden Ereignissen.

In jedem Falle:

Beherrschen Sie Ihre Gedanken. Zügeln Sie Ihre Gefühlswallungen. Vermeiden Sie Disharmonien. Bewahren Sie stets Ruhe, Geduld, Gleichmut!

IV. Willensstählung

Inzwischen ist es Ihnen wohl bewusst geworden, dass uns zwei Kraftformen, zwei Werkzeuge gewissermaßen, zu Verfügung stehen, vermöge dieser wir erst imstande sind, uns als intelligente Geschöpfe zu äußern: Gedanke und Wille.

Unzählige Vorschriften existieren, wie der Wille gestärkt werden soll. Gleich den Konzentrationsübungen, so wollen wir es auch bei der Willensschulung halten. Anstelle eines gesonderten, zeitraubenden Willenstrainings polen wir die *Hindernisse des Tages in Kraft um.*

Willensstählung also durch positive Einstellung bei allem und jedem, was uns entgegentritt:

bei der Gedankenzucht im Alltag;

bei Bewältigung unangenehmer Aufgaben;

beim Einhalten von Systematik und Ordnung selbst im Kleinsten, Unscheinbarsten;

durch sofortige Inangriffnahme lästiger Erledigungen, besonders im Berufsleben;

durch Ausschalten alles Negativen im Denken, Fühlen, Handeln, wie Unduldsamkeit, Gereiztheit, Unlust, Mutlosigkeit, Depressionen;

durch Bewahrung von Ruhe und Gleichmut in jeder Lebenslage;

durch Unterdrückung der Redseligkeit;

durch Einschränkung schädlicher Genussmittel;

durch Zähmung der Leidenschaften, vor allem durch Maßhalten in den sexuellen Belangen;

durch vernünftige Wunschversagung;

durch erhöhte Beherrschung des Körpers;

durch positive Gedankenhaltung jederzeit.

Diese Liste lässt sich beliebig fortsetzen. Jeder genannter Punkte befolgt, steigert das Durchsetzungsvermögen.

So reifen wir heran zur willensstarken, energetischen Persönlichkeit, stets Herr unserer Gedanken, unserer Triebe.

V. Der „negative Zustand"

Mit dieser Übung jedoch beginnen wir erst, wenn wir Entspannung, Atmung und vornehmlich die Kunst der Imagination bestens beherrschen.

Praxis: Wir legen uns wie bekannt waagrecht hin, entspannen uns restlos, lassen es in uns atmen und ziehen sodann die Gedanken von der Außenwelt ab. Wir denken und fühlen nichts mehr.

1. a) Wir blicken auf zur Decke und stellen uns dort im Geiste eine hellleuchtende Scheibe vor, von etwa einem Viertel-

meter im Durchmesser,

b) Glückt die Imagination, dann lassen wir die Scheibe rotieren. Mäßig zuerst, schneller werdend und immer schneller, bis sie schließlich einem rasenden Lichtwirbel gleicht.

Keine leichte Sache; denn nur die kreisende Scheibe und sonst kein anderer Gedanke, keine andere Vorstellung darf in uns Platz greifen.

Unsägliche Mühe und Geduld erfordert die Erreichung des „negativen Zustandes".

2. Ist Stufe 1 erarbeitet, bringen wir in unserer Vorstellung die Scheibe zum schrumpfen, bis nur mehr ein strahlender Punkt übrig bleibt, dem wir unsere ungeteilte Aufmerksamkeit schenken.

3. Beherrschen wir Stufe 2, muss auch der Punkt erlöschen. *Nichts* wahrnehmen — *nichts* denken — *nichts* empfinden und fühlen ist das Hochziel dieser letzten und schwersten Aufgabe; ein notwendiges, doch kaum zu erreichendes Ziel. Wenige nur, die sich ehrlich rühmen dürfen, diesen Zustand erreicht zu haben.

4. Anstelle der Zimmerdecke heften wir sitzend unseren Blick auf einen weißen Bogen von ungefähr einem Quadratmeter Größe.

   Wir atmen ein und halten solange es ohne Schädigung möglich ist, den Atem an und führen gleichzeitig den „negativen Zustand" herbei.

5. Zuallerletzt haben wir es dahin zu bringen, ohne jede äußere Stütze — also ohne imaginäre Scheibe auf Zimmerdecke oder Papier — den „negativen Zustand" zu erlangen; ja sogar soweit müssten wir kommen, ihn jederzeit, selbst unter Menschen und anderen ablenkenden Umständen (störende Geräusche usw.) herbeizuführen.

Zweck und Anwendungsmöglichkeiten:

Steigerung des Konzentrationsvermögens zur höchstmöglichen Form.

Überwindung von Depressionen, Leid und Schmerz.

Stärkung des positiven Lebensgefühles.

Verbindung mit dem uns innewohnenden geistigen Prinzip.

Beantwortung von Fragen in schwierigen Lebenslagen mit Hilfe des Selbstbefehls (Seite 240).

Überall da, wo Stille und Schweigen den Ausschlag geben, wie Autosuggestion — Versenkung — Innenschau — mystische Konzentration usw.

Mystiker freilich sehen bis zu einem gewissen Grad eine Gefahr für den, der sich in den „negativen Zustand" begibt, und zwar durch das möglicherweise Auftreten irreführender Erscheinungen, speziell bei Medialveranlagten. Ein Höchstmaß an gesunder Kritik wird deshalb gefordert. In der Maske hoher geistiger Führer — warnt der Mystiker — versuchen niedere Wesenheiten den Übenden in ihre Gewalt zu bekommen, um ihn als willfähriges Werkzeug zu missbrauchen. Mit anderen Worten also, die Gefahr von Besessenheitszuständen liegt im Bereich des Möglichen, wobei bemerkt sei, dass es auch ein Besessensein von eigenen Wahnideen gibt.

V

Körperbeherrschung

I. Schulung des zentralen Blickes
II. Körperhaltungen (Asanas)

1. Ägyptischer Sitz
2. Der Buddhasitz oder die Lotos-Stellung
3. Eine andere Art des Buddhasitzes
4. Persischer Sitz
5. Morgenländischer Sitz
6. Swastikasitz (Swastika-Asana)
7. Arabischer Sitz
8. Afrikanischer Hocksitz
9. Kniesitz (Der Drache)
10. Ibykus-Stellung

III.Umwandlung der Zeugungskraft (Transmutation)

I. Schulung des zentralen Blickes

Die Beherrschung des Auges stellen wir gleichfalls in den Dienst der Persönlichkeitsentfaltung.

Das Auge ist Angelpunkt des geschulten Willens. Es ist Sammellinse magnetischer Ströme. Keine dominierende Persönlichkeit ohne ruhigen, zwingenden Blick.

Bei wenigen nur ist er das, was man faszinierend nennt. Wer diese Gabe von Natur aus nicht besitzt, muss sie sich im Training erarbeiten. Doch sei, wie stets, vor Übertreibung gewarnt.

Zuvor gilt es, die Augenmuskeln zu stärken, ehe wir den zentralen Blick üben.

Kräftigung der Augenmuskeln:

a) Sitzend (möglichst in der rechten Ecke des Raumes). Körperlich wie geistig entspannt, rhythmisch atmend, geht der Blick *langsam kreisend* nach vorne, so weit wie möglich nach links und zurück zum Ausgangspunkt.

Kopf unbeweglich geradeaus gerichtet. — Gesichtsmuskulatur beherrscht, ohne Blinzeln und Zucken der Augenlider.

Dauer: Beginnend mit einer Minute, vorsichtig steigern bis zu fünf Minuten.

b) Wie oben, jedoch ohne Blickkreisen.

Wir schauen nach rechts, nach links;

aufwärts — abwärts;

schief einwärts — schief auswärts.

Haben wir hierin einige Fähigkeiten erlangt, kombinieren wir a) und b) miteinander und üben zwischendurch im Freien, insbesondere an Orten mit großer Fernsicht, wobei wir den Blick auf „unendlich“ richten.

Vor und nach jeder Übung, die wir täglich bei gutem Tageslicht tunlich zur selben Zeit vornehmen, tauchen wir die offenen

Augen in stubenwarmes Wasser (16 bis 20 Grad), dem eine kleine Prise Salz zur Verhütung übermäßigen Brennens beigefügt ist. Desgleichen empfiehlt es sich, das Augenbad ebenfalls mit gymnastischen Bewegungen der Augäpfel zu verbinden. Abschließend waschen wir uns mit der leichten Salzwasserlösung Lider, Schläfen und Nacken. Gut abgetrocknet, beenden wir mit einigen Tiefatemzügen die Übung.

Beherrschung des Auges:

So vorbereitet, nun zum eigentlichen Exerzitium.

a) Wir befestigen in Augenhöhe ein weißes Blatt, in dessen Mitte ein tiefschwarzer Punkt von Erbsengröße eingezeichnet ist.
Diesen Punkt fixieren wir — gemäß dem individuellen Sehvermögen — aus ein bis zwei Meter Entfernung. Jedenfalls muss er deutlich sichtbar sein und während der Übung bleiben.

Augen wie Augenlider haben uneingeschränkt dem Willen zu gehorchen. Unstetigkeit, Zucken, Blinzeln hat zu unterbleiben. Üben Sie ohne Übertreibung. Unterbrechen Sie sofort, sobald Unbehagen oder gar Schmerz fühlbar werden. Tränen der Augen ist weniger schlimm, sollte aber nicht übertrieben werden. Gelegentliches Hochziehen der Lider mildert den Tränenfluss. Stärkend sind die Augenbäder und das mäßige Massieren von Augen und Schläfen.

Später — vertraut mit dem Automagnetismus — streichen wir mit über den Kopf gekreuzten Armen einige Male über Augen und Schläfen. Oder die Fingerspitzen beider Hände, bei gleichfalls gekreuzten Armen, leicht auf die Lider. Beides kann sinnvoll miteinander verbunden werden.

Weitere Variationen sollen Vorstehendes ergänzen:

b) Anstelle des Punktes an der Wand tritt ein zwischen den Augenbrauen (Nasenwurzel) gezeichneter schwarzer Punkt, der unter den gleichen Bedingungen zu fixieren ist.

c) Späterhin bleibt der Punkt weg. Der Blick ruht bewusst auf der Nasenwurzel.

Als gelungen sind beide Übungen zu betrachten, wenn trotz ausschließlicher Blickkonzentration auf den erwähnten Punkt, bzw. die Nasenwurzel, die übrigen Gesichtspartien deutlich zu erkennen sind.

d) Ziehen Sie um einen schwarzen Punkt von ungefähr 12 mm Durchmesser drei Kreise von 5, 8 und 10 mm Stärke, die Sie mit schwarzer Tusche ausfüllen.

   Der Abstand vom Konzentrationspunkt, bzw. der einzelnen Kreise voneinander, betrage von innen nach außen gerechnet 6, 4 und 3 mm. Diese Zeichnung in entsprechendem Abstand an der Wand befestigen und den Mittelpunkt fixieren.

   Richten Sie dabei Ihre ganze Aufmerksamkeit auf Sammlung der innewohnenden Kräfte.

   Schließen Sie nach drei Minuten die Augen, den Blick im Geiste weiter auf den Zentralpunkt gerichtet, der jetzt weiß auf schwarzem Grund erscheinen wird. Desgleichen die ihn umschließenden Kreise. Werden Sie sich, in dieser Schau verharrend, des Gesammeltseins Ihrer positiven Kräfte zu einer einzigen gewaltigen Strahlungsenergie bewusst, die Sie wunschentsprechend zu Ihrer Höherentwicklung wie zur Meisterung schwieriger Situationen einsetzen können.

Vergessen Sie nie nach den Übungen *Augenbad* und *-gymnastik.*

Ebenso öfters *kurz aufeinanderfolgendes Öffnen und Schließen der Augen* (ohne Anpressen der Lider) wird von Sehpraktikern empfohlen.

Wohltuend für das Auge ist es, den Blick in die Weite zu richten und einige Zeit auf „unendlich" ruhen zu lassen, auf einer Grünfläche oder dem Firmament; Körper und Geist weitgehend entspannt.

Der amerikanische Augenarzt BATES rät zum „*Palmieren*", worunter das leichte Bedecken der geöffneten Augen mit den Innenhandflächen zu verstehen ist; so jedoch, dass kein Lichtschimmer das Ruhe bedürftige Sehorgan stört.

Einer ähnlichen Methode — die „*Losung*" — spricht der Sehpraktiker KURT HICKETHIER das Wort. Man legt hierbei einfach die Spitzen der mäßig gespreizten Finger der linken Hand auf beide

Augenbrauen. „Sobald die linke Hand die Augenbrauen berühren“, versichert HICKETHIER, „wird ein Strahlungsaustausch vorgenommen, der auf die überspannten Nerven erlösend wirkt.“ [1])

Ausdauerndes Üben kräftigt die Augen, macht sie steter und den Blick zu dem, was die einen magisch, die anderen faszinierend nennen.

Den Prozess beschleunigt bejahende Gedankenhaltung.

Sagen Sie sich während des Trainings: „Die Strahlkraft meiner Augen steigert sich mit jedem Tag von Übung zu Übung. — Mein Blick wird immer bezwingender.“

Nach Erlernung des Selbstbefehles sind Sie in der Lage, alles weitere nach Gutdünken selbst auszubauen.

Außerdem können Sie die Augen mit pranisch-magnetischen Energien laden, indem Sie während der dynamischen Atmung den Lebenskraftstrom durch die Blut- und Nervenbahn oder direkt hin zu den Augen leiten und daselbst aufspeichern.

Lernen Sie Ihr Auge in jeder Situation beherrschen. Nie irrlichtere es unstet, scheu oder gar angsterfüllt. Schauen Sie jedermann offen ins Gesicht, unauffällig den Blick auf die Nasenwurzel Ihres Gegenübers gerichtet. Spricht dieser mit Ihnen, so blicken Sie ihm, ohne dass er es gewahrt, auf den Mund oder die Mundwinkel. Damit beugen Sie bewusster oder unbewusster Beeinflussung vor, und Sie bewahren Ihre Sicherheit. Nichts verwirrt mehr als der Blick von Aug zu Aug, wobei noch wesentlich die seelisch-geistige Qualität des Gesprächspartners mitspricht, was Ihnen zur Warnung dienen möge. Seien Sie auf der Hut, wenn Sie einem Menschen gegenüberstehen, dessen Absichten Sie nicht kennen. *Aber auch Sie dürfen niemanden gegen seinen Willen beeinflussen!* Trotz scheinbaren Erfolges wäre es letztens doch Ihr Schaden. Allerwegen herrscht das Gesetz des Ausgleiches. *Jede Übertretung der Harmoniegesetze rächt sich unweigerlich.*

*

1) Kurt Hickethier: „Volle Sehkraft“

II. Körperhaltungen (Asanas)

Bei den Entspannungsübungen erstrebten wir sozusagen die Neutralität unseres Körpers, indem wir ihn einfach dem Schweregesetz überantworteten, so dass man in solchem Falle, schlechthin von einer passiven Körperbeherrschung sprechen könnte. Anders bei Körperhaltungen wie sie unter anderem im indischen Yoga gebräuchlich sind oder in leichter durchführbarer Form bei den Runenexerzitien und einfachen Willensübungen. Zugegeben, auch in diesen Fällen muss der Körper dem Geiste gehorchen, vielmehr da erst recht; weder ist es ihm gestattet aufzubegehren noch sich zu verkrampfen; allein er darf auch nicht gelöst sein im Sinne passiven Entspanntseins. Mitunter sogar müssen sich die Muskeln gehörig spannen, strotzend vor Kraft.

Im Gegensatz zur passiven Haltung haben wir es hier mit der aktiven Beherrschung des Körpers zu tun, entsprechend zwei wichtigen Zuständen des universellen Weltrhythmus: *Spannung — Entspannung*.

Im Geistigen: *Ausschließliches Festhalten eines Gedankenbildes und absolute Gedankenleere*.

Nachdrücklichst: Ob nun Passivität, ob Aktivität, eines wie das andere *schließt Verkrampfung aus*.

Verkrampfung ist lediglich die Folge falscher Lebenseinstellung.

Wir können uns im Stehen entspannen, den Körper von Fuß bis Kopf erschlaffen lassen bis zum physischen Selbstvergessen; was uns sehr zunutze kommt, wenn sich keine andere Gelegenheit zum Ausruhen bietet — wir können uns ebenso gut *gestrafft* hinstellen, den Arm seitwärts gestreckt, auf der flachen Hand ein gefülltes Glas, das wir bei seitlich gedrehtem Kopf unverwandt fixieren; ruhig, tief dabei atmend. Bewegungslos, ohne leiseste Ungeduld, ohne die allermindeste Verkrampfung. Ganz Kraftgefühl:

Ich bin stark. — Mein Wille beherrscht meinen Körper.

Versuchen Sie es eine Minute lang, steigern Sie bis zu drei, nach Vermögen bis zu fünf und mehr. Üben Sie abwechselnd mit der rechten und mit der linken Hand. Aber überanstrengen Sie ja nicht Ihr Herz!

Damit haben Sie ein instruktives Beispiel, das zeigt, was wir unter passiver Körperbeherrschung zu verstehen haben und was unter aktiver.

Anschließend wollen wir uns mit einer Reihe von Körperhaltungen (Asanas) vertraut machen. In magischen Schulungssystemen, und wie erwähnt im Yoga, finden wir noch viele andere solcher Körperposen, wovon einer jeden ein besonderer Einfluss zugeschrieben wird. Zumeist auf die Chakras und deren Funktion. Aus dieser Überfülle haben wir nur einige der gebräuchlichsten ausgewählt, die für uns gerade noch durchführbar sind. Die meisten Asanas taugen, mit westlichen Augen betrachtet, eher für Schlangen- als für Normalmenschen. Schon der Buddhasitz dürfte im vorgeschrittenen Alter einige Schwierigkeiten bereiten. Natürlich hat jede dieser komplizierten

Körperhaltungen ihren metapsychischen Wert. Wir Abendländer freilich müssen sehr vorsichtig zu Werke gehen, sonst könnten die Schädigungen den Nutzen überwiegen.

Für Sie genügt es, wenn Sie eine individuelle Auswahl treffen. Einige Körperposen allerdings sollte jeder von uns beherrschen, wenigstens den Ägyptischen, Morgenländischen und Kniesitz.

1. Ägyptischer Sitz

Aufrechte Haltung. Wirbelsäule gerade. Schulterblätter berühren leicht die senkrechte Stuhllehne. (Auch im freien Sitz üben.)

Kopf aufrecht, Kinn etwas angezogen, ohne Krampfung der Halsmuskeln. Beine im rechten Winkel zu den waagrechten Oberschenkeln.

Die Knie berühren sich, Füße parallel auf dem Boden (oder auf einer entsprechend hohen Unterlage, um die waagrechte Lage der Oberschenkel zu ermöglichen).

Der Körper verlegt hierbei seine Schwere auf die Gesäßknochen und befindet sich daselbst im Gleichgewicht.

Arme im Ellbogen gewinkelt, Unterarme und Hände (Handflächen nach unten) auf die Oberschenkel; die gestreckten, geschlossenen Finger (Daumen leicht im Winkel abstehend) liegen zwanglos auf den Knien, abschneidend mit den Spitzen in einer Linie.

Augen geschlossen — oder unbeweglich auf einen in gleicher Höhe befindlichen Punkt gerichtet, wobei der Blick gleichfalls entspannt ist. Ruhige Tiefatmung.

Mit wenigen Minuten beginnen und wie üblich im Zeitmaß steigern.

Betrachten Sie ägyptische Statuen oder Abbildungen, die Vorbilder dieser Sitzpose, von indischen Eingeweihten „der Gott" genannt.

Zuweilen findet sich der *Ägyptische Sitz* in folgender Abweichung: Füße mäßig gewinkelt, Hacken etwa in fünf Zentimeter Abstand. Die Fingerspitzen, zwecks besserer Entspannung ungefähr um Handbreite von den Knien entfernt auf den Schenkeln.

2. Der Buddhasitz oder die Lotos-Stellung

Beine kreuzen: Rechter Fuß liegt in der linken Leiste; linker Fuß auf dem rechten Oberschenkel. Dic Fußsohlen weisen nach oben!

Knie und Schenkel beider Beine liegen waagrecht auf dem Boden auf. Arme gewinkelt auf die Oberschenkel. Fingerspitzen schneiden bei den Knien ab. Körper und Kopf aufrecht, gerade, Wirbelsäule gestreckt.

3. Eine andere Art des Buddhasitzes

Beine gekreuzt: Linkes Bein liegt zwischen dem rechten Oberschenkel und der rechten Wade. Rechter Fuß auf die linke Wade und dem linken Oberschenkel. Beide Füße mit den Sohlen nach oben.

4. Persischer Sitz

Beine gekreuzt: Linkes Bein beugen, Ferse vor dem Anus. Rechtes Bein einziehen, Ferse vor das Geschlechtszentrum. Der Fuß selbst ruht am linken Schienbein. Die Knie berühren den Boden, Armlage und Körperhaltung wie beim Buddhasitz. (Die sonst nach oben gedrehten Fußsohlen kommen in Wegfall, was die

Übung erheblich vereinfacht.)

Studieren Sie diese Haltungen an Buddhafiguren, die die genannten Sitze oft in vollkommenster Form darstellen, deren Nachahmung westlichen Gliedmaßen leider meist bloß lückenhaft gelingt. Der Jüngere hat natürlich mehr Aussicht auf Erfolg als der an Jahren Reichere.

Um die Glieder geschmeidiger zu machen, öle man sie regelmäßig ein. Fußgelenke in erster Linie.

Am besten Sie beginnen mit gymnastischen Vorübungen, mit wiederholtem Hochziehen des rechten, dann des linken Beines bis zur Leistengegend. Zuerst in waagrechter Körperlage, später mit aufrechtem Oberkörper.

5. Morgenländischer Sitz

Rechter Unterschenkel hinter dem linken kreuzen, Knie nahe dem Boden. Armhaltung wie beim Buddhasitz. Als Unterlage für diese Sitzpose wähle man eine Matte, einen Teppich oder ein Fell.

Konzentrationsübungen, mehr noch Meditation und Kontemplation sollten stets in einem dieser Sitze vorgenommen werden.

Esoterisch wird die eigenartige Beinstellung dahingehend begründet: sie verschließe die unteren Zentren und drossele so den Einstrom der tellurischen Kräfte, was sich vornehmlich auf die unteren Chakras auswirke.

Vermeiden Sie auch hier jedes Zuviel. Erst recht im vorgeschrittenen Alter. Ein Sehnenriss oder verstauchter Fuß könnte zu leicht die unerwünschte Folge sein.

6. Swastikasitz (Swastika-Asana)

Hinknien. Unterschenkel nebeneinander auf den Boden. Fersen tragen das Körpergewicht. Oberkörper aufrecht. Gesäß zwischen den Fersen. Wird empfohlen zur Beruhigung des Geistes.

7. Arabischer Sitz

Fußsohle mit ganzer Fläche fest auf den Boden. Gesäß berührt die Absätze. Oberarme seitlich der Knie. Unterarme gekreuzt über die Schienbeine. (Rechter Arm über den linken.) Hände umfassen seitlich die Waden. Kopf geneigt. Augenlider berühren sanft die hochgezogenen Knie.

Ein von Metaphysikern zur Atemgymnastik bevorzugter Sitz, desgleichen für Meditationszwecke, obschon es hierfür wesentlich bequemere Haltungen gibt. Nicht jedem wird das Zusammenpressen von Leib und Magen bekommen. Andererseits jedoch schafft diese Sitzpose durch ihr tatsächliches wie symbolisch ausgedrücktes Abgeschlossensein eine gute Voraussetzung für kontemplative Versenkung. Schon deswegen sollte derjenige, der dazu körperlich imstande, den Arabischen Sitz nicht vernachlässigen.

8. Afrikanischer Hocksitz

Fußsohlen ruhen mit ganzer Fläche auf dem Boden. Niederbeugen des Körpers in freier Schwebe nach rückwärts. Oberschenkel und Waden berühren sich hierbei leicht. Knie mäßig geöffnet. Arme und Hände (die geschlossenen Finger gestreckt) in einer Geraden parallel nach abwärts gerichtet. Ellbogen liegen fest auf den Knien und tragen gleichzeitig zur Erhaltung des Gleichgewichtes bei.

9. Kniesitz (Der Drache")

Hinknien. Oberschenkel und Knie geschlossen. Gesäß ruht auf den Fersen. Fußrist gestreckt (mit dem Schienbein in einer Geraden), die zurückgebogenen Zehen berühren den Boden. Hände liegen auf den Oberschenkeln. Handwurzeln dicht am Leib. Oberkörper und Kopf aufrecht, Wirbelsäule kerzengerade wie beim Buddhasitz.

10. Ibykus-Stellung

Arme rechtgewinkelt emporgehoben, Oberarme waagrecht in

Schulterhöhe, Unterarme und Hände senkrecht in einer Geraden. Innenhandflächen weisen zum Kopf. Körper ruht auf dem linken Bein, rechtes Bein gehoben. Rechte Wade presst gegen den rechten Oberschenkel. Rechter Fuß weist mit der Spitze nach unten, Ferse nahe dem Geschlechtszentrum. Sohle stützt sich fest auf den linken Oberschenkel.

Jede dieser Körperposen trägt bei zur Disziplinierung des Körpers und leistet darüber hinaus einen Beitrag zur Schulung des Willens; denn nur ein zielbewusster, gestählter Wille wird über die Widerborstigkeit des Leibes den Sieg davontragen.

Zwingen Sie sich aber nicht zu für Sie körperlich Unmöglichem, wie dies leider zu oft von sogenannten „Yogalehrern" gefordert wird.

III. Umwandlung der Zeugungskraft (Transmutation)

Ein gewaltiger Kraftquell, wohl der elementarste unseres Organismus, in der Regel verschleudert, steht uns zur Verfügung: die *allbeherrschende Macht des Sexus, eng verbunden mit Kundalini, das Schlangenfeuer der indischen Geheimphilosophie.*

Die schöpferischen Zeugungskräfte dienen nicht bloß der Fortzeugung, sondern — esoterisch gewertet — der *„Hinaufzeugung"*, wie bereits Nietzsche durchblicken ließ. Freilich das Gros, die Masse, hat diese heiligen Energien zu jeder Zeit noch im Taumel vergeudet; unbeherrscht, gedankenlos Länder und Reiche übervölkert, Sklave ungebändigten tierischen Triebes. Trotzdem, es soll kein Vorwurf sein; denn was wäre schwieriger, als diesem Drachen weltvergessen machender Lust Herr zu werden?

Keiner Askese sei das Wort geredet. Wer die Gesetze des polaren Kräfteaustausches kennt, weiß wie förderlich der Ausgleich der männlichen und weiblichen Od-Spannungen für beide Partner in der sexuellen Vereinigung sein kann. Magier und Mystiker wollen um die Bedeutung weise gelenkter sexueller Kraftpotenzen wissen. Streng gehütete Praktiken des Sexual-Yoga, gnostische Kulte sowie die Lehren verborgener Bruderschaften weisen darauf hin.

Doch soll hiervon nicht die Rede sein. Wir richten unser Augenmerk auf die Transmutation, auf Umwandlung der Zeugungsenergie in Vital- und Geisteskraft. Dieses Wissen ist nicht unbekannt, entstammt eben genannten Quellen und hat sich in der Praxis trefflich bewährt. Allerdings sind eine Reihe von Bedingungen zu erfüllen, bevor es Sinn hat, mit dem Exerzitium zu beginnen.

Gut ausgebildete *Imagination* steht zuoberst.

Nicht minder die Lebensweise. Zu meiden sind Reizmittel: Alkohol, scharfe Gewürze, Salz, Pfeffer, Paprika, Zwiebel. Einzuschränken ist der Fleischgenuss, ebenso der von Eiern. Schweinefleisch sollte ganz in Wegfall kommen. Anstelle dessen viel frisches, rohes Obst. Während Fleischnahrung und Genussmittel die sexuelle Erregung hochpeitschen, regulieren die in den Früchten enthaltenen Vitamine die Sekretabsonderung der Geschlechtsdrüsen und sorgen für deren naturgemäße Funktion.

Des Weiteren: Keine erotischen Vorstellungsbilder, schon gar nicht vor dem Einschlafen. Es empfiehlt sich, eine seitliche Lage während des Schlafes einzunehmen.

Über den Triebwillen herrsche der Geistwille!

Im Prinzip besteht das Exerzitium der Transmutation in folgendem:

a) Die den Zeugungssäften imaginativ entzogene ätherisch-pranische Energie wird dem Solarplexus zugeführt, um dessen *Vitalkraft* zu erhöhen (und sein *od-magnetisches Strahlungsfeld* zu stärken).

b) Oder die transmutierte Energie wird längs des Rückgrates hochgeführt zum Hinterhaupt, zur Zirbeldrüse, um die *Geistes*- und *Willenskraft* zu steigern.

Wie bei allen Praktiken variieren auch hier die Übungen in den einzelnen Phasen. Weniger jedoch kommt es auf die Methode an als auf die das Exerzitium begleitende Vorstellungskraft. Immer und überall entscheidet die *Stärke der Imagination*.

Methode I

Stellung: Ägyptischer Sitz. Wirbelsäule gerade, Kopf leicht geneigt. Hals locker. Blick in den Schoß.

Sichbewusstwerden der absoluten Herrschaft über Körper

und Trieb.

Nach einigen tiefen, rhythmischen Vollatemzügen:

Plastische Vorstellung, wie sich von dem im Sexus aufgespeicherten Zeugungsstoffe die fluidale, kraftgeladene Essenz, die ätherisch-pranische Energie löst.

a) Während der Einatmung: Hochführen der transmutierten Schwingungen.

Bei der Atemstauung: Aufladen des Sonnengeflechts mit den sexuellen Strahlungsenergien.

In der Phase der Ausatmung: Verharren im Vollbewusstsein der aufgenommenen Kraft.

Das Exerzitium darf auch dahingehend erweitert werden: Während der Ausatmung oder am Schluss der Transmutationspraktik wird die pranische Sexualenergie in den Körper ausgestrahlt, in das Blut, die Nerven, geschwächte Organe, die ätherische Aura usw.

Den im Zeugungsorganismus verbleibenden Sexualkräften schenken wir weiter keinerlei Beachtung; beraubt ihrer schöpferischen Energien, verwendet sie der Körper im aufbauenden Sinne.

b) Im Prinzip der gleiche Vorgang, nur werden jetzt die transmutierten Kräfte bei *der Einatmung die Wirbelsäule hochgeführt und beim Anhalten des Atems in Hinterhaupt und Zirbeldrüse eingestrahlt.*

Zielgedanke ist: Steigerung der Denkkraft, Erhöhung der Verstandestätigkeit, Stählung des Willens.

Methode II

Stellung: Waagrechte Lage. Körper entspannt. Augen geschlossen. Rechte Hand auf dem Solarplexus, linke an den Hinterkopf. Rhythmische Vollatmung.

a) Einatmung: Luft in den Unterleib einziehen mit der Vorstellung, dass die umgewandelten Sexualenergien emporströmen und völlig diesen erfüllen.

b) Atem kurz anhalten und die kraftgeladene Luft in die oberen Lungenpartien führen, gleichzeitig dabei die ätherisch-pranische Sexualkraft zum Solarplexus oder zum Gehirn leiten, wie bei Methode I.

c) Ausatmung: Vorgang ebenfalls wie bei Methode I. Die umgewandelte Zeugungskraft kann fünf-, sieben- oder neunmal hochgeführt werden.

Besser noch gelingt der Transmutationsvorgang, bezieht man die unterbewussten Gestaltungskräfte mit ein. Wir aktivieren sie mittels der Autosuggestion (Seite 240). Der Mystiker verbindet sich mit dem ihm innewohnenden Meister. Er nimmt den Umwandlungsprozess im Buddhasitz, Persischen Sitz oder sonst einem hierfür passenden Asana vor.

Methode III

1. Ruhelage (unbekleidet), Kopf Norden — Füße Süden, letztere parallel zueinander, in Schulterbreite gespreizt. Arme liegen auf der Unterlage oder hängen beiderseits lose herab.

   Entspannung!

2. Atemrhythmus geschlossenen Auges.

   Solange atmen, bis der Sexus blutleer und ruhig ist. Geistige Einstellung auf Ruhe und Gelingen der Übung.

3. Augen öffnen.

   Hände flach, symmetrisch auf das Sexualzentrum (untere Daumen- und Zeigefingerglieder aneinandergelegt, den kleinen Finger an den Ringfinger).

Plastische Vorstellung:

Die fluidalen Sexualstoffe strömen in die Handmitten (Hand-Chakras) und sammeln sich daselbst an.

4. Langsam einatmend *beide Hände den Unterleib entlang zum Nabel führen. Diesen umkreisen, dann senkrecht hinauf zum Solarplexus*; wobei die Fingerspitzen nach unten zeigen und Daumen und Zeigefinger sich gegenseitig berühren. Handballen ruhen auf dem unteren Brustkorbrand, die Fingerspitzen ungefähr am Nabel.

5. Hände *verbleiben* auf dem Solarplexus.

Atem anhalten, dabei versuchen wir zu empfinden, *wie aus den*

Handflächen die aufgespeicherte ätherische Sexualkraft in das Sonnengeflecht einströmt und in Vitalkraft umgewandelt wird.

6. Langsame, tiefe, volle Einatmung.

   Hände hochführen bis in Schulterhöhe, drehen, so dass nunmehr die Fingerspitzen zum Hals zeigen. (Die kleinen Finger liegen jetzt anstelle der Daumen aneinander.)

   Weiterführen der Hände bis zum Kehlkopf. (Fingerspitzen berühren ihn.) Hierauf unterhalb der Kinnbacke vorbei *bis zum Hinterkopf.* (Fingerspitzen nach außen gerichtet, Handfläche der Rechten auf den Hinterkopf, auf deren Rücken die Linke, Daumen etwa in der Höhe der Ohrläppchen.)

7. Atem *anhalten* und die *sexuellen Fluidalstoffe* ins *Kleinhirn strömen lassen.*

8. *Ausatmen* mit der Imagination: Die transmutierte Kraft *steigert die geistigen Fähigkeiten ganz erheblich.*

9. Arme im weiten Seitenbogen zurück, Hände abschütteln und zur Ausgangsstellung.

   Den ganzen Vorgang fünfmal wiederholen.

Die Umwandlung der Zeugungskraft sollte wenigstens wöchentlich einmal vor dem Schlafengehen vorgenommen werden. Anzuraten wäre, sie anzuwenden ferner bei Unlustgefühlen, Ermüdungs- und Erschöpfungserscheinungen und immer dann, wenn starkes sinnliches Verlangen das Gleichgewicht zu stören droht.

Überlieferung zufolge gilt als beste Zeit für die Transmutation der Sonntagvormittag. Dienstag, Donnerstag und Freitag werden ebenfalls als günstig bewertet, weniger hingegen Montag, Mittwoch und Sonnabend.

Kurz zusammengefasst sind je nach Ziel und Zweck die Ergebnisse einer entsprechend durchgeführten Transmutation wie folgt:

Bei Aufspeicherung im Solarplexus:

Steigerung der Lebens- und Nervenkraft; Förderung der positiven Gefühlskräfte (vor allem der psychodynamischen, zum Zwecke autosuggestiver Beeinflussung, Wunschverwirklichung usw.); Zügelung von Gefühl, Trieb, Leidenschaft.

Bei Aufspeicherung in Gehirn und Zirbeldrüse:

Stärkung von Gehirn und Nerven; Förderung spiritueller Fähigkeiten sowie der geistigen Gestaltungskraft; Steigerung der Gedankenmacht usw.

Gewarnt sei auch hier vor Übereifer. Achtsam und mäßig sei man bei Hinlenkung der transmutierten Kräfte zum Kopf.

Die Sublimierung des Triebes erfolge ganz allmählich. Es empfiehlt sich, vorerst die untere Körpersphäre, den Solarplexus aufzupolen. — —

Und eines noch! Schrecken Sie nicht zurück vor der Fülle des bisher gegebenen und weiterhin hinzukommenden Übungsmaterials. Es ist für lange Sicht bestimmt. In keiner Disziplin, sei es Entspannung, Atmung, Konzentration oder eine der anderen Praktiken, ist innerhalb weniger Monate, oder Wochen gar Vollkommenheit zu erreichen. Andauernd muss daran gearbeitet werden, fortschreitend von Exerzitium zu Exerzitium.

Fügen Sie zwanglos die Übungen in Ihr Arbeitsprogramm ein, und immer erst dann, wenn das vorangegangene Pensum zur Zufriedenheit erledigt ist.

Auf eine am Schreibtisch entworfene, streng detaillierte Übungsfolge habe ich mit Rücksicht auf die erfahrungsgemäß verschiedene Veranlagung des Einzelnen Abstand genommen.

VI

Vom Sinn des Seins

Vom Wesen der Gottheit
Vom Rätsel der Materie
Vom Sinn des Erdenwallens

Im Ringen mit den täglichen Miseren, im Streben nach Geltung und Erfolg wird zwischendurch sicherlich die Frage laut:

Wozu dies alles?

Je stiefmütterlicher uns das Leben im Augenblick behandelt, desto bohrender das Fragen. Ja selbst auf der Sonnenseite der Taterfolge kommt uns keine zufriedenstellende Antwort über Sinn und Zweck des Erdenseins.

Leichter zweifellos hat es in dieser Hinsicht der Religiöse gegenüber dem Rationalisten. Bei diesem bedarf es doppelter Anstrengung, den Lebenskahn, leck geworden im Daseinssturm, wieder flottzumachen.

Allein auch er muss dem Sinn des Seins näher kommen; denn — und das weiß jeder — Stunden gibt es, wo selbst der stärkste Wille nichts mehr fruchtet. Ohne Wissen um des Lebens Endzweck bleibt das emsigste Meißeln an Ich und Charakter halbe Arbeit.

Wir wollen daher — ob konfessionell ausgerichtet, ob beharrend im materialistischen Denken oder unschlüssig pendelnd von Anschauung zu Anschauung — unvoreingenommen einige Grundfragen überdenken und uns vertraut machen in den Abschnitten VI und VII mit den Fundamentalsätzen der östlichen Geheimphilosophie, wie sie heute bereits Gemeingut westlicher Yogaanhänger, Theosophen, Anthroposophen und sonstiger Esoteriker sind.

Keineswegs jedoch wird die Forderung erhoben, dass Sie nun Knall und Fall Ihrer bisherigen Weltanschauung den Rücken kehren, Dogma gegen Dogma eintauschen. Nur ablehnen sollen Sie nicht rundweg, wo Sie noch nicht geprüft haben. Lediglich zum Verständnis sonst kaum fassbarer Begriffe diene uns die okkulte Theorie. Arbeitshypothese sei sie uns vorläufig, ein „als ob", mit dem ja so oft der Wissenschaftler operiert und Grund solcher Fiktionen zu guten Resultaten kommt.

Jeder muss allein von sich aus zu seinem Glauben kommen.

Aber bleiben Sie duldsam! Auch dann noch, wenn Ihr Wissen um die Dinge — Ihrer Meinung nach — vollkommener ist als das der anderen.

Vom Wesen der Gottheit

Deismus — Atheismus? — Urfrage aller zum Denken Erwachter.

Fast will es scheinen, als entscheide sich der wägende Balken der Vernunft für eine entgottete Welt. Wer von den vielen glaubt ernstlich noch an den „lieben Gott" und seine sieben Schöpfungstage? Wobei freilich vergessen wird, dass der Bibel eine zweifache Lesart zugrunde liegt: eine exoterische, äußere, wortwörtliche für die Masse — und eine esoterische, geheime für die Erwählten. Wer aber weiß davon.

Immer mehr werden ihrer, die der Begriff eines *persönlichen* Gottes nicht mehr befriedigt, eines Gottes, behaftet mit menschlichen Schwächen, Leidenschaften, amoralischen Neigungen. Ein parteiischer Nationalgott, ein Gott der Rache ist der Jahwe des Alten Testamentes. Was unterstellt man ihm nicht alles. Die schrecklichen Plagen, die er über Ägypten brachte. *Vorsätzlich* und *wiederholt* verhärtet er Pharaos Herz. Heißt es doch nachdrücklich: „Aber ich will Pharaos Herz verhärten, dass ich meine Zeichen und Wunder viel tue in Ägypten" (Moses 7, 3). Also um seine Macht zu zeigen! Deshalb diese Brutalitäten, Blattern, Pestilenz, Hagel, Heuschrecken, Finsternis, Würgung aller Erstgeburt.

So auch später. Wo immer er „sein" Volk einfallen heißt, gibt er Mordbefehl um Mordbefehl. Welch charakterlicher Bruch im Wesen dieses Gottes. Auf Sinai „Du sollst nicht töten", und unterm Goldenen Kalb und in geschleiften Städten Ströme vergossenen Blutes!

Und sein Machtbereich? Wenige Landstriche bloß. Nicht kümmert ihn die weite Erde, geschweige denn die Myriaden Sonnenwelten. Was draußen in der Unendlichkeit des Universums vor sich geht, damit hat er anscheinend nichts zu tun. Einem einzigen Volke, einem kleinen Flecken unseres Planeten gilt all sein Interesse. Ständig weilt er bei seinen Priestern und wartet wie jeder heidnische Dämon auf die Blutopfergabe. Stets beleidigt und erzürnt, sinnt er unentwegt auf grimmige Vergeltung.

Nicht zu verwundern, wenn so viele — darunter Gläubige aller Konfessionen, religiös empfindende Juden nicht ausgenommen — diesen allzu menschlich gefassten Gottesbegriff ablehnen.

Die exoterische Auslegung des Pentateuchs vom Wesen Gottes ist in dieser Form für den Heutigen nicht mehr tragbar.

Damit glaubt der Atheist den Sieg für sich zu buchen. Jehovah wird zum mythischen Wüstendämon und mit dem „Vater" Jesu Christi weiß er ebenso wenig anzufangen. Esoteriker ist er nicht, und das Walten Gottes im Neuen Testament, wortwörtlich genommen, fordert nicht minder zum Widerspruch heraus; denn auch der Gott des Neuen Bundes hat seine Mängel. Straft er doch mit Höllenqualen, mit ewiger Verdammnis. Für leidlich gelebte sechzig, siebzig Jahre, etwas weniger oder mehr, gewährt er einen Himmel unvorstellbarer Seligkeit. Und das in alle Ewigkeit.

Dem Ungehorsamen, dem Missetäter hingegen droht — wie wir alle wissen — für die gleiche Spanne Erdensein fürchterlichste Pein, wie sie grauenvoller keines Sadisten Hirn erdenken könnte. Auch das in alle Ewigkeit.

Was muss das für ein Wesen sein, mit welch grauenhaft gigantischen Proportionen rechnet es. Das kurze, ach wie kurze Leben — und dieses jede Phantasie höhnende Äonenmaß! Und das soll Allgüte, Allerbarmen sein?

Wer nur kann sich dieses Himmels freuen? Der hartgesottenste Höllenanwärter höchstens. Dem aber ist er ja verschlossen. Der Fromme wird solcher Seligkeit kaum froh. Vielleicht weiß er sein Kind, die Mutter, den Vater, seine Frau oder sonst wen Nahestehenden ausgesetzt nie endender Gluten höllischer Leiden. Ja, müsste den Gütigen nicht Mitleid fassen mit den Legionen Gequälter, die die Vergehen weniger Erdenjahre durch Abermyriaden Zeitläufe büßen müssen. Und kein Ende. *Nie ein Ende* . . .Müsste dies die Seligen nicht trotz aller Himmelsfreuden zum Wahnsinn treiben? Müssten sie nicht erschauern vor der Gegenwart des „allgütigen Vaters", der zugleich ein Rachedämon entsetzlichsten Ausmaßes ist?

Ja, wäre er wenigstens gerecht, gäbe er zumindest jedem die

gleichen Chancen, gleiche Vorzüge des Geistes wie des Körpers, gleiche soziale Voraussetzungen, das gleiche Maß an Glück und Leid.

So aber . . .

Wie leicht gemacht wird es dem einen — gutes Elternhaus, überdurchschnittliche Begabung, charakterlich einwandfrei . . .

Und dieser — verfolgt vom Missgeschick, Sklave nicht zu bändigender Triebe, asozial die Eltern...

Die eine Generation durchlebt eine Friedensperiode, blühende Wirtschaftslage, kultureller Aufstieg ...

Die andere ringt mit Krieg, Hunger, Seuchen, Nöten, sittlichem Niedergang ...

Hier ein Volk im Erblühen, dort im Verfall ...

Wozu weiter malen, genugsam kennen wir das Leben. Ungleich die Schicksale, ob Einzel- oder Völkergeschick.

Immerhin hat der Bösewicht von heute dem Schurken aus Vorzeittagen einiges voraus; mehr jener noch, hart an der Grenze der letzten Menschheitstage. So manch Jahrtausend höllischer Qual bleiben ihnen dadurch erspart. Nicht durch Verdienst, durch reinen Zufall bloß.

Der Gerechte wiederum, der verspätet auf dem Lebensplan erschien, geht verlustig vieler Himmelsfreuden, die der genießen durfte, der früheres Glied der langen Menschheitskette war.

Freilich besser noch so ein Gott als gar kein Gott.

Für den Materialisten immerhin Grund genug, die Welt vollends zu entgotten, der blindschaffenden Natur auf den Thron zu helfen. Daneben noch der „kleine Gott der Welt“, dem Nichts entsteigend für wenige Jahrzehnte, sich gebärdend jedoch als hätte er Vernunft und Sein für alle Ewigkeit gepachtet.

Allmählich aber werden viele auch dieser Anschauung müde. Enttäuscht vom Gott der Bibel, angeekelt vom platten Materialismus fragen sie und fragen, bis in der Brust vernehmbar wird ein Flüstern: *Die Welt kann kein Zufallsprodukt vernunftloser Gewalten sein.*

Und ein Ahnen steigt in ihnen auf von der Allgegenwart der ewigschaffenden Gottheit.

Wie eng begrenzt des Menschen Wirkbereich trotz seines hochgepriesenen Verstandes. Was er schafft, hat er abgelauscht der Natur. Er, der Vernunftbegabte der „Vernunftlosen“. Ist es nicht paradox? Sinnloses bringt Sinnbegabtes hervor, Wunder an Gesetzmäßigkeit, an unausdenkbaren Ideenbildungen. Oder sollten die millionenfältigen Tier- und Pflanzenformen reine Zufallsbildungen sein?

Muss nicht vielmehr eine Bewusstheit am Werke sein, unaussprechlich größer als das aller Menschenhirne zusammen?

Der gestirnte Himmel über uns? Auch vernunftloser Zufall nur? Der Lauf nicht zählbarer Gigantenbälle, ihr Werden, ihr Vergehen — rein alles Zufälligkeiten? Nirgends sonst im Weltall Geist, Bewusstsein, als bloß unter menschlicher Schädeldecke? Keine andere Vernunft als jene, die ständig fragt: Woher die Kraft, die aufzwingt dem Stoff ihr Gesetz? Von wo der Anstoß aller Urbewegung?

Nicht zuletzt der Urgeheimnisse Unergründbarstes:

Die Gegenwart des anfanglosen, niemals in die Zeit getretenen, nirgends und nimmer endenden, alles umschließenden, in sich bergenden RAUMES.

Er, der unsichtbaren Gottheit sichtbares Kleid.

Hineingeboren ist der Mensch in die Mysterien von Raum und Zeit, von Kraft und Stoff. Niemals werden sie den Sterblichen offenbar. Jeder Blick himmelwärts kündet mahnend das Walten unergründlicher Mächte. Nicht eines „lieben Gottes“, nicht eines der Wüste entsprossenen Dämons oder sonst eines Götzen voller kleinmenschlicher Attribute.

Ur-Geist — Ur-Licht — Ur-Kraft — Ur-Wille — Leben alles Lebens drängt es sich den Lippen auf.

Worte versagen vor dem *UNNENNBAREN, NIEZUERGRÜNDENDEN.* Dennoch raunt man von Erwählten, die ihm genaht. In der eigenen Brust, sagt der Mystiker.

Vom Rätsel der Materie

Materie, rätselhaft, geheimnisvoll wie der Raum, allgegenwärtig gleich ihm.

Jegliches ist Substanz, ist Stoff: unser Körper, die Erde, die ihn trägt, die Unzahl ihrer Lebensformen. Selbst aus den letzten Tiefen grüßt Materie uns als Trägerin des Lichtes. Ewig, gleich der LEERE, deren Schoß sie birgt, spottet sie der Fassungskraft unseres Denkens.

Welcher Metamorphose immer der Stoff unterworfen sein mag, er ist aus dem All nicht hinwegzudenken, ändere er sich noch so oft, entzöge er sich gänzlich unserer Wahrnehmung, was ihn verursacht, die niemals geschaffene, zu keiner Zeit entstandene *WURZEL DER URSUBSTANZ* bleibt. Im Anfanglosen, Immerseienden ruht ihr Sein.

So höhnt uns der Stoff, die scheinbar ungefüge Materie. Auch die gewöhnlichsten Dinge alltäglichen Gebrauchs werden so zum Geheimnis, zum Mysterium, versenken wir uns in ihre Uranfänge.

Kosmische Nebel entschwinden — bis sie schließlich einsgeworden mit der letzten Ursache ihrer stofflichen Existenz.

Seit uralters her grübeln die Menschen dem Rätsel der Materie nach. Phantasten, Mystiker, exakte Wissenschaftler versuchten in ihr Innerstes einzudringen, vorzustoßen in das Unteilbare ihres Wesenskernes, die Bausteine zu ergründen, die sie in den Atomen gefunden zu haben glauben.

Wie oft wechselten ihre Spekulationen. Angefangen von dem starren, raumerfüllenden, mit einem Haken versehenen Atomgebilde des Demokrit, über das dynamische BOSCEOVICHSCHE Atom zu den von Wirbelringen gebildeten Wirbelatom des Lord KELVIN zur modernen Elektro-Atomistik.

Geronnene Elektrizität sozusagen ist der Stoff.

Aufgelöst ist er in Schwärme von Elektronen, die in bestimmter Zahl in festgelegte Bahnen um den positiv geladenen Atomkern rasen.

Dass auch das Atom kein Unteilbares, dafür spricht seine Zertrümmerung eine grauenvolle Gegenwartssprache zugleich die Hypothese von seiner Existenz bestätigend.

Entkleidet ist die Materie ihrer trügerischen Form; Bewegung, Kraft von unvorstellbarem Ausmaß ist ihr eigentliches Element. Es gibt kein Festes, kein Stoffliches; Schwingung, Strahlung ist das Wesen jedweder Substanz.

Heute durchaus nicht mehr fantastisch. Behalten am Ende die verborgenen Bücher recht, die von einer geheimnisvollen Kraft berichten, der einst die sagenhafte Atlantis zum Opfer gefallen sein soll? Sind wir nicht eben im Begriff ähnliche dämonische Gewalten im Atom zu entfesseln?

Unfassbar schier dem nüchternen Verstand, dennoch keine okkulte Fiktion, sondern exakt wissenschaftliche Erkenntnis, die uns östlichem Weistum näher führt. Dem wissenden Osten war seit je die Materie Täuschung, Maja. Darüber, über den Zuständen des scheinbar Festen, Flüssigen, Gasförmigen liegt die Ätherwelt, geordnet in vier Dichtigkeitsgrade, vervollständigend so die siebenfache Erscheinungsform des physischen Daseinsplanes.

Das chemische Atom der heutigen Wissenschaft ist für die Esoterik keineswegs die Urform, aus der sich die Materie aufbaut. Es setzt sich aus den physischen Atomen des vierten, des feinsten Ätherzustandes zusammen.

Mit dieser Ätherschwingung und seinem Atom stehen wir an den Grenzen der physischen Welt, keinesfalls aber am Ende des stofflichen Seins. Ein zweiter — durchaus noch als materiell anzusprechender Daseinsplan tut sich auf. Die Welt des Astralen. Gleich unserer physischen Ebene schwingt auch die astrale Sphäre in der Siebenheit.

Sieben Unterebenen von mehr und mehr sich verfeinernden Dichtigkeitsgraden bilden die uns am nächsten befindliche Welt, deren Aufbau genauso atomistisch gedacht ist wie unser materieller Plan. Die Astralwelt ist nicht etwa räumlich getrennt von uns, die Daseinspläne durchdringen einander infolge ihrer Schwingungsform.

Die Stofflichkeit des Astralplanes ist nicht der subtilste, fünf weitere Daseinspläne mit ihren Bewusstseinssphären existieren noch.

Immer feiner wird die atomistische Struktur von Daseinswelt zu Daseinswelt, bis sie schließlich im *UNNENNBAREN* mündet, im *Ur-BEWEGER*, der dem Elektron seine Bahn gewiesen und es nimmer zum Stillstand kommen lässt, solange *SEINE* Schöpfung währt.

Raum — Kraft — Stoff, die mystische Dreieinigkeit des Alls

wird letztens eins, gestaltet und gelenkt vom *URWILLEN*, von der *UNIVERSAL-INTELLIGENZ* eines urewigen, absoluten *BEWUSSTSEINS*.

Wesend im *URGRUND*, im Parabrahm, nie geworden, unvergänglich gleich *IHM*, erfüllt Mulaprakriti — Wurzel alles Stofflichen, jeglicher Substanz — ewig gegenwärtig die Tiefen der unendlichen *LEERE*...

Vom Sinn des Erdenwallens

Gleich der Frage nach Gott, nach Raum und Stoff, ebenso altersgrau die Frage nach Sinn und Zweck unserer Erdenwanderung. Vergebens bemühen sich Religion und Philosophie das Rätsel unserer Existenz zu lösen. So viele Systeme jedoch, so viele Widersprüche. Wenig Befriedigendes wird geboten, umso mehr an kritikloser Hinnahme gefordert. Wem blindgläubiges Fürwahrhalten nicht gegeben, irrt „glaubenslos" durchs Leben und fragt erst recht nach dem Warum seiner Erdenexistenz.

Wozu das Ganze? — Wofür der Aufwand? Die Mühsalen, die Qualen, der Kampf ums tägliche Brot, dieses erbarmungslose Ringen, dieses zermürbende Gejage tagaus, tagein, diese hastende Angst, das Leben zu erhalten, bis es doch dem natürlichsten aller Gesetze zum Opfer fällt, bis uns das ewige Vergessen hinweggeweht hat.

Wozu dann vorher der unbändige Lebenstrieb? Das leidenschaftliche Wollen, das gierhafte Wünschen, das nie zu stillende Begehren? Machtrausch, Sinnenkitzel, Freudentaumel und Erfolg, tränenbanges Sehnen, sinnloses Verzweifeln...

Auch die Regungen edler Natur. Das Streben nach Weistum, Schönheit, Kunst. — Wozu die Anstrengung, wenn doch das Grab Schlussstein und Grenze?

Der Atheist weiß auf diese Frage keine Antwort. Welt und Sein sind ihm blinde Zufälligkeit ebenso blinder Naturgesetze. Er fragt nicht viel nach dem Wie und Warum. Einfach leben so gut es sich eben leben lässt, genießen, je mehr umso besser, da man doch nie weiß, wie lange es noch währt.

Im Genuss, im Taumel mag diese Philosophie hingehen. Wenn

aber Verluste, Fehlschläge, Katastrophen uns umgrinsen, was dann? Wo findet sich Halt und Trost?

In noch größerer Rücksichtslosigkeit, im hemmungslosen Sich — gehenlassen, im schonungslosen Kampf mit dem Schwächeren, im Triumph der Stärke und Gewalt.

Was aber bleibt dem im Lebenskampf Besiegten? — Resignation oder Verzweiflung.

Und geistiges Ringen, kultureller Fortschritt? Wozu?

Für Volk und Nation — begrenzt gedacht; für die Menschheit — kosmopolitisch gesehen.

Und die Menschheit? Was ist ihr Zweck, ihr Ziel? — Entwicklung, Fortschritt!

Evolution. Wofür? — Wo endet der Menschheit Weg?

Im Chaos eines ersterbenden Planeten. — So der Wissenschaftler. Und wieder die bange Frage: Wozu dann alles? Sinnlos der Entwicklungsgang des einzelnen, da doch das Grab die erhabensten Gedanken, den stärksten Willen, den vollendetsten Charakter verschlingt.

Und das Fortbestehen im Tun und Denken von Kind und Kindeskinder in der schier endlosen Reihe der Geschlechter? — Ebenso sinnlos, da diese ja gleichfalls in die Grube steigen müssen.

Wo also bietet der Materialismus Halt in unseren Lebensnöten? Wo zeigt er uns hoffnungsreiche Perspektiven, die hinausführen aus dem Grau des Alltags?

Vermag es die Religion?

Einem gläubigen Gemüt ist viel gegeben. Wer aber von uns Heutigen ist so gläubig? Bei wem spricht nicht der Verstand dagegen? Nehmen wir die uns nächstliegende Religion, das Christentum.

Sicherlich, das Leben erscheint keineswegs mehr so sinnlos; es ist nicht gleichgültig, gut oder schlecht zu handeln. Jedwedes

Tun wird vergolten. Auch sind wir nicht allein in einer vernunftlosen Weltallswüste; eine denkende Kraft regiert die Gewalten der Natur, Gott ist unser Herr.

Schön und gut. Für den Gläubigen vollauf befriedigend. Wer aber weiter denkt ... Wir kennen die Resultate solchen Denkens.

Und wiederum die Frage: Gibt es nicht eine vernünftigere Vorstellung vom Zweck unserer Erdenwanderung, eine Lehre, die dem ethischen Empfinden mehr entgegenkommt?

Etwa die Religionsphilosophie östlicher Völker? Die Lehre von der *Re-Inkarnation*, der Wiederverkörperung?

Dem Abendland ist dieses Wissen verlorengegangen. Trostloses Dunkel umfängt die aberhundert Millionen Erdverhafteter, Genussgieriger, Dekadenter, Weltmüder, Herrschende wie Beherrschte. Finsternis hüllt die Kulturfratze unserer Zivilisation. Doch aus östlichem Weisheitsborn glimmt unentwegt ein Licht in die Nacht rationalistischer Vermessenheit. Auch im kultursiechen Westen schreiten manche schon der verheißenden Leuchte entgegen.

Was dem Modernen Tod, Vernichtung, Verwesung, ist dem Wissenden Wandlung, Auferstehung, Wiederkehr. Im Kind in der Wiege sieht er den erstorbenen Greis, im sterbenden Greis das neu sich gebärende Kind.

Jahrzehntausende vor uns, Jahrzehntausende hinter uns. Die Welten Wanderung der menschlichen Monade: aus Gott — zu Gott. Weltenpilger besuchen die Erde, Stätte der Bewährung, Läuterungsinsel, Durchgangsstation auf dem Weg zur Gottheit. Jedes Leben ein Meilenstein auf diesem Pfad. Ein schier nimmer endender Weg: die Rückkehr des kleinen Ich zum großen Du, eine Pilgerfahrt, die wohl schon vor des Planeten Geburt ihren Anfang genommen.

Und ihr Ende? Unvorstellbar die Dauer, das Heer der Jahre. Für manchen vielleicht auch nur mehr kurz, wenige Leben möglicherweise noch und der Kreislauf der Geburten ist beschlossen.

Reife entscheidet. Nichts wird geschenkt, nichts vorenthalten, nichts verziehen. Gedanken, Wunsch und Werk überdauern die Gräber, liegen als Patengeschenke eines vermeintlichen blinden Geschickes in der Wiege des Re-Inkarnierten. Ein harter, allgerechter Ausgleich waltet, das unbestechliche *Karma, das Gesetz von Ursache und Wirkung.*

Wie wir enden, so setzen wir im nächsten Dasein fort, gleich wie das jetzige Leben Frucht vergangener Leben ist.

Wie erhaben wird mit einem Male der Sinn unseres Erdensein. Fernste Zeiten belohnen Fleiß und Mühe. Keiner sät, damit andere ernten. Wir sind Sämann und Schnitter in einem. Unsere jetzige Lage, unseren Charakter, Vorzüge wie Schwächen: uns selber haben wir sie zuzuschreiben. *Selbst verursacht ist unser derzeitiges Geschick.* Was einer einstmals fehlte, trifft ihn heute als Krankheit, Gebresten, Ungunst der Zeit, schlechte Geistesgaben, charakterliche Unzulänglichkeiten oder was wir sonst als Übel schwer empfinden.

Einzig und allein wir selber müssen an der Abtragung unseres Karmas arbeiten. Eine bequeme Sündenvergebung gibt es nicht, ebenso wenig wie es eine ewigwährende Verdammnis gibt. Entwicklung, Evolution ist alles. Mag noch so oft das Ego auf seiner Gottheitswanderung straucheln, es ist nicht verloren. Trotz Abgründe und Schluchten führt der Weg himmelan.

Wir sind unsere eigenen Erben. Kein Gedanke wird nutzlos gedacht. Auch nicht ungestraft. Wohl verwest das Gehirn, Früchte aber trägt, was es sann und dachte. Keines Künstlers, keines Gelehrten Arbeit ist vergebens, auch wenn die Welt deren Tun verkennt, in einem anderen Leben setzen sie fort, wo sie derzeit geendet. Dem Tiefenbewusstsein entsteigen die Erfahrungen vorgeburtlicher Erdentage. Trost für jeden, der zeitlebens sich müht, geistige Werte zu sammeln.

So ist es mit jeder Tat. Der Missetäter, der sich ungestraft aus diesem Leben fortschleicht, zahlt den Tribut im nächsten oder übernächsten Sein. Nicht eher ruht das Gesetz des Ausgleiches, bis es das gestörte Gleichgewicht wieder hergestellt hat. Erlösung und Verdammnis, beides liegt in unserer Hand. Was Irrtum verbrechen ließ, muss Erdenschulzeit sühnen; nur so wird das Ego reif für die Daseinsform in höheren Bewusstseinsreichen. Und dies fort und fort, wechselvoll im auf und ab, bis es Ruh' gefunden endlich in IHM, dem EINEN.

So die Lehre des Fernen Ostens, wie sie Gurus ihren Chelas künden, wie Buddhismus und Brahmanentum ihren Anhängern seit Jahrhunderten, ja Jahrtausenden predigen.

Kommt solche Anschauung nicht dem ethischen Empfinden

weit näher und auch dem logischen Erfassen? Erhält dadurch nicht das Leben einen tieferen Sinn und behält selbst noch Wert in aussichtsloser Lage? Da nichts unverschuldet ist, haben Neid und Selbstbemitleidung zu verstummen. Auch im Erbärmlichsten muss ein neuer Lebenswille flammen, ein Ja zum Schicksal, sei es wie es wolle. Lohnt es sich doch, einen Kampf aufzunehmen, dem das Grab keine Grenze setzt; denn auf jedes Grab folgt eine Wiege.

Vieles hat die Reinkarnationslehre dem Kirchendogma von einem nur einmaligen Erdenleben voraus, und sei sie bloß Hypothese. Besser noch als die Zerrbilder orthodoxer oder gar materialistischer Prägung. Kein blinder Zufall mehr, nirgends die Launen eines unsichtbaren wetterwendischen Tyrannen.

Du allein hast Dich ans Kreuz Deines Missgeschicks geschlagen. Du allein vermagst Dich davon zu lösen. Fatum und Selbstbestimmung einen sich so in wundervoller Synthese. Auf einfache Weise löst sich die heiß umstrittene Frage von der Gebundenheit oder Freiheit des menschlichen Willens.

Natürlicherweise setzt die Reinkarnation die Prä- und Postexistenz eines geistigen Prinzips in uns voraus. Der Materialist kann freilich da nicht mit. Den Kirchengläubigen wiederum, dem geboten ist zu glauben, ohne zu zweifeln, hindern die Ketten des Dogmas; obzwar — ausdrücklich sei dies bemerkt — auch die christliche Kirche ursprünglich den Reinkarnationsgedanken vertrat, später erst, auf einem Konzil wurde diese Lehre verworfen, weil sie, so behaupten einige, den Sünder zur Sorglosigkeit verführe. Allzu leicht könnte er seine Bekehrung auf ein späteres Leben verschieben. Auch dieser Standpunkt hat etwas für sich.

Den unverbildeten Kindern Asiens ist die uralte Überlieferung Beweis genug, der kritisch gesinnte Abendländer fordert Tatsachen konkreter Natur; denn sonst hat für ihn die Hypothese von der Reinkarnation dem christlichen Dogma nichts weiter voraus als lediglich mehr Wahrscheinlichkeit und eine höhere Meinung von der göttlichen Gerechtigkeit.

Beweise sollen existieren. Nicht etwa nur in Indien, Tibet oder sonstwo. Auch bei uns in Europa. Die Zahl derer mehrt sich auch hier, die sich vergangener Erdenexistenzen erinnern wollen. Fast durchweg tragen diese Rückerinnerungen spontanen Charakter.

Der geistig Vollendete freilich, wird gesagt, überschaut bewusst die Kette seiner stattgehabten Verkörperungen. Forschungseifer bemächtigte sich ebenfalls dieses Kernproblems des Menschheitsrätsels. Die Schau Hypnotisierter soll die Vision Initiierter ersetzen. Sensitive werden in Trance über den Geburtsmoment hinausgeführt und in das diesem angeblich vorangegangenen Leben versetzt. An Hand von Daten und Namen wurden wiederholt die Tranceaussagen nachgeprüft und für richtig befunden.

Schwer natürlich sind einwandfreie Beweise zu erlangen. Der Zeitraum ist durchaus nicht gleich, der Leben von Leben trennt. Mitunter sollen es nur wenige Jahre sein, meist aber Hunderte von Jahren dazwischen liegen. Jedenfalls ist diese Gesetzmäßigkeit noch nicht zufriedenstellend erforscht. Berechtigt scheint die Annahme: je höher der Reifegrad eines Menschen, desto größer der Zeitraum zwischen den einzelnen Verkörperungen.

Des Weiteren wird gelehrt, dass sich durchaus das Geschlecht nicht gleich bleibe, wir also als Mann oder als Frau geboren werden können.

Dem verursachten Karma entspricht die Art der Einkörperung, die Umgebung, die Menschen, die uns begegnen. Nicht Fremde, längst Bekannte treffen sich. Lediglich die Rollen wechseln. Einstmals die Mutter, heute vielleicht die Schwester, Freundin oder gar Rivalin; früher Vater und Sohn, jetzt möglicherweise Bruder, Freund, Nebenbuhler; oder die Geschlechter überschneiden sich. Vielmaschig sind des Schicksals Netze, von uns aber selbst geflochten. Nicht durch des Zufalls Willkür sind wir an diesen oder jenen unheilvoll gekettet. Wir haben diesen unseligen Zustand heraufbeschworen; wir wissen es nur nicht. Nutzlos daher an einst geschmiedeten Ketten zu zerren. Nur Lösung der damals nicht erfüllten Aufgabe öffnen ihre Glieder. Verfehlungen an anderen, stellen uns diese Egos aufs Neue wieder in den Weg, bis wir gesühnt haben. Wachsen müssen wir aneinander, uns gegenseitig höher führen. Dem reiferen Ego wird das weniger entwickelte mitunter beigesellt. Und neues Karma schafft sich, wer diese Aufgabe verkennt oder sich ihrer zu entledigen sucht.

Was im abendländischen Kirchenglauben widersinnig, phantastisch anmutet, in der Ratio des Materialismus verworrenes, dialektisches Gestammel, wandelt sich in der Philosophie des Ostens zu einem geschlossenen Bild, dessen Konturen den Sinn unserer Erdenexistenz erkennen lassen: Die Wiederkehr des Unsterblichen in uns, die Gewissheit ausgleichender Vergeltung, über Särge hinweg zu den fernsten Wiegen.

Eine andere Einstellung zum Leben als bisher ist zwingende Folge hieraus. Nichts ist mehr unbedeutend. Dem scheinbar Geringfügigsten liegt eine Gesetzmäßigkeit zugrunde. Nichts, was nicht dem karmischen Gesetz des Ausgleichs unterläge.

Wozu noch über Unbilden klagen?

Anerkennung des Karmas, gewandeltes Denken, kraftvolles Handeln scheuchen die Wolken vergangenen Tuns.

So schafft ehrwürdiges Priesterwissen ein neues Lebensethos. Der Lebenspraxis zugrunde gelegt, löst es aus den Banden, mit denen das Erdentier uns zu verstricken sucht.

VII

Die Schwingungsformen der Wesenheit Mensch

Die sieben Prinzipien der östlichen Philosophie
Weitere Klassifizierungen der sieben Wesensgrundteile
Die sieben Ebenen oder Daseinspläne
Quaternität und Triade

Die niedere Quaternität (Die Persönlichkeit)
Sthula sharira / Linga sharira / Prana, die Lebenskraft /
Kama, der Astral- oder Begierdenkörper

Die höhere Triade
Manas / Atma / Buddhi

Die sieben Prinzipien der östlichen Philosophie

Siebenfach ist der Weg jeder Entwicklung. In siebenfachen Schwingungszuständen manifestieren sich alle Welten im Kosmos. Sieben Daseinspläne oder Ebenen beherrschen das Sein. Siebenfach sind demnach auch die Schwingungszustände der Wesenheit Mensch.

Laut esoterischen Quellen und Forschungen setzt sich der Mensch als metaphysische Ganzheit aus folgenden sieben Grundteilen oder Prinzipien zusammen:

1. STHULA SHARIRA der physische Körper.

2. LINGA SHARIRA der Ätherkörper, Lebensleib, Kraftleib, Bildekräfteleib, Eidolon, Doppelgänger, Träger von Od-Magnetismus, der Lebenskraft und der Chakras.

   Vital-Seele.

3. PRANA die Lebenskraft

4. KAMA der Astral- oder Begierdenkörper, der Kama-rupa. „Empfindender Seelenleib."

   Tierische Seele.

5. MANAS der Denker oder der Verstand.

   Der Manasaputra, das sich reinkarnierende EGO, das Ich; die keinem Tode unterworfene Individualität.

   Menschliche Seele.

Manas, der 5. Grundteil scheidet sich in

a) *Kama-manas* die niedermanasische Kraft.
Wahrnehmungssinn — Gehirnintelligenz.
Empfindungs-, Verstandes-, Bewusstseins-Seele.
Der Mentalkörper (analog der Rupa-Ebene).
Persönliches Ich.

b) *Buddhi-manas* die höher-manasische Kraft.
Der *Kausalkörper*, Ursachenleib — Auegoides (analog der Arupa-Ebene), Intuition, die höhere Vernunft. Geistselbst, das „geisterfüllte Bewusstsein".
Höheres Ego.

6. BUDDHI das spirituelle, göttliche Ego, die Geistseele; der Universalkörper, das göttliche Gewissen.
Geistige Seele. Träger von Atma.

7. ATMA der göttliche Funke im Menschen.
Der Geist, das höhere Selbst, der Geistmensch.
Universalgeist. DIE MONADE.

Weitere Klassifizierungen der sieben Wesensgrundteile

Zum besseren Verständnis der einschlägigen Literatur sei kurz auf zwei andere Lehrsysteme eingegangen, zufolge dieser die Wesenheit Mensch aus sechs, bzw. aus vier Grundteilen besteht. Das Vedanta-System kennt fünf Koschas (Hüllen, Gehäuse), darüber thronend Atma.

Der Taraka-Radscha-Yoga spricht von drei Upadhi (Grundlagen), über diesen gleichfalls Atma.

Während die indisch-theosophische Richtung die Grundteile einzeln aufzählt — wobei Prana manchmal an zweiter, Linga sharira an dritter Stelle steht — fassen vorgenannte Systeme mehrere Prinzipien zu einem Wirkkomplex zusammen.

Annamaya-Koscha, der physische Körper, gilt auch dem Vedantisten als erstes Prinzip.

Pranamaya-Koscha., für ihn das zweite Prinzip, umfasst zwei

Grundteile unserer bisherigen Einteilung: Prana und Linga. Der Ätherkörper als Vehikel der Lebenskraft wird als ein mit diesem Zusammengehöriges nicht näher bezeichnet.

Nicht anders verhält es sich mit Kama-rupa und dem niederen Manas. Infolge ihrer innigen Wechselwirkung verschmelzt sie der Vedanta-Philosoph zu einem Prinzip, zu *Manomaya*-Koscha.

Dafür bestehen der höhere Manas — *Vijnamaya*-Koscha. — und Buddhi — *Anandamaya*-Koscha. — als selbständige Grundteile.

Der Taraka-Radscha-Yoga kennt eigentlich nur zwei Grundmanifestationen der menschlichen Erscheinungsform, wobei Buddhi — *Karanopadhi* — und Atma als überweltliche ich entbundene kosmische Kraft nicht in Frage gezogen werden. Außer diesen rein göttlichen Prinzipien unterscheidet er nur zwischen *Stulopadhi* und *Stikschmopadhi*, wovon ersterer das rein Animalische (Physis, Linga und Prana) darstellt, letzterer mit dem Kama-rupa und den beiden Manaskräften die wollende, begehrende Persönlichkeit und die sie beschattende ewige Individualität umfasst.

Im Grunde jedoch weicht weder der Vedanta noch der Taraka-Radscha-Yoga von der sonst üblichen Einteilung ab, verschieden nur ist die Gruppierung der einzelnen Prinzipien. Ähnlich so bei RUDOLF STEINER und seiner Schule. Im anthroposophischen Schema fehlt das pranische Prinzip. Zwar fehlt dieses mitunter auch bei mancher theosophischen Aufgliederung, wo dann zumeist das manasische Prinzip in zwei selbständige Grundteile zerfällt, in den Mentalkörper (niederes Manas) und den Kausalkörper (höheres Manas). Bei DR. STEINER wiederum folgt auf den Ätherleib, bei ihm der Bildekräfteleib, der Astralkörper oder Seelenleib. Zwischen diesem und Manas, dem Geistselbst, ist das „Ich" eingeschaltet mit seiner dreigliedrigen Seelentätigkeit als „Empfindungs-, Verstandes- und Bewusstseinsseele", was nach der indisch-theosophischen Klassifizierung dem Kama-manas entspricht. Die Empfindungsseele manifestiert sich vermittels des Ätherleibes sowohl in der Physis als auch im Astralkörper. Die kamischen Lustbegierden, die leidenschaftlichen Triebe kommen durch dieses Prinzip zum Ausdruck. Die Verstandesseele ist das denkende, wollende, aber noch dem Irrtum unterworfene Wesensprinzip. Erst die Bewusstseinsseele umschließt den wahren geläuterten Seelenkern, jenen Teil der seelischen Emanation, der mit dem höheren Manas verwoben ist.

Mit den beiden höchsten Grundteilen, Buddhi — Lebensgeist — und Atma — Geistmensch, schließt übereinstimmend mit den üblichen Systemen auch die anthroposophische Terminologie, wenngleich die Bezeichnung „Geistmensch" für das höchste allumfassende Prinzip nicht gerade sehr glücklich gewählt erscheint; allerdings dürften die meisten in Atma eher die höchste göttliche Schwingung des Egos erblicken, mehr den „Gott in uns" als die Gottheit über uns.

Die sieben Ebenen oder Daseinspläne

Analog den sieben Wesensgrundteilen des Menschen besitzt auch die Erde als kosmische Wesenheit gedacht, sieben differenzierte Schwingungsformen, von denen jede wiederum in sieben Unterschwingungen aufgegliedert wird.

Der physische Plan umfasst außer den drei nachweisbaren Zuständen noch vier Modifikationen des Äthers. Das feste, flüssige und gasförmige Aggregat der Materie bildet unseren Körper, wie ihn die Wissenschaft kennt, die ätherischen Schwingungsformen den Bildekräfteleib, der noch der grobstofflichen Ebene angehört, und zwar dem Ätherbereich.

Die eigentlichen transzendentalen Schwingungen mit ihrer ihnen eigentümlichen Gesetzmäßigkeit beginnen erst jenseits der Äthersphäre. Auf Grund ihrer immer subtiler werdenden Baustoffe, der Atome aus astraler, mentaler und noch feinerer Materie, durchdringen sich diese Welten wie Erde, Wasser und Luft einander durchdringen.

Man kann bei ihrer Klassifizierung ebenso wohl mit dem höchsten als auch mit dem niedersten Daseinsplan beginnen. Wir wollen bei der uns nächstliegenden Daseinswelt anfangen und vom Bekannten zum Unbekannten schreiten.

1. *Der physisch-materielle Plan*

Diesem entspricht: der *physische* und *ätherische* Leib,

einschließlich der *pranischen Lebenskraft*.

2. *Der Astral-Plan*

Kama-loka (der Ort — Loka — der Begierden und Leidenschaften — Kama).

Diesem entspricht: der *Astralkörper*, der Kama-*rupa*, wirkend im Verein mit dem *niederen Manas*.

3. *Der Mental-Plan*

Die Devachan-Ebene, die Himmelswelt.

Dieser entspricht: die *Manaskraft* in ihren zwei Aspekten.

Sie umfasst:

a) *Die Rupa-Ebene*, die noch formhaften Unterschwingungen der Himmelswelt.

Mit ihr korrespondiert der *niedere Mentalkörper*, die *niedere Manaskraft*.

b) *Die Arupa-Ebene*, die formengewordene höhere Himmelswelt. Der *Kausalplan*.

Diesem entspricht: die höhere Manaskraft mit dem *Kausalkörper*.

4. *Die Buddhi-Ebene*

Entsprechend dem *buddhischen* Prinzip in uns.

5. *Die atmische oder nirvanische Ebene*

Von hier aus wirkt das höhere Selbst, der göttliche Funke im Menschen.

6. *Anupadaka oder die paranirvanische Ebene*

7. *Adi- oder die mahaparanische Ebene*

Letztgenannte Ebenen gelten als rein göttliche Zustände des kosmischen Bewusstseins. Sie sind das Feld für die Manifestation des LOGOS, des Gottes unseres engeren Weltsystems, und für den

Menschen noch unzugänglich; wohingegen die ersten fünf Daseinspläne das Feld für die menschliche Evolution darstellen.

Auf den Daseinsebenen eins bis drei vollzieht sich die elementare, mineralische, pflanzliche, tierische und die normale menschliche Entwicklung, auf den folgenden zwei Plänen, dem buddhischen und atmischen, setzt sich die übernormale menschliche Entwicklung fort, frei vom Zwang des Karmas und der Wiederverkörperung.

Quaternität und Triade

Die indische Geheimphilosophie teilt die sieben Grundteile der menschlichen Wesenheit in zwei Gruppen:

1. Der *sterbliche Teil* unserer Daseinsform: die *Quaternität*, in sich vereinigend die Prinzipien von Sthula sharira bis Kama (bzw. Kama-manas).

   Aus diesem Grunde meist „niedere Quaternität" genannt; die erdgebundene Vierheit, Ausdruck unseres zeitlichen Ichs.

2. Die unsterbliche göttliche Triade, die ewige Urschwingung, die obere spirituelle Wesenheit; umfassend die Bewusstseinszustände der höchsten Schwingungszentren: Manas, Buddhi, Atma, der dreifache göttliche Aspekt.

   Quaternität und Triade bilden zusammen die Einheit von

   Körper, Seele und Geist. Wovon erstere Körper und Seele, das Sterbliche, die Persönlichkeit umschließt, in letzterer sich der Geist, das Unvergänglich-zeitlose, die Individualität manifestiert.

Die niedere Quaternität (Die Persönlichkeit)

Unterziehen wir nun die vier vergänglichen Prinzipien — in deren Bereich vor allem der Parapsychologe, der Erforscher magischer Phänomene operiert — einer näheren Betrachtung, die manches in der Schulung Gesagte und Geforderte verständlicher machen dürfte.

Sthula sharira

(zuweilen Schtula sharira geschrieben), der physische Körper, wie wir ihn vor uns haben aus Knochen, Muskeln, Blut und Nerven, baut sich bekanntlich aus einer Unzahl kleiner Lebewesen, den Zellen, auf. Mikroskopische Baumeister, ausgestattet mit Bewusstsein, mit Intelligenz. Die selbsttätigen Heilprozesse, das Ausscheiden eingedrungener Fremdkörper durch den Eiterungsprozess, Vernarben der Wunden und vieles andere beweisen es. Ebenso spricht dafür die Beeinflussung physischer Funktionen durch Gedanken, seelische Impulse, hysterische Affekte. Wollen wir der Geheimlehre Glauben schenken, so besitzt der organische Körper kraft des ihn beherrschenden „physischen Elementals“ ein die Zellen dirigierendes „physisches Bewusstsein“, mit dem auch die Kräfte des Unbewussten in enger Wechselbeziehung stehen. Woraus sich das Verhältnis von Fühlen und Denken zum Körperlichen erklärt.

Die Zellen ihrerseits setzen sich zusammen aus noch kleineren Lebewesen, ebenfalls bis zu einem gewissen Grad bewusstseinsbegabt. Myriaden solcher intelligenzerfüllter Mikroben dankt Sthula sharira die sichtbare Ausdrucksform. So wenigstens die Ansicht führender Esoteriker.

Zellen bilden Knochen, Muskeln, Organe — Mikroben Zellen; Winziges wird von Winzigerem geformt und dieses von einem noch kleineren Mikrobaumeister ins Dasein gerufen: dem Molekül, zusammengesetzt aus einer bestimmten Anzahl von Atomen. Allein selbst bei diesen, wissen wir, macht der schaffende Weltengeist nicht halt. Sonnen und Planeten gleich, kreisen im Atom Ionen und Elektronen. Und in jedem der unserer Vorstellung spottenden winzigen Partikelchen ist *Leben*, ist *Bewusstsein*.

Esoterisch beurteilt, tritt das scheinbar Grobmaterielle in vollkommen neue Sicht. Bewusstseinsbegabt bis ins unfassbar kleinste Teilchen, zentralgeleitet vom elementalen Körperbewusstsein, in engstem Konnex mit unserer Ichheit, stellt die fleischliche Hülle etwas ganz anderes dar, als schlechtweg angenommen wird.

Beherrschtes Gedankenleben, positive Willenshaltung, harmonische Seelenstrebungen werden so zum selbstverständlichen Gebot; nicht minder die Reinhaltung des Körpers von Genussgiften und Reizstoffen, weitgehendst desgleichen von Tierleichen. Alles das ist zu meiden, was die Körperzellen schädigt, die subtilen Schwingungen beeinträchtigt.

Was denkt, will, spricht, handelt, ist nicht der Körper. Es bedient sich seiner nur. Grundfalsch dennoch wäre es, das irdische Gefäß unserer wahren Wesenheit zu negieren. Wir bedürfen dieser Hülle, sind in ihr, wohnen darin wie in einem schützenden Hause. Notwendiges Vehikel ist uns der Körper auf diesem Daseinsplan. Nichts vermögen wir auf dieser Welt mit defektem Leibe. Weltentsagende, körperzerstörende Askese mithin ist Wahnsinn. Geben wir daher dem Körper was des Körpers ist, was seine Maschinerie zu ihrer Funktion bedarf. Nicht weniger, nicht mehr. Halten wir uns stets vor Augen: Er ist das Gefährt für unsere Lebensreise.

Straffen wir die Zügel in unseren Händen. Lernen wir seine Regungen beherrschen. Instrument sei er uns, auf dem wir die Melodie unserer Erdentage immer vollkommener spielen.

Folge wird sein: ein diszipliniertes „Körperbewusstsein“, reinere Zellen, gesündere Organe.

Linga sharira

oder der Ätherkörper ist das genaue Abbild des physischen Leibes, gewissermaßen sein Doppelgänger. Er ist Bildner und Erhalter der Physis. Sein Äthergerüst trägt sie. Dem grob-stofflichen Organismus geht der Bildekräfteleib voraus. Er schafft den Modellentwurf für den künftigen Körper. Die Ägypter nannten ihn Ku.

Die fluidale Scheingestalt des Ku wird von Hellsichtigen als violettgraue, schwach leuchtende Nebelmasse wahrgenommen, die sich ein weniges über den sichtbaren Körper erstreckt. Anthroposophen sprechen von der Farbe junger Pfirsichblüten.

Das Ebenbild des sichtbaren Leibes ist Träger der pranischen Lebenskraft. Auf seiner Oberfläche rotieren in napfförmigen Vertiefungen die Chakras. Ferner pulsieren im ätherischen Double die odmagnetischen Ströme, ebenso haben gewisse Phänomene der Hypnose, des Hellsehens und Hellhörens hier ihre Ursache, desgleichen mancherlei Traumerlebnisse.

Der Ätherleib, sein Name sagt es, aus welchen Teilen der Materie er besteht, gehört noch dem physischen Daseinsplan an. Nämlich der Äthersphäre. Er setzt sich zusammen aus den feinsten physischen Atomen und durchdringt und umhüllt die gröberen Teile des uns sichtbaren Stoffes. Der Lebensleib kann sich zur nächsthöheren Daseinsebene, der astralen, nicht erheben. Sein fluidales Gefüge ist gleich seinem materiellen Spiegelbild der Zerstörung anheimgegeben. Noch vor dem endgültigen Zerfall des Leichnams löst sich die ätherische Schwingungsform auf. Meist schon wenige Tage nach dem körperlichen Tode. Anthroposophische Forscher wollen beobachtet haben, dass vor Eintritt dieser Phase der Ku für kurze Zeit mit dem Kama-rupa verbunden bleibt. Sensitive sollen zuweilen den in natürlicher Destruktion befindlichen Ätherleib als schattenhaftes Schemen oder violetten Lichtschein in der Nähe des aufgebahrten Leichnams wahrnehmen, oder über frischen Grabhügeln. Mithin fände vom okkult-wissenschaftlichen Standpunkt aus die Mär von gespenstigem Spuk auf nächtlichen Kirchhöfen eine ziemlich nüchterne Lösung.

Eine Ausnahme stellen jene Fälle dar, in denen der naturbedingte Verfall des Ätherleibes durch magisches Einwirken gewollt verhindert wird, was im Altertum vorgekommen sein soll, wobei, laut Überlieferung, Blutriten schauerlichster Art die Hauptrolle spielten.

An den Ätherkörper knüpft sich die Frage der Bestattung; ob Erde oder Feuer. Bei der Verbrennung erleidet er nämlich dasselbe Schicksal wie der physische Leib, wodurch seinem Gespensterdasein ein rasches Ende bereitet wird. Dennoch treten viele Esoteriker für die Erdbestattung ein, indem sie ins Treffen führen, dass es sich bei der Leichenverbrennung der Alten selten um einen so vollkommenen Veraschungsprozess gehandelt habe wie heutzutage in den Krematorien; vielmehr stellte die Verkohlung des Leichnams eine Art Mumifizierung dar. Die hocheingeweihte Priesterschaft der Ägypter hat einen derart magischen Leichenkult getrieben, so dass dieser, wie es scheint, noch heute wirksam ist. Sofern es stimmt, was man von Pharaonengräbern und unheilbringenden Mumien berichtet.

Jedenfalls sieht der Esoteriker in dem allmählich sich vollziehenden alchimistischen Prozess der Auflösung der beiden ersten Grundteile den naturgegebenen Ablauf. Nirgends greift er vorzeitig ein, wofür die Stunde noch nicht reif dazu ist.

Unter besonderen Umständen — abnorme Gesundheitsverhältnisse, Beeindruckungen nervlicher wie psychischer Natur usw. — ist es dem Ätherleib schon zu Lebzeiten möglich, sich vom Körper zu trennen, in dessen Nähe er verbleibt, verbunden mit diesem durch ein fluidales Band. Zerreißung desselben würde den sofortigen Tod nach sich ziehen. Während des ätherischen Austrittes befindet sich der physische Leib in kataleptischem, tranceähnlichem Zustand, wobei das Schmerzempfinden ausgeschaltet ist. Ein Umstand, den sich die Medizin, um die wahre Ursache allerdings nicht wissend, zunutze machte. Bei der Narkose, so wenigstens der Metaphysiker, wird auf den Ätherleib eingewirkt.

Der französische Forscher ALBERT DE ROCHAS hat experimentell das Empfindungsvermögen nach außerhalb der materiellen Hülle verlegt. Seinem Landsmann HECTOR DURVILLE ist es sogar gelungen, den Fluidalkörper, wie dieser den Spaltungsleib nannte, gänzlich von seiner irdischen Form zu lösen und ihn von hellsichtigen Medien beobachten zu lassen. Hierbei erzielte der Experimentator schier unglaubliche Phänomene. Ein mit scharfer Flüssigkeit gefülltes Fläschchen, dem in Trance weilenden Medium unter die Nase gehalten, hatte nicht die beabsichtigte Wirkung, wohl aber an jener Stelle des Raumes, wo sich — wie hellsehend festgestellt — die Nase des Fluidals befand! Nicht anders verhielt es sich mit Nadelstichen. Nichts verspürte der Körper. Dem Fluidalleib beigebracht, und das Medium zuckte zusammen.

Verletzungen, dem außerhalb des Körpers weilenden Ätherleib zugefügt, übertragen sich auf jenen und werden dort fühl — wie sichtbar. Experimentell bewiesen! Hingegen haben Schäden, die der grobstoffliche Körper durch Unfälle, operative Eingriffe, etwa Amputation, erleidet, auf die ätherische Struktur keinerlei deformierenden Einfluss.

Als Lebenskraftträger zieht der Ätherleib bei Spaltungsvorgängen ohne Rücksicht auf den physischen Körper lebenswichtige Energien an sich, was mehr oder minder große Erschöpfungszustände zur Folge hat.

Eine andere Art der Spaltung, vorwiegend in der magischen Praxis erstrebt, ist der Austritt des Astralleibes, der sich auf weite

Strecken entfernen kann und dem es möglich ist, in den Astralplan einzugehen, wie erfahrene Metaphysiker versichern; indessen der Ätherleib unmittelbar bei der physischen Form verweilt.

Ätherleib und Astralkörper — Schwingungsformen verschiedener Natur — werden mitunter miteinander verwechselt, zumindest nicht genügend klar auseinander gehalten. Selbst bei H. P. BLAVATSKY findet sich, entgegen der heute gebräuchlichen Terminologie, die Bezeichnung Astralleib für Linga sharira. Den eigentlichen Astralkörper nennt sie Kama-rupa. In den meisten Fällen, wo vom Austritt des Fluidalkörpers die Rede ist, haben wir es zweifelsohne mit einer Manifestation des Ätherkörpers zu tun, soweit nicht große räumliche Entfernung zwischen Mensch und Phantom in Betracht kommt. Die Wahrnehmung des ätherischen Doubles erfordert auch weniger an Hellsehgabe als die des eigentlichen Astralkörpers. Die restlose Klärung, wie weit bei den Versuchen DURVILLES und anderer Ätherkörper, astrales und manasisches Prinzip zusammenwirken, bleibt der weiteren Forschung vorbehalten.

Der Skeptiker muss wohl nach alledem einräumen, dass es sich bei den feinstofflichen Grundteilen keineswegs um rein theosophische oder sonst welche verstiegene Spekulationen handelt, sondern dass diese empirisch feststellbar sind.

Was von der Reinhaltung des grobsinnlichen Körpers gesagt wurde, gilt erst recht von seinem Spiegelbild. Die primären Krankheitsursachen wurzeln vorwiegend im Ätherleib. Wichtige Lebensvorgänge spielen sich in seiner Aura — der *Gesundheitsaura* — ab. Von den fluidalen Strömen, die sie durchpulsen, fällt dem hellsehenden Beobachter sofort die aus allen Körperporen entstrahlende Vitalenergie auf, eine Modifikation der Lebenskraft, mit der der Heilmagnetismus arbeitet. Beim Gesunden gehen die Strahlen geradeaus und sind *parallel zueinander gerichtet*. Bei Schwächezuständen, körperlicher oder seelischer Indisposition, senken sie sich und erscheinen *unregelmäßig*, gebogen. Insbesonders an erkrankten Körperstellen streben sie wirr durcheinander. Was den abweichenden Ausschlag des Pendels über erkrankte Organe verständlich machen würde.

Ist der Körper gesund, schützen ihn diese Lebenskraftstrahlen vor dem Eindringen von Krankheitskeimen. Bazillen und andere Schädlinge werden gleichsam zurückgeschleudert.

In die Gesundheitsaura mischt sich nebelartiges Grau, allerfeinste Teilchen abgeschleuderten physischen Stoffes als Folge von Ausdünstung, Schweißabsonderung und dergleichen.

Neben der Gesundheitsaura wollen Hellseher noch eine wichtige Strahlung des Ätherkörpers wahrnehmen, von ihnen als zweifarbig geschaut: die rechte Hälfte rötlich, die linke bläulich. Eine Wahrnehmung, von zahlreichen Sensitiven des Odforschers Freiherr v. REICHENBACH bestätigt. Erkrankte Körperteile strahlen schwächer. So soll sich bei Sehstörungen mit fortschreitendem Grad der Erblindung die Ausstrahlung um die Augen vermindern.

Wie beim physischen Körper, so findet auch beim Ätherkörper ein ständiger Austausch statt. Kraftgeladene Ätherteilchen werden aufgenommen, verbrauchte ausgeschieden. Dieser ausgestoßene Ätherstorf, „magnetische Spur“ genannt, begleitet den Menschen wie sein Schatten, ähnlich der Rauchspur einer Lokomotive. Keinesfalls aber darf die „magnetische Spur“ verwechselt werden mit dem Überschuss *brauchbarer* Ätherstrahlung, dem für den Magnetiseur so wichtigen „magnetischen Fluid“.

Durch Willenseinstellung, durch bildhaft-plastisches Denken lässt sich die Außenfläche der ätherischen Aura zu einem undurchdringlichen Panzer verdichten, der vor dem Eindringen schädlicher Schwingungen aus dem Äther- und Astralreich schützt. Im Odmantel haben wir die Praxis, die Odstrahlung zu verdichten; die Entodung der Aura gibt uns das Mittel in die Hand, aufgenommene schädliche Feinstoffe zu entfernen.

Betont braucht wohl nicht zu werden, dass das, was den Körper verfeinert, auch den Ätherleib subtiler gestaltet; umgekehrt wirkt sich die ätherische Reinhaltung auf das stoffliche Ebenbild aus, macht es gesünder und sensitiver.

Der Ätherkörper ist es, der auf die flüchtigen Bestandteile von Alkohol, Nikotin und narkotische Ingredienzien anspricht.

Somit ist Maßhalten in jeder Hinsicht keine kleinlich moralische Forderung, sondern ein metaphysisches Gebot. Es nicht beachten, heißt, sich Entwicklungsmöglichkeiten verschließen.

Prana, die Lebenskraft

Jiva, „die Quelle des ewigen Lebens", die universelle Lebenskraft, die die kosmischen Räume durchdringt, in unserem Weltsystem der Sonne entstrahlend, umflutend die Atmosphäre unseres Muttergestirns, speist jeden Körper, jedes Molekül, jedes Atom.

Die Jivakraft, dieses Urmeer allen Lebens, wurde verglichen mit einem riesigen Ozean, in dem alles Gewordene gewissermaßen schwimmt und einen Teil dieser allgegenwärtigen Flut „als seinen eigenen Lebensodem in sich aufgenommen hat". Die Geheimlehre weiß von einer fünffachen Wirkung von Jiva auf unserer Erde, die aber erst im Menschen voll zur Geltung kommt.

Der in den Einzelwesen modifizierte Teil der Jivakraft ist Prana, die absolute Lebensenergie. Sie umfasst jegliche Kraft im Urzustande. Jede Daseinsäußerung materieller, seelischer und geistiger Natur verdankt ihr Zustandekommen jener rastlos gestaltenden Kraft; sei es jenes Unerklärliche, das wir mangels anderer Bezeichnung einfach Leben nennen, sei es ein Gedanke, die Kraft eines Muskels oder Nervs, sei es Magnetismus, Elektrizität, Gravitation. Jiva-Prana bewirkt alles, ist in allem und jedem.

Der Ätherkörper nimmt den ihm von außen her zufließenden Lebenskraftstrom mittels der ätherischen Milz auf. Dieses hochwichtige Organ, dessen physisches Gegenstück die körperliche Milz darstellt, hat die besondere Eigenschaft, die von der Sonne ausgestrahlte Jivakraft in das individuelle Lebensprana umzuwandeln. Ein Vorgang, der, Hellseher berichten es, an bestimmten Farbnuancierungen erkennbar ist. Farblos im Augenblick der Aufnahme, strahlt die zu Prana transmutierte Energie in rosafarbenem leuchtendem Ton. Als Nervenkraft strömt sie in einem dem Blut ähnlichen Kreislauf die ätherischen Nervenbahnen entlang. Zentrum der pranischen Lebensessenz ist das Gehirn, das ätherische und das grobstoffliche. Auch dem Solarplexus kommt hierbei Bedeutung zu.

Unsere Gesundheit, unser gesamtes Wohlbefinden sind davon abhängig, wie die Milz funktioniert. Verarbeitet sie zuwenig Prana, so stellen sich alsbald Müdigkeit, Verstimmung und Schwächezustände ein. Steigert sich dazu noch die Zirkulation des durch den Ätherleib pulsierenden Pranastromes, so kann dies sehr leicht übersteigerte Sensitivität, übergroße Erregbarkeit, mitunter sogar hysterische Anfälle zur Folge haben. Nehmen dagegen Menge und Geschwindigkeit gleichzeitig im Ätherkörper ab, dann befällt den Betreffenden eine unerklärliche Mattigkeit und er reagiert auf Eindrücke der Außenwelt völlig apathisch.

Der gesunde Mensch verarbeitet in der Regel mehr Lebenskraft, als sein Organismus verbraucht. Dieser Überschuss kommt sehr den Heilmagnetopathen zustatten.

Bei Schwächlichen, Kranken und Alten ist die ätherische Milz im Verein mit dem Milz-Chakra nicht imstande, ausreichend Prana zu assimilieren. Bei solchen Menschen kann das Phänomen eines ungewollten Vampirismus beobachtet werden. In der Nähe gesunder, kräftiger Personen saugt aus deren ätherischer Aura der geschwächten Fluidal, die für ihn so notwendige Lebenskraft. Nur in bereits transformierter Form dient sie ihm zur Stärkung. Auf Kosten freilich des Vampirisierten. Dies erklärt, wieso man sich nach einem längeren Beisammensein mit bestimmten Menschen wie ausgelaugt, ja wie zerschlagen fühlt.

Hierher gehört der schon in der Bibel erwähnte Brauch, Greise mit jungen Mädchen — ohne jede sexuelle Betätigung sei betont — zusammen schlafen zu lassen. Auch die übergroße Kinderliebe alter Leute hat hier nicht selten ihre unbewusste Ursache. Sehr zum Schaden der Kinder, mit deren Lebenskraft sich der Alterssieche seinen Organismus neu auflädt. Man hat dafür die Bezeichnung *Sunamitismus* geprägt, in Erinnerung an den greisen König David, der bei der Bauerndirne Abisag von Sunem schlief.

Wir stehen diesen Odvampiren — wie sie die okkultistische Nomenklatur bezeichnet — nicht schutzlos gegenüber. Ob unbeabsichtigter oder gewollter Odraub, der vermöge disziplinierter Gedanken- und Willenskraft gebildete Odmantel breitet eine dichte Strahlenhülle über uns.

Allein nicht nur von anderen drohen uns Schädigungen, wir selbst tragen viel dazu bei, dass der pranische Lebensstrom verunreinigt wird. Disharmonische Seelenhaltung, unbeherrschtes Gedankenleben sind eine der Hauptursachen. Naturentfremdete, falsche Lebensweise tut des Weiteren das ihre. Kraftströme mannigfachsten Charakters durchpulsen den Ätherkörper. Verkehrtes Verhalten unsererseits bringen ihre Rhythmik in Unordnung. Erinnern wir uns ständig, was wir schon bei Besprechung von Linga sharira dargelegt haben.

Unerlässlich ist Harmonie, der Gleichklang von Körper — Seele —Geist, von Wünschen — Wollen — Können. Nur so halten sich die Funktionen des Lebensleibes im Gleichgewicht und die Aufnahme wie Umwertung der Lebensenergie geht ungehindert vor sich.

Atemexerzitien unterstützen diesen Vorgang erheblich, indem wir die aufgenommene pranische Kraft zielbewusst nach den verschiedenen Teilen unseres Körpers leiten.

Kama, der Astral- oder Begierdenkörper

Sukshma sharira, der Ka der Ägypter, ist nach dem Ätherkörper die nächste Hülle. Seine atomistische Struktur gehört dem Astralplan an, deren Substanz von dem, dem physischen Atom übergelagerten Astralplan geformt wird. Gleich unserer irdischen Erscheinungswelt gliedert sich auch die astrale Ebene in sieben verschiedene Schwingungsformen gröberer und feinerer Natur.

Entsprechend dem Entwicklungszustand des Menschen setzt sich sein kamischer Wesensteil aus Astralmaterie von unterschiedlichen Dichtigkeitsgraden zusammen, die Ätherleib und Physis erfüllen und darüber hinausragend beide Körper in Form eines Eies umschließen. Jene Astralteilchen, die sich mit dem materiellen Körper direkt verbinden, sind von gröberer Struktur als diese der aurischen Wolke. Zwischen beiden, der Astralmaterie des Innerkörperlichen und der Astralsubstanz der aurischen Hülle, herrscht ein ständiger Austausch; ein Prozess, der von Hellsehern mit den Wallungen kochenden Wassers verglichen wird.

Der Astralleib erstreckt sich über den physischen Körper hinaus bis zu einem Viertelmeter, oft sogar um ein Beträchtliches mehr, je nachdem, wie das astrale Prinzip in einem Individuum entwickelt ist. Dieser den Körper überragende Teil, als astrale Aura bekannt, darf nicht verwechselt werden mit der von Linga sharira gebildeten ätherischen Hülle, der Gesundheitsaura.

Bei Unentwickelten, Primitiven sind die Umrisse des Astralleibes nebelartig, verschwommen, und erst mit dem Grad der Höherentwicklung verschärfen sich seine Konturen.

Jedoch nur im Zustand unseres Wachbewusstseins erfüllt und umgibt diese eiartige Hülle den physischen Leib; im Schlaf löst sich der Astralkörper und verweilt — zumeist über dem Schlafenden schwebend — in dessen unmittelbarer Nähe. Aber es ist ihm ferner gegeben, sich auf größere Strecken hin zu entfernen; im Gegensatz zum Ätherkörper, der immer räumlich gebunden bleibt.

Im Traum reflektiert das mit dem Astralleib ausgetretene Bewusstsein seine Vorstellungen auf das ätherische und physische Gehirn, und der Schläfer wird dieser als Traumhandlung gewahr. [1])

Gleich dem physischen und ätherischen Wesensteil haben wir auch das astrale Prinzip mit dem Tier gemein. Mit einer wesentlichen Ausnahme allerdings, auf die wir gleich zu sprechen kommen.

Alle tierischen Bedürfnisse, wie Nahrung, Geschlechtstrieb usw. wurzeln im *Astralen*! Nicht der Körper ist es, der gierig lechzt, der genießen will, im *kamischen* Prinzip flackert das Verlangen, bei Mensch und Tier. Jedwede Leidenschaft hat im Astralleib ihren Sitz. Er ist das Tummelfeld des Unbewussten der Psychologen. Hier schwelt der Geiz, der Neid, hier schreit das Lustbegehren, lodert die Sinnenglut, flammt der Hass, die Eifersucht, alle niederen Instinkte, ungezügelten Energien, Verdrängungen, Komplexe haben ihre Brutstatt hier. Er ist das „Tier in uns“, das nach seinen Rechten brüllt. Kama ist der Träger jeder Begierde, jedes irdischen Leides, jeder irdischen Lust. Sein ungebändigtes Verlangen kettet unzählige Leben lang an den Trug dieser Erscheinungswelt.

Zum Glück besteht das kamische Prinzip im Menschen nicht für sich allein, wie leider noch beim Tier; ein Strahl manasischer Kraft, der niedere Manas verbindet sich mit ihm und bildet als Kama-manas den normalen Hirnverstand. Hierin liegt der fundamentale Unterschied zwischen der astralen Schwingung des Men-

---

1) Ausführlicher hierüber: Karl Spiesberger: „Der Traum in tiefenpsychologischer und okkulter Bedeutung.“

schen und der des Tieres. [1])

Je unbeherrschter ein Gelüst, besonders auf sexuellem Gebiet, desto gröbere Atome herrschen in der astralen Hülle vor. Ablegen einer Leidenschaft, Überwindung eines Verlangens, Zähmung einer Begierde bedeutet zugleich Sublimierung der Astralmaterie, Ausscheiden grober Atome, Verfeinern des astralen Schwingungsgefüges.

Unausgesetzt beeindrucken unsere Wünsche das astrale Vehikel. Es kann daher nicht gleichgültig sein, ob wir unsere Vorstellungen bezähmen oder ob wir uns in einer Welt ausschweifender Phantasie tummeln. Ähnlich wie auf den Bildekräfteleib wirken auf den Astral Narkotika und Alkohol. Bei Betrunkenen sollen die die physische Materie ausfüllenden Astralteilchen mehr oder weniger stark nach außen gedrängt werden. Der Einfluss auf die Ätherströme des Lebensleibes verringert sich, wodurch die Spannung in seinem Kraftfeld nachlässt; Folge ist ein Erschlaffen der Physis. Der Körper sinkt in sich zusammen.

Spiegeln sich in der ätherischen Aura vorzugsweise die Gesundheitsverhältnisse, so zeigt uns die astrale Aura in erster Linie die *seelische Verfassung*, den *ethischen Entwicklungszustand*. Charakterliche Eigenarten, Gemütszustände, Freude, Schmerz, Niedergeschlagenheit, Hass, Zorn, Sinnlichkeit, Eifersucht, Mitgefühl, religiöses Empfinden usw. finden hier Ausdruck als Gedanken- und Gefühlsformen. Jede emotionelle Regung, jeder Gedanke erhält Form und Farbe. Wundervoll, nicht selten grauenhaft sind diese astralen Gebilde.

Zornausbrüche ballen die Astralmaterie zu dunklen Wolken, aus der feurige Blitze schießen; innige Frömmigkeit erzeugt leuchtende Wirbel. Das aurische Ei erscheint in herrlichem Blau. Furcht hüllt es in fahles Grau, und Horizontallinien von scharf gezackter Form umschließen die Aura gleich einem Scherengitter.

Oftmals sogar verlassen die Gedankenformen die Aura und streben dem Ziele zu, das ihnen durch Gemütshaltung bewusst, in der Regel aber unbewusst gewiesen wird. Andere wiederum blei-

---

1) Über die Entwicklung des Tieres vom Standpunkt der Esoterik: Karl Spiesberger: „Das Problem der Tierseele im Lichte psychologischer, parapsychologischer und esoterischer Forschung."

ben, der gedanklichen Einstellung entsprechend, im aurischen Ei haftend, insbesonders wenn sie ständig durch gleiche, sich immer wiederholende Gedankengänge genährt werden.

Geübte Hellseher sind imstande, aus der in der Aura vorherrschenden Farbtönung ein Werturteil über einen Menschen abzugeben. Die Aura ist sozusagen unsere Visitenkarte. Hier gilt keine Verstellung. Verschlagenheit zeigt sich in widerlichem Graublau, Egoismus, Habsucht, Geiz in den verschiedensten Nuancen schmutzigen Brauns.

Die astrale Aura ist so recht das eigentliche Arbeitsfeld, wo der unbehauene Stein gewinkelt, der rauhe geglättet wird; wo das trübdumpfe Leuchten dämonischen Rot des Stolzes, des Zornes, niedriger Sinnlichkeit, begehrlicher Liebe, egoistischer Eifersucht verlöschen muss, damit sich das klare Gelb hohen Denkens entfalten kann und die astrale Röte zum leuchtenden Rosa verstehender All-Liebe wird, und geläuterter Idealismus, dogmenfreie Religion die Schwingungen einer herrlichen Symphonie in Blau erweckt, dann werden Lilatöne und zartes Violett höchste Spiritualität und Liebe bezeugen. Und wem es vergönnt ist, nach inkarnationslangem Sichmühen schimmerndes Silber und strahlendes Gold diesen Farbtönen beizufügen, der hat auf Erden die letzte im physischen Kleide zu erlangende Vollkommenheit erreicht.

Gedanken wie Gefühle sind Wirklichkeiten, bestehend aus Materie einer höheren atomistischen Struktur. Die Kraft einer dem Dreidimensionalen übergelagerten Welt drängt hier zur Entladung. Was uns dazu bewegen sollte, wachsam zu sein und nicht leichtsinnig oder vermessen gar Sprengladungen in unserer Aura aufzutürmen. Zu leicht könnte es zur Explosion kommen, deren Verheerung nicht zu übersehen ist. Eine ernste Warnung für jene, die abirren in schwarze Magie.

Gebändigtes Gedankenleben, beherrschtes Gemüt sind der Schutzwall neben den odischen Schutzmaßnahmen, der uns jederzeit beschirmt.

Astralprinzip und Ätherleib stehen in innigster Wechselwirkung. Ohne letzteren wäre es dem Ka unmöglich, sich dem grobstofflichen Körper mitzuteilen.

Behaftet mit all seinen Vorzügen und Fehlern betritt nach dem leiblichen Tode der Kama-rupa den Astralplan, nunmehr dichtestes Vehikel für das Ego, das im Sinne des Evolutionsgesetzes weiter an seiner Entwicklung arbeitet.

Die höhere Triade

Manas

der erste Aspekt des Ewig-Unvergänglichen, die *weltenwandernde Individualität*, der ins Reich der Materie hinabgestiegene *Manasaputra*. Als *unsterbliches* Ego durchgeistigt er die rohe Menschenform, sie über das Tier erhebend.

Den physischen Körper besitzt schon das Mineral, die Pflanze dazu den Ätherleib, und das Tier hat es bereits zum Astralleib gebracht; das geistige Prinzip jedoch, die Manaskraft, ist in der Welt des Materiellen einzig dem Menschen vorbehalten. Hier wird die Brücke zu Gott geschlagen.

Manas — hoch über dem physisch-ätherischen und astralen Plane stehend — kann sich dem Gehirn nicht direkt mitteilen, zu roh sind dessen Schwingungen, selbst die des ätherischen Teiles. Manas tritt daher in zwei Aspekten in Erscheinung, wie uns gesagt wird in *Kama-manas* und in *Buddhi-manas*.

Kama-manas, die *nieder-manasische* Kraft, senkt sich als geistiger Strahl in die tierische Quaternität und verbindet sich mit den kamischen Elementen. Nur so ist es dem Geistigen möglich, auf Gehirn- und Nervenzellen einzuwirken und das zu schaffen, was uns als Verstandesbewusstsein, als irdischer Intellekt entgegentritt. Wieweit ihm das gelingt, hängt ab von der physischen Klaviatur, auf der zu spielen der niedere Manas gezwungen ist; deren Reinheit oder Dissonanz bestimmt das Karma vergangener Leben.

Kama-manas — oder die drei Seelenschwingungen STEINERS — ist unser *persönliches Ich*, vergänglich gleich den Grundteilen der Quaternität. Es umfasst unser Gehirndenken, alles das, was wir in diesem Leben an Erfahrung erarbeiten. Dies macht verständlich, weshalb uns die niedere Manaskraft keinerlei Erinnerungen aus vergangenen Existenzen vermittelt. Die Bewusstseinsinhalte der hinter uns liegenden Inkarnationskette birgt die höhere Manasschwingung. Sie bewahrt die Eindrücke nach jedem abgeschlossenen Erdenleben auf. Erst wenn Kama-manas in uns so weit geläutert ist, dass es sich mit seinem „Vater im Himmel“, mit Buddhi-manas, der unvergänglichen Individualität, verbindet, dann tauchen blitzhaft Episoden aus längstgelebtem Sein in uns auf; was anfangs zumeist nur im Traum geschieht.

Als Träger eines bedingt freien, nur vom Karma begrenzten Willens, ist es Aufgabe des Kama-manas, Herr zu werden über die astralen Strebungen der Wunschnatur, um so die karmische Schuld zu tilgen. Gelingt ihm dies — was unzähliger Verkörperungen wohl bedarf — wird er mit seinem Vater — dem höheren Manas — eins. Völlig darin aufgehend, hat er das Ziel seiner Erdenpilgerschaft erreicht. Kein abträgliches Karma zwingt ihn mehr herab in Fleischeshülle, es sei denn, er verkörpere sich gewollt, um als Nirmanakaja, als ein freiwillig Entsagender im Dienst der Menschheitsevolution zu wirken. In den allerseltensten Fällen nur vollzieht sich diese Vereinigung mit dem unsterblichen Selbst in gerade ansteigender Kurve. Zumeist ist es ein Auf und Ab, ein Steigen und Stürzen, ein Streben und Straucheln von Leben zu Leben.

Nach Ablegen der irdischen Hülle verweilt der niedere Manas im Astralleib noch eine Zeitlang in Kama-loka, stirbt dann den zweiten Tod, indem er seinen Kama-rupa verlässt und eingeht ins Devachan. Die edlen Regungen, die ihn beseelten, und die Erfahrungen des verflossenen Lebens gehen über in den *Kausalkörper*, nachdem die negativen Eigenschaften, die tierischen Begierden, die selbstsüchtigen Regungen schon zuvor im Astralreich verarbeitet worden sind. Sie bilden den Keim für das schlechte Karma im nächsten Leben. Auch diese Saat wird aufbewahrt für die kommende Geburt in der Kausalschwingung.

Den zu völligem Verfall verurteilten, nunmehr ichlosen Kama-rupa verleihen die in ihm noch rudimentär verbliebenen Schwingungen der niederen Begierdennatur eine Weile Kraft, sich auf dem Astralplan zu behaupten. Mit sehr verworrenem Bewusstsein allerdings.

War es ein ausgesprochener Bösewicht, in dem die niedere Manaskraft restlos dem Kama-Prinzip erlag, so soll es vorkommen, wie die esoterische Lehre durchblicken lässt, dass die niedere Manasschwingung von der höheren für immer getrennt wird und im Kama-rupa verbleibt; im Leben, so auch zwischen Tod und Wiederverkörperung. Nichts ist mehr darin, was Buddhi-manas für sich beanspruchen könnte. Bar des Göttlichen, sinkt ein solcher Mensch, richtiger, ein solch in Menschenform gehülltes Scheusal, von Inkarnation zu Inkarnation, bis schließlich der letzte Rest manasischer Energie verbraucht ist und damit das Ich verlöscht. Das Kama-rupa-Wesen ist zerfallen. Die ewige „Verdammnis".

Atma / Buddhi

Fällt es dem Erdgebundenen schon schwer, sich über die bisher besprochenen Grundteile nur einigermaßen eine Vorstellung zu machen, so verlässt ihn völlig sein Vorstellungsvermögen beim Erfassenwollen der beiden höchsten Prinzipien. Andeuten bloß können Worte, was menschlich unaussprechlich. Der Verstand schweigt. Inspiration, Buddhi-manas muss den Meditierenden erleuchten.

Atma ist kein Getrenntes, kein Individuelles, kein an Zeit und Raum Gebundenes, es ist — so der Initiierte — „das Eine ewige Sein, von dem alles Seiende ausgeht." Der „Gott über uns".

Buddhi, die spirituelle Seele, nach STEINER der „Äthergeist des höheren Menschen", ist der Träger von Atma, das verbindende Element zwischen diesem und dem Manas.

Unmöglich wäre es dem göttlichen Urlichtstrahl ohne Buddhi einzudringen in die dichteren Schwingungen des Seins, sowenig wie das höhere Ego imstande wäre, einstmals in die Gottheit einzugehen. Gleich dem niederen Manas, der zu seiner höheren Schwingung aufstrebt, strebt unser wahres Ich, die unsterbliche Individualität zu Atma, dem Universalgeist, strebt die menschliche Seele zu Gott.

Ein Mysterium, nicht mehr in Worte kleidbar. Erleben muss es das Ego. Auf jahrzehn-, Jahrhunderttausend langer Wanderung führt felsenrauh der Pfad ins Nirvana.

So die Lehre des Ostens.

VIII

Das Wissen von den Chakras

Die sieben Haupt-Chakras
Primärkraft, Vitalität, Kundalini
Die astralen Zentren
Über die zumeist geheim gehaltenen Chakras
Ätherstromläufe
Über die Erweckung der Chakras

Metaphysische Fähigkeiten schlummern in uns, die sich durch den Einfluss auf bestimmte Zentren wecken lassen. Diese Zentren — die Chakras — erschließen sich zwar keiner physischen Obduktion, doch sind sich die Esoteriker der verschiedenen Richtungen einig, dass diese fluidalen Organe tatsächlich existieren. Wir finden sie nicht nur in der von Theosophen und Anthroposophen übernommenen indischen Lehre, ebenso wohl hatten, unabhängig von dieser, die christlichen Mystiker Kenntnis hiervon. Abbildungen aus dem Mittelalter beweisen es. Und zwei Begriffe — Ankh und Chnum — dominieren in den Mysterien der Priestermagie des alten Ägyptens. Der metaphysische Forscher PERYT SHOU sieht hierin das Hals- und Herzzentrum, und in dem ebenfalls oft wiederkehrenden Wort „Tep" die ägyptische Bezeichnung für „Tschakram". Allein nicht bloß aus Überlieferungen wissen wir um die Existenz der Chakras. Sofern wir Forschungsberichten Glauben schenken wollen, ist es des öfteren gelungen, diese umstrittenen Ätherzentren hellsichtig wie hellfühlend zu beobachten. Sogar Vertreter der exakten Wissenschaft bekannten sich dazu. Dr. med. F. SCHWAB spricht von den Chakras in seinen Schriften mit derselben Selbstverständlichkeit wie von körperlichen Organen.

Chakras, zu Deutsch Räder, sind kreisende Wirbel im Ätherkörper von ungefähr zwei Zoll Durchmesser beim gewöhnlichen Menschen. Ungeweckt glühen sie dumpf auf. Mit fortschreitender Erweckung werden sie im Ausmaß größer, strahlender, kleinen Sonnen vergleichbar.

Die rotierende Bewegung sowie die Gliederung in unterschiedliche Speichensegmente danken die Chakras dem Einstrom fluidaler Kraft aus höheren Welten. Theosophisch beurteilt: die *Primärkraft*, der „zweite Aspekt des Sonnenlogos", die siebenfältig in Erscheinung tritt.

Nicht nur im physischen Körper — in Wirbelsäule, spinalen Ganglien, Nervenplexen und Drüsen — sondern auch im Astralleib und wahrscheinlich in den noch subtileren Prinzipien haben die

Chakras ihre Entsprechungen. Kein Fortschritt auf geistigem Gebiet, keine magische oder sonst welche übersinnliche Fähigkeit, die nicht in der Funktion der Chakra begründet wäre. Ebenso gut das Negative — Charaktermängel, Triebe, fehlende Begabung — dies alles zeigt sich durch entsprechende Fehlfunktion eines oder mehrerer Chakras.

In der Regel weist die Chakra-Lehre Lücken auf. Zumeist werden einige der Ätherwirbel verschwiegen; denn nicht ungefährlich ist ihre Erweckung. Ruft doch der Yogi die furchtbare Kundalini-Schlange, die am Ende der Wirbelsäule in der Steißbeingegend ruht, aus dem Schlaf. Erweckt, ergießt sich der feurige Kundalini-Strom von Chakra zu Chakra. Wehe, wenn dies zu früh geschieht, der Fürwitzige noch nicht Herr ist dieser Kraft.

Vorwiegend die theosophisch ausgerichtete Literatur vermittelt die Kenntnis von sieben Chakras oder „Chakka" wie der Pali-Text sie nennt; auch von „Tschakrams" und „Padmas" ist die Rede. Da sie in ihrer Form der Lotosblüte ähneln, bezeichnet man sie vielfach als Lotosse. Im Hinblick auf die rotierenden Speichen hört man mitunter vom „Drehen des Rades".

Mit ihren napfförmigen Vertiefungen und ihrem irisierenden Farbenspiel verleihen sie dem Ätherkörper sein charakteristisches Aussehen.

Jedes Chakra besitzt — wie vorhin angedeutet — eine bestimmte Zahl von fächerartig angeordneten Speichen, was sie Rädern sehr ähnlich macht. Daher die Bezeichnung Chakra, schlechtweg wie gesagt: Rad. Gleich dem Rade hat jedes der Lotosse in seinem Mittelpunkt eine Nabe, von der die Speichen ausgehen und sich über die Fläche des Kreises in regelmäßigen Abständen verteilen. Jedes dieser Wirbelräder hat seine ihm eigentümliche Grundfärbung, die durch Nabe und Speichenfelder noch einer gewissen Modifizierung unterworfen ist.

Die sieben Haupt-Chakras

MULADHARA, das *Wurzel-* oder *Sexual*-Chakra, auch Grund-, Steiß- oder Sakral-Chakra genannt.

Es befindet sich an der Basis des Rückens, bzw. der Wirbelsäule, über dem Steißbeingeflecht.

In enger — Wechselwirkung mit den Geschlechtsdrüsen ist es Sitz der Kundalini. Das im Yoga oft zitierte Schlangenfeuer. Erweckt und richtig hochgeführt verleiht es die höchsten magischen und mystischen Fähigkeiten.

Muladhara hat *vier* Speichen. Seine Farbe wird empfunden als *feuriges Orangerot*, deren wechselnde Töne durch Vertiefungen geschieden sind. Dieses Chakra wird manchmal symbolisch dargestellt durch ein flammendes Kreuz, versteckter Hinweis auf die schlafende Kundalini.

Die Belebung des Wurzel-Chakra regt automatisch die anderen Ätherzentren an.

DAS MILZ-CHAKRA schwingt über der Milzgegend, genauer dem Milzgeflecht.

Sein Sanskritname ist unbekannt, da sich dieses Chakra in der indischen Terminologie nicht findet. Anscheinend verschweigt man es, weil es für die praktische Magie von großer Bedeutung ist. Dafür gibt die Yogalehre einen anderen, nicht minder bedeutsamen Ätherwirbel, den ihrerseits wiederum die westliche Theosophie zu verheimlichen sucht. Wir sprechen noch davon.

Dem Milz-Chakra obliegt die Verteilung der von der Sonne in es einströmenden Vitalität. Erweckt soll es Flugträume und astrales Wandern begünstigen.

Es gliedert sich in *sechs* Speichen von *rot, orange, gelb, grün, blau*, dem sich *Violett* von leuchtender Intensität beigesellt, vergleichbar dem Glühen einer Sonne.

MANIPURAKA, mitunter Manipura — das *Nabel-* oder *Magen-Chakra* — auch Gefühls- oder Empfindungs-Chakra genannt. Seine Lage ist ungefähr zwischen Nabel und Magengegend über dem Sonnengeflecht. Es korrespondiert mit diesem hochwichtigen Nervenzentrum und mit den Nebennieren.

Entsprechend in Funktion, macht es für verschiedene astrale Einflüsse empfänglich und verleiht die Gabe, zu unterscheiden, ob diese gut oder bösartig sind. Außerdem soll es das Hellsehen im Ätherreich begünstigen und die Fähigkeit geben, Krankheiten zu heilen. Ferner steht es in Beziehung zu den emotionellen Regungen.

Manipura teilt sich in zehn Speichenfelder. Seine Farbe ist das *Rot*, und zwar in den mannigfaltigsten Schattierungen von starkem *Purpur*; auch grün ist darin vertreten, so dass dadurch abwechselnd Speichengruppen von Rot und Grün entstehen.

ANAHATA, das *Herz-Chakra*, über der Herzgegend, korrespondiert mit der Thymusdrüse und dem Plexus cardiacus.

Durch diesen Lotos erschließt sich uns der Seelenzustand anderer, das Mitempfinden von Freuden und Leiden, so dass manchmal sogar fremde Schmerzen am eigenen Leibe verspürt werden.

Die Entwicklung des Herz-Chakra soll das Einfühlen in den universellen Rhythmus von Natur und Leben fördern und dazu befähigen, auf die Schwerkraft einzuwirken.

Seine Speichenzahl beträgt *zwölf*, gruppiert in drei Feldern. Die Farben schildern Hellseher als glänzendes Goldgelb.

VISCHUDHA oder VISHUDDA, das *Hals-* oder *Kehlkopf-Chakra* befindet sich über der Kehlkopfgegend. Seine Entsprechung im physischen Körper ist die Schilddrüse mit dem Plexus laryngeus.

Erwacht, gibt es ein tiefes Innenleben und verleiht Hellsichtigkeit im Bereich der Äther- und Astralschwingungen. Seine *sechzehn* Speichen schimmern *silbern*. Dazwischen dominieren *Blau* und *Grün*.

ADJNA, auch Ajna benannt. Das *Stirn-, Willens-* oder *Frontal-Chakra.*

Es befindet sich zwischen den Augenbrauen und steht in enger Beziehung zum Schleimkörper, zur Hypophyse, zum Siebbein-Vakuum und Halsschlagadergeflecht.

Visionen im Wachzustand sowie Hellsehen in Raum und Zeit werden durch dieses Ätherzentrum begünstigt, so das Schauen von Gegenständen, Menschen oder Ereignissen. Ein erwachtes Willen-Chakra lässt die „Magie des Wortes“ wirksam werden. Die Äußerungen des Willens sind von ihm abhängig, wie ja schon der Name verrät.

Der Stirnlotos gliedert sich in *zwei Hälften*, von denen die eine einen *rosaroten* Einschlag mit *Gelb* aufweist, die andere mehr in *Lilablau* erstrahlt. Jede dieser Hälften zerfällt in 48 Teile. Die Gesamtspeichenzahl beträgt somit 96.

Man spricht vom Stirn-Chakra auch von dem „zweiblättrigen Lotos". Eine Bezeichnung, die auf die zwei gesonderten Farbhälften Bezug nimmt.

SAHASRARA, das *Scheitel-*, *Intuitions-* oder *Corantal-Chakra*, der „tausendblättrige Lotos", der größte aller Lotosse, „Hochsitz des Heiligen Geistes".

Voll entfaltet nimmt Sahasrara die gesamte Fläche des oberen Schädeldaches ein; wohl aus diesem Grunde hat man es mit der Hirnrinde in Beziehung gesetzt. Eng mit ihm verbunden ist die *Entwicklung der Zirbeldrüse*. In voller Funktion — was äußerst selten und nur schwer erreichbar ist — befähigt dieses Tschakram das Bewusstsein aus dem materiellen Körper zu verlegen und auch im Schlaf bewusst zu bleiben wie im Wachzustand.

Vollendetes Gottmenschentum verleiht der tausendblättrige Lotos, wenn Kundalini, Muladhara entstiegen, dauernd Wohnsitz genommen hat bei ihrem „Vater im Himmel".

Als einziges Chakra besteht das Scheitelzentrum aus einem *äußeren* und einem *inneren* Kreis. Ersterer zählt 960 Speichen, letzterer zwölf.

Die *violette* Tönung überwiegt die fast alle Spektralarten umfassende Färbung. Die überaus rasche Bewegung dieses Chakras vermittelt dem Hellseher einen wunderbaren Wechsel der Farben, der sich im Mittelpunkt des Lotos zu einem Wirbel von leuchtendstem *Weiß* verdichtet.

Außer diesem, den anderen Chakras mangelnder Innenwirbel, unterscheidet sich Sahasrara des Weiteren in seiner Form. Zwar ist ihm gleich den anderen Padmas die charakteristische napfartige Vertiefung eigen, doch nur solange der Mensch unentwickelt ist. Bei geistig erwachten Individuen wölbt sich das Chakra in strahlender Helle kronenförmig auf. Dann ist seine Aufgabe nicht mehr so sehr das Aufnehmen von Kraft, vielmehr strahlt es nunmehr *geistige Kräfte aus*.

Sämtliche Chakras *stehen in Verbindung mit dem Rückenmark*; vergleichbar einem Stamm, dem feine, vorwiegend nach abwärts gebogene Stängel entwachsen, an deren Enden sich die Lotosse an der Oberfläche des Ätherleibes wie Blütenkelche abheben. Wohl deshalb bezeichnen manche Autoren bestimmte Plexe des Rückenmarks als Sitz der Chakras.

Einem Irrtum vorzubeugen sei wiederholt: Die Chakras als solche befinden sich auf der Außenfläche des Körpers, genauer, seines ätherischen Doubles, die fluidalen „Stängel“ jedoch verbinden sie mit den nervlichen Zentren des Rückgrats, so in der Tat Blüten gleichend.

Primärkraft — Vitalität — Kundalini

Die Chakras sind sozusagen die sensitiven Punkte des Ätherkörpers. Ihre Kraterform erhalten sie von einer gleichsam wie ein Wirbelwind in sie eindringende Kraft. Der Hellseher nimmt dieses Phänomen als wunderbar irisierendes Farbenspiel nach Art einer vielblättrigen Blume wahr. Speichen und Farben der Lotosse werden demnach also verursacht von einer von außen her zufließenden Energie: der Primär- oder *Lebenskraft*.

Die Zahl der Speichenfelder weist auf die Aspekte, in die sich Die einströmende Kraft zerteilt. Esoteriker unterscheiden zwei Hauptarten des primären Stromes:

1. Eine *primäre*, einfließende Kraft, die vom Mittelpunkt eines jeden Chakras gradlinig, speichenförmig ausstrahlt.
2. Eine *sekundäre* Kraft, die in wellenförmigen Bewegungen auf der Oberfläche der Chakras kreist und ihre Energie rechtwinklig aussendet.

Diese kreisenden Wellen der sekundären Kraft winden sich teils über, teils unter den Speichen der ausstrahlenden Primärkraft. Der Theosoph C. W. LEADBEATER, der diesen Vorgang durch Hellseher beobachten ließ, vergleicht das Aussehen dieser sich ineinander verschlingenden Ströme mit einem Korbgeflecht. Jene merkwürdigen Wellenbewegungen sind Ursache der eigentümlichen Farbnuancen.

Chakras sind Antennen, dienend der Aufnahme kosmischer Energien. Theosophen sprechen von den *drei Aspekten* des *Logos*, die der menschlichen Individualität durch die Lotosse vermittelt werden. Ohne deren nie ruhende Tätigkeit wäre das Leben undenkbar.

Außer der oben erwähnten Primärkraft — die pranische Urenergie, der eine Logosaspekt — führen die beiden anderen Logoskräfte dem Körper die *Vitalität des Sonnenlichtes* und die *Kundalini der Erdkraft* zu.

Das *Vitalitätsprinzip*, das seinen Ursprung in der Sonne hat, ist keineswegs mit der Lebenskraft gleichzusetzen. Es findet sich vor allem in der Luft, im sonnenbeschienenen lichtüberfluteten Raum. Aber nicht nur auf physischer Ebene manifestiert sich die Sonnenvitalität, ihr Einfluss macht sich auf allen Daseinsplänen geltend.

Die indische Theosophie bringt die winzigen, blitzhaft schnell auf- und abschießenden strahlenden Pünktchen wie man sie bei klarem Wetter beobachten kann, mit der Vitalitätskraft in Einklang. Dieser Ansicht zufolge sind die wild durcheinander wirbelnden Lichtpunkte die pranageladenen Vitalitätskügelchen. Auch der Sauerstoff soll solche Kügelchen in unendlich feinster Form enthalten.

Das *Milz-Chakra* ist das Tor, durch das die Vitalitätskügelchen eintreten, woselbst sie in *sieben verschiedenfarbige Ströme* aufgespalten werden. Die Atome eines jeden Strahles gliedern sich in die ihnen gemäße Speiche ein, ausgenommen die Atome des siebenten Strahles, die in die Mitte, in die Nabe des Chakras einmünden. Strahl und Speiche sind in der Farbe gleich.

Erfahrene Okkultisten haben das Milzzentrum stets an prominente Stelle gesetzt. Wie LEADBEATER versichert, durchpulst das Prana der Vitalitätskraft — die eigentliche Nahrung des Ätherleibes — diesen, in fünf farbigen Strömen, deren ursprüngliche Färbung sich von Lotos zu Lotos ändert. Diese Ätherströme verteilen sich wie folgt vom Milz-Chakra aus:

1. Der *violettblaue* Strahl über Hals und Stirn zum Scheitel.
2. Der gelbe Strahl über das Herz-Chakra zum Stirn- und Scheitellotos.
3. Der *grüne* Strahl geht als verdauungsregelnde Kraft bis zum Magen.
4. Der *rosarote* Strahl strömt längs den Nerven durch den ganzen Körper. Er ist derjenige Teil der Lebenskraft, dessen Mangel wir als krankmachend empfinden. Diese den Ner-

ven entlang fließende Form des Pranas bedingt den Magnetismus; ist aber nicht Magnetismus.

Unter letzterem versteht der Metaphysiker das Nervenfluid, das sich aus primärer Lebenskraft und Kundalini zusammensetzt. In diesem imponderabilen Substrat jedoch — und das ist wesentlich — kreist der mit Vitalitätskraft geladene ätherische Strom. Die Güte der magnetischen Strahlkraft ist daher stets von der Güte der zirkulierenden Vitalität abhängig.

5. Strömt der *orangerote Strahl* vom Milz-Chakra zur Basis des Rückgrates, zum Sexuallotos.

   Für den Strebenden entsteht die Aufgabe, durch Meisterung der Sinnlichkeit genannten Strahl ins Gehirn zu leiten.

Von der geregelten Tätigkeit dieser fünf Ströme ist unser gesamtes Wohlbefinden abhängig. Hier findet die bekannte Doktrin der Okkultisten ihre Erklärung, die besagt: der Mensch erkranke vom Ätherkörper her und müsse über diesen wieder geheilt werden. Die Homöopathie mit ihren hoch-potenzierten Verdünnungen kommt dieser Forderung am nächsten.

Allein nicht nur das körperliche Wohl beruht auf der harmonisch kreisenden Vitalitätskraft; Gedanken und Gefühle werden vom violetten Strahl beeinflusst, die Geistigkeit eines Menschen vom gelben Strahl.

Gilt das Milzzentrum als Pforte der Vitalität, so stellt das Wurzelzentrum eine nicht weniger wichtige Einstromstelle dar, und zwar die des dritten Logosaspektes. Ist es in erstgenanntem Fall die lichte Kraft der Sonne, die lebensfördernd die Logosenergie durch den Ätherkörper treibt, so tritt uns jetzt die ungebändigte Kraft des Erdgeistes entgegen. Kundalini entstammt den tiefsten Schichten des Erdinnern. Das Nervenfluid, wie schon angedeutet, ist eines ihrer Aspekte.

Kundalini strömt in Muladhara ein und fließt aufwärts längs der Wirbelsäule in drei unendlich feinen Kanälen des Rückenmarks, den Nadis.

Ihren Namen kennen wir bereits. Der mittlere trägt die Sanskritbezeichnung *Sushumna*, die seitlichen Röhrchen *Ida* und *Pingala*.

Außer den drei Grundenergien — Primärkraft, Vitalität,

Kundalini — strömen in die Lotosse, vom Nabel-Chakra aufwärts, noch Kräfte geistigen und psychischen Charakters mit ein, die das Bewusstsein beeinflussen, was beim Sexual- und Milzzentrum noch nicht der Fall ist.

Je nach Art der Kräfte, die sie aufnehmen und ihrer besonderen funktionellen Bestimmung gemäß, teilt man die Chakras in drei gesonderte Gruppen: in eine niedere, mittlere und höhere.

Die *niedere*, auch *physiologische* Gruppe genannt, umfasst das Wurzel-Chakra, dem die Kräfte des Erdgeistes, das Schlangenfeuer, zuströmen; ferner das Milz-Chakra, in das die Vitalität der Sonne einfließt.

Der *mittleren*, der *personalen* Gruppe gehören an, Nabel-, Herz- und Hals-Chakra; wovon das erste die Persönlichkeit mit der niederen, das zweite mit der höheren Astralwelt in Verbindung bringt. Das dritte baut die Brücke zur unteren Mentalsphäre.

Die *restliche* Gruppe, die *spirituelle*, bilden das Willens- und Intuitions- Chakra. Sie stehen, wie erwähnt, mit dem Schleimkörper und der Zirbeldrüse in Reperkussion. Diese treten erst in erhöhte Funktion bei fortgeschrittener Entwicklung, was besonders vom Coronalzentrum gilt.

Zugleich sind die Chakras Verbindungspunkte, welche die Prinzipien der Quaternität zueinander in Beziehung setzen. So ist der Ätherleib der Mittler zwischen der Physis und dem Astralkörper; denn nur vermöge von Linga sharira wird sich die Physis der Gefühlsschwingungen und Gedankenwellen im Kama-rupa bewusst. Kama-rupa, die niedere Geistkraft, bliebe dem grobsinnlichen Gehirn verschlossen, wäre nicht das ätherische Hirn mit seinen Chakrawirbeln dazwischen geschaltet. Die Chakras vermitteln also Kräfte zwischen den verschiedenen Prinzipien.

Beim physischen Körper sind es vorwiegend — wir haben darauf hingewiesen — die großen *Nervenplexe*, mit denen die Chakras korrespondieren; im Astralleib sind es die den *Lotossen ähnlichen Schwingungszentren*, nur befinden sich diese im Gegensatz zu den Ätherwirbeln des Bildekräfteleibes nicht auf der Oberfläche, sondern mehr nach innen zu.

Die astralen und ätherischen Kraftwirbel sind durch eine dünne Schicht physischer Atome voneinander getrennt, die gewissermaßen eine Scheidewand errichten, solange die Chakras im Ätherkörper nicht genügend entwickelt sind. Diese atomische Hülle taucht die Erlebnisse des Schlafes im Augenblick des Erwachens in tiefe Erinnerungslosigkeit. Sie führt auch das Schwinden des Bewusstseins mit Eintritt des Todes herbei. Außerdem soll sie Bewusstseinsschwelle sein, die vor dämonaler Besessenheit schützt.

Exzessive Erregungszustände, etwa Zorn, Wut, Furcht, Angst, Schreck, schädigen dieses Schutzgewebe; deformierend wirken sich aus: Ausschweifungen, Missbrauch von Alkohol, Nikotin, narkotische Gifte. Hier haben wir wiederum eine geheimwissenschaftliche Erklärung des zerstörenden Einflusses ungebändigter Leidenschaften, die sogar über den Tod hinaus den Astralleib schädigen.

Die astralen Zentren

Gleich den ätherischen Chakras stehen auch die astralen Zentren mit bestimmten physischen Organen in Beziehung.

So befindet sich das erste Zentrum an der Körperstelle, wo *Kundalini* schläft.

Das zweite Zentrum ist mit der physischen Milz verbunden und beeinflusst das *Bewusstsein*.

Das dritte Zentrum, in der Nabelgegend, hat Einfluss auf das *Gefühlsleben*.

Das vierte, das Herzzentrum, dient dem astralen Fühlen, dem Erfassen und Empfinden astraler Schwingungen.

Im fünften Zentrum, in der Gegend des Kehlkopfes, hat das *astrale Hören*,

im sechsten Zentrum, an der Stirn gelegen, das astrale Sehen seinen Sitz.

Das siebente Zentrum, oben am Scheitel, gibt, entsprechend entwickelt, *astrale Vollkommenheit*.

Infolge Verbindung der astralen Zentren von Stirn und Scheitel mit der Schleimdrüse, entsteht die Reperkussion zwischen physischer und astraler Ebene. Hat dagegen nur das Stirnzentrum Kontakt mit dem Schleimkörper, der astrale Scheitelpunkt jedoch mit der Zirbeldrüse, dann erschließt sich dem astralen Bewusstsein der niedere Mentalplan.

In der Regel geht die Erweckung der astralen Zentren so vor sich, dass es der Mensch gar nicht gewahr wird, erst mit dem Erwachen der ätherischen Chakra nimmt er bewusst an diesem astralen Erleben teil. Das Hochziel aller okkulten Schulung, die Infunktionssetzung der Chakras, liegt hier begründet.

Über die zumeist geheim gehaltenen Chakras

Mit den sieben Haupt-Chakras ist die Zahl der Tschakrams — wie früher schon angedeutet — keineswegs erschöpft. Wohl scheint es ein verborgenes Wissen hierüber zu geben, nur selten jedoch, und dann nur sehr verschleiert, wird darüber geschrieben.

So raunt man von sieben Meister-Chakras, die sich im Kopf befinden sollen und denen die Dominanz über die sieben bekannten Lotosse zugesprochen wird. Auch vertritt man die Ansicht, dass außerdem zweiundvierzig Neben-Chakras existieren, die ihrerseits wieder mit den sieben Haupt-Chakras in Beziehung stehen.

Bedeutungsvoll sind die *Chakras in den Handtellern*. Sie haben gebende und nehmende Funktion. Sie sind wichtig bei allen odmagnetischen Praktiken sowie bei jeder Aufnahme kosmischer und tellurischer Ströme.

Ähnliches gilt von den *Fuß- oder Plantal-Chakras* an den Fußsohlen und den Knie-Chakras der Kniegegend. Diese Ätherwirbel erwähnt der Esoteriker PERYT SHOU in seinen Schriften als Plexus pedalis und Plexus genialis.

Die Plantal-Chakras korrespondieren mit der Erdkraft, den erdmagnetischen Strömen, deren sich der praktisch arbeitende Metaphysiker oftmals bedient. Damit tritt auch der tiefere Sinn des Buddhasitzes zutage: die symbolische Abschirmung der unteren Zentren gegen den Einstrom des „Erdgeistes“. Zur noch besseren Isolierung wird das Sitzen auf seidenen Decken empfohlen. Den Gebetsteppichen der Orientalen dürften ähnliche Erwägungen zugrunde liegen.

Des Weiteren weisen okkulte Logen auf zwei wichtige

Chakras hin, die mit zwei der bekannten Lotosse eine Art Doppel-Chakra bilden. Es sind dies das Todes-Chakra in der Nackengegend gegenüber dem Hals-Chakra, und das zweite Sexual-Chakra in der Gegend der Sexualorgane, das beim Mann eine mehr ausstrahlende, bei der Frau hingegen eine ansaugende Tendenz hat. Geschlechtliche Perversionen werden zurückgeführt auf abnorm arbeitende Sexual-Chakras. Deren Tätigkeit ist entweder zu stark oder sie sind in der Drehrichtung gestört.

Bei PERYT SHOU stoßen wir außerdem auf zwei Zentren in der Lendengegend: dem Plexus lumbalis und sacralis.

Absichtlich wohl verschweigen führende Theosophen diese für die Praxis so bedeutungsvollen Zentren. Klar beweist dies ihre Stellungnahme zu dem zweiten Wurzel-Chakra, das im Verein mit Muladhara die sexuellen Funktionen regelt. Zwar räumt LEADBEATER dessen Existenz ein, lässt es jedoch mit Vorbedacht aus seiner Aufstellung weg — eben, weil es für magische Zwecke so wichtig ist. Swadhistana, der vordere Sexuallotos, wird von den Indern gegeben anstelle des Milz-Chakras. Also eine Richtung wie die andere sucht etwas zu verschweigen. Natürlich hat es seine guten Gründe. So wird die theosophische Einschränkung leicht begreiflich, bedenkt man, dass die Sexualmagie eng mit Swadhistana zusammenhängt. Über das Gefährliche und Verwerfliche dieser Praktiken, wenn von Unreifen, Gewissenlosen ausgeübt, braucht nicht erst gesprochen zu werden.

Mitunter hört man noch von einem Neben-Chakra über der *Galle* und dem *Gaumen*. Letztgenanntes soll Beziehung haben zu den Sehorganen und den Ohren. [1]) Hingewiesen sei außerdem auf das *sekundäre Herz-Chakra*, von dem eine indische Schrift spricht, der zufolge es unterhalb dem eigentlichen Herz-Chakra liegt; sicher ebenfalls eines der Neben-Chakras, die ihrerseits wahrscheinlich wiederum mit kleineren Nervenplexen und Drüsen in Verbindung stehen.

Noch einiges ergänzend zur *Speicheneinteilung*. Nicht immer ist die von Hellsehern angegebene Zahl der Speichen eines Cha-

---

1) Gregor A. Gregorius: „Die magische Erweckung der Chakra im Ätherkörper des Menschen."

kras die gleiche. So werden zuweilen dem Nabel-Chakra zwölf Speichen, anstatt der üblichen zehn, zugesprochen, dem Herz-Chakra sechzehn, statt zwölf.

LEADBEATER neigt zu der Ansicht, dass möglicherweise Entwicklung und Rassezugehörigkeit die Abweichung bei einzelnen Individuen bedingen. Eben sowohl mag symbolhafte Wiedergabe Ursache sich widersprechender Speichenzuteilung sein.

Wie eingeweihte Kreise zu wissen behaupten, soll die Zahl der Speichenfelder sämtlicher Chakras — der Scheitellotos ausgenommen, miteinbezogen jedoch Fuß-, Knie-, Hand-, Nacken- und vorderes Wurzel-Chakra — der Zahl der Blütenblätter des tausendblättrigen Lotos — 972 — entsprechen.

Jedes Chakra ist zugleich einem Planeten zugeordnet, wobei Speichen- und Planetenzahl übereinstimmen. Die Summe sämtlicher Speichen, in Beziehung gebracht mit der Zahl des Tierkreises, ergibt die Summe der Speichenfelder von Sahasrara. Ohne irgendwie gekünstelte Zahlenkonstruktion stimmen Chakra, Planet und Zahl durchweg überein; mit LEADBEATERS Zuteilung allerdings nicht in jedem Fall. Abweichungen ergeben sich hier beim Steiß-Chakra, das sieben Speichen aufweist, beim Nabel-Chakra, das nur neun zählt, und beim Kehlkopf- und Stirnlotos, die gar nur über vier, bzw. fünf Speichen verfügen.

Dr. RUDOLF STEINER geht meines Wissens mit LEADBEATER bezüglich Speicheneinteilung konform, lediglich der Stirnlotos ist für ersteren bloß zweiteilig; wohl wegen der charakteristischen Halbierung in vierundzwanzig ähnlich farbige Segmente.

Die Speichenzahl der zumeist geheim gehaltenen Chakras ist:

Sohlen	vier	Nacken	drei
Knie	drei	Hand	acht
Swadhistana	fünf	Sekundäres Herz-Chakra	acht

Erblicken wir auf indischen Chakra-Abbildungen eine geometrische Figur, eine männliche oder weibliche Gottheit, ein Tierbild oder Sanskritbuchstaben, so ist dies ein geheimsymbolischer Hinweis auf die in dem Chakra wesenden Kraft und ihrer Weckung; hat also mit dem tatsächlichen Aussehen des Ätherwirbels nichts zu tun.

Ätherstromläufe

Unentwegt durchpulsen ätherische Ströme die Chakras. Wir wissen vom Strom der Vitalität, der sich verzweigt als Ida-, Pingala- und Kandha-Strom. Dieser Stromverlauf beschränkt sich zwischen dem Steiß-Chakra und dem Scheitelzentrum.

Zufolge einer anderen esoterischen Lehre, die die Fuß- und Knie-Chakra einbezieht, findet noch folgender Stromlauf statt:

Die *erste Kraftwelle* tritt durch die *Sohlen-Chakra* ein und steigt durch den Ätherkörper empor in die Kniezentren, von hier aus weiter in die Wurzelbasis, wo sie transformiert wird.

Als *Ida-Strom* steigt sie über das Milz- und Nabel-Chakra zum Halslotos, daselbst sich einer neuen Transformation unterziehend.

Eine *zweite Kraftwelle*, der *Kandha-Strom*, strömt abwärts über Ajna und Vishudda und strebt geradenwegs längs der Wirbelsäule hinab zum Steiß-Chakra, endend im vorderen Wurzel-Chakra, in Swadhistana.

Die *dritte Welle* — ein Teil der im Nacken transmutierten Ida- und Kandhakraft — nimmt als *Pingala-Strom* ebenfalls ihren Weg hinunter zur Wurzelbasis, und zwar über das Herz- und Nabel-Chakra.

Dieser Stromverlauf ist wahrscheinlich einer von den angenommenen zahlreichen Ätherstromläufe innerhalb von Linga sharira, wie auch ein Entwurf des Mystikers GICHTELS ein Strombild anzudeuten scheint, das die Chakras folgendermaßen miteinander spiralig verbindet: Herz — Nabel — Hals — Milz — Stirn — Sexus — Scheitel.

Über die Erweckung der Chakras

Wie wir nunmehr wissen, hängt unsere gesamte Entwicklung von der Erweckung der Chakras ab. Vielerlei Methoden gibt es hierzu, meist nur östlichen Esoterikern bekannt und von diesen allein durchführbar. Doch auch die westliche Esoterik verfügt über Praktiken, das mystische Licht der Lotosse zu entflammen. Dient doch jede Übung letzten Endes diesem Zwecke, gleichgültig, ob es sich hierbei um Yogaatmung, Mantramistik, Runenexerzitien, Konzentration, Meditation und Kontemplation handelt. Stets schwingen die Chakras mit! Ohne es direkt zu beabsichtigen, beeinflussen wir durch unsere Schulung die ätherischen Wirbelkräfte. Sicherlich gibt es spezielle Übungen, die auf bestimmte Chakras hinzielen durch vergeistigten Atem, vornehmlich die Tala-Yukta-Atmung, durch plastische Imagination und „mystische Worte" oder Laute.

Dass die Belebung der Chakras keine ungefährliche Sache ist, dürfte inzwischen klar geworden sein. Vorzeitig erwacht, ziehen die rasend schnellen Schwingungen der Äthersubstanz den physischen Körper arg in Mitleidenschaft. Zu leicht verlockt die damit verbundene Steigerung der psychischen Kräfte zu schwarzmagischem Tun. Ungeläuterte, egoistische Naturen verfallen unweigerlich dieser Versuchung, sich dadurch ein schweres Karma schaffend.

Wer sich verinnerlicht, bringt die mystischen Lotosse ganz von selbst zu stärkerem Erglühen. Jede erlangte Tugend stärkt dieses oder jenes Chakra. Gleicherweise hemmen noch fehlende Eigenschaften die Entfaltung.

So haben unter anderem Wahrheit und Lüge auf das Kehlkopfzentrum großen Einfluss. Wichtig hin wiederum für den Herzlotos sind Logik des Denkens wie des Handelns, ferner Ausdauer, Duldsamkeit, Vertrauen und Gleichmut. Die Entwicklung von Manipuraka entscheidet wie wir aufgenommene Sinneseindrücke verarbeiten und zu beherrschen verstehen. Die Chakras der Wurzelkraft erfordern die Bändigung des ganzen Menschen, volles Selbstbewusstsein, vollkommene Harmonie der Dreiheit Körper, Seele, Geist.

Selbstdisziplinierung ist demnach esoterisch bedingt. Wichtig ist, was und wie wir denken. Niedere Gedanken ziehen träge, schwere Atome an, edle Gedankenstrebungen hingegen leichte, subtilere. Jeder Sieg über die Triebnatur belebt die Zentren höherer Bewusstwerdung. Das Wurzel-Chakra mäßigt seine Schwingungen, die geistigen „Räder“ beginnen lebhafter zu kreisen. Besonders geeignet für die Weckung der spirituellen Lotosse sind Meditationen. Bewusste Innenschau, Hinwendung an die Mysterien des Göttlichen und seine geoffenbarten Erscheinungsformen, die Unendlichkeit des Raumes, die Rätsel des gestirnten Himmels, die Geheimnisse von Kraft und Stoff, die Wunder des Lebens: alles dies führt uns dem Ziele näher.

Dem Hellseher erschließen sich Art und Grad der Erweckung. Größe, Farbe, Drehung der Chakras ist verschieden bei jedem Menschen. Beim *Unentwickelten* sind die Chakras bloß kleine Kreise von etwa zwei Zoll Durchmesser, dumpf in Farbe, träge in der Bewegung.

Erst im erweckten Zustand nehmen sie an Größe und Rotation zu; strahlen sonnengleich. Dieser vorwiegend theosophischen Lehre pflichtet der Anthroposoph STEINER bei. Auch er verlegt den Sitz der metaphysischen Eigenschaften in die „Lotosse“. So vermittelt seiner Ansicht nach das Magen-Chakra die „Kenntnis von Fähigkeiten und Talente der Seele“, sowie die Erkenntnis der „Rolle von Tier, Pflanze, Stein, Metall, atmosphärische Erscheinung im Haushalt der Natur“; der Herzlotos ermöglicht die *Gesinnungsart* anderer Wesen hellsehend zu erschauen, desgleichen die in Tier und Pflanze tätige Kraft. Das Kehlkopf-Chakra offenbart die *Gedankenart* „anderer Seelenwesen“. Es vermittelt den Einblick in die „wahren Gesetze der Naturerscheinungen“. Das Stirn-Chakra ist für Dr. STEINER jener Ätherwirbel, vermöge dessen sich das höhere Ich mit übergeordneten Wesenheiten in Verbindung setzt.

Allerwegen sind Vorzüge wie Schwächen Ausdruck der Funktion unserer Chakras. Beim Normalmenschen der jetzigen Epoche dominiert das Empfindungs- und Sexual-Chakra, indes das Willens- und Intuitionszentrum zumeist schwach in Tätigkeit ist. Beim *Intellektuellen* zwar funktioniert der Intuitionslotos vorzüglich, aber eben nur auf intellektueller Basis. Hohe Inspirationen schenkt Sahasrara auf dieser Entwicklungsstufe noch nicht.

Triebmenschen besitzen ausgeprägte Wurzel- und Empfindungslotosse, was sich zuweilen bei Sexualverbrechern soweit steigern kann, dass die Kopf-Chakras, ebenso genannte Empfindungszentren fast völlig verkümmern, wohingegen die Sexual-Chakras abnorm stark in Tätigkeit sind. Nur bei Lustmördern, die mit berechnendem Raffinement zu Werke gehen, finden sich einigermaßen gut arbeitende Kopf-Chakras. Beim *Gläubigen* überwiegt das Empfindungs-Chakra, während die sexuellen Schwingungszentren und die Kopf-Chakras meist sehr klein und unentwickelt sind.

Medien verfügen in der Regel über ein tadellos arbeitendes Nabel-Chakra; mitunter ist auch das sexuelle in lebhafter Funktion.

Der *Idealmensch* der kommenden Weltenzeit wird das Intuitions- und Empfindungs-Chakra gleich stark zur Entfaltung bringen, seine Wurzelsphäre hingegen immer mehr eindämmen, was gewissermaßen einer Verkümmerung dieses Zentrums gleichkommt, wie es bei echten *Fakiren* tatsächlich der Fall sein soll. Beim Fakir gebieten nur mehr die Kopf-Chakras, vorwiegend das Willens-Chakra. Bei allen *Asketen* ist das Intuitionszentrum bestimmend. Die Gefühlsbasis, die der Fakir nicht kennt, ist hier, obwohl schwach, so doch vorhanden. Unter absoluter Kontrolle stehen die Sexual-Chakras. In idealster Form hat der *Mahatma* die triebsinnlichen Lotosse unter seine Herrschaft gebracht. Ajna und Sahasrara, alle anderen Chakras überragend, erschließen ihm den Zugang zu den höchsten Bewusstseinswelten.

IX

Meisterung des Alltags

Nach den Ihnen sicherlich noch höchst hypothetisch erscheinenden esoterischen Lehrsätzen, zurück nun wiederum ins praktische Leben mit seinen Pflichten und Sorgen.

„Ein neuer Tag ist im Werden, mir zum Wirken, zum Schaffen gegeben“: dies sei beim Erwachen Ihr erster Gedanke.

Verlassen Sie frohgestimmt das Lager, erfüllt von Daseinsfreude, von Schaffensdrang. Aber stehen Sie rechtzeitig auf, wie abends zuvor festgelegt. Zeitmangel ist keine Entschuldigung, Exerzitien zu vernachlässigen. Finden Sie nicht auch Zeit zum Essen und zu den sonstigen körperlichen Bedürfnissen? Dies Recht, das die animalische Natur für sich beansprucht, gilt — sollte zumindest gelten — mehr noch für den „inwendigen Menschen“.

Atmen Sie so tief wie nur möglich aus, alle physischen Schlacken, alle Unstimmigkeiten ausstoßend. Saugen Sie die frische Morgenluft in sich ein. Laden Sie Ihren Organismus auf mit dem allgegenwärtigen Lebensprana. Verbinden Sie sich mit dem geistigen Urquell, aus dessen Flamme auch in uns ein Funke glimmt.

Treten Sie frohen Mutes hinaus in den Alltag, ihn betrachtend als willkommenes Exerzitium zur Stärkung des Willens, zur Vervollkommnung Ihrer Persönlichkeit, und nicht zuletzt als erwünschte Gelegenheit zur Befreiung von einstiger Schuld.

Leben Sie den Tag nach einem festgelegten Plan. Kein Leerlauf! Keine Zeitvertrödelung! Nichts ist uns kärglicher zu bemessen, als die ständig entfliehenden Stunden unserer ach so kurzen Tage. Materielle Verluste lassen sich unter Umständen wettmachen, verlorene Zeit niemals. Daher:

Zielsetzung — geordnetes Vorausplanen.

Umreißen Sie das Tagesprogramm schon bei der abendlichen Zielsetzung. Teilen Sie den Tag, soweit es Ihnen Ihre berufliche Tätigkeit gestattet, in Etappen, die zu erledigende Arbeit in genau umrissene Abschnitte. Überdenken Sie den Tagesplan noch einmal kurz am Morgen. Nur wenn eine unerwartete Situation es ratsam erscheinen lässt, ändern Sie Ihren Plan; sonst keinesfalls.

Freiwillige Selbstdisziplinierung erzieht zur Ordnung und verhütet zeitfressende Leerläufe. Auch in psychologischer Hinsicht ist sie von großem Wert. — Verfahren Sie nach den gleichen Gesichtspunkten bei Aufstellung Ihres Studien- und Übungsprogramms. Aber, bitte, überfordern Sie niemals Ihr Arbeitspensum, weder zeitlich noch arbeitstechnisch.

Keine nervöse Eile! Nicht hetzen noch jagen! Hastlos verlaufe der Tag. Halten Sie sofort Einkehr bei sich, wenn Unvorhergesehenes, Misshelligkeiten den Spiegel ihres Seelenfriedens zu trüben frohen. Rufen Sie sich warnend zu: Ein Augenblick der Bewährung ist gekommen. *Ich bestehe ihn!*

Die Fähigkeit, Gleichmut zu bewahren, muss sich inzwischen entwickelt haben. Gleichmut gegenüber Menschen, Dingen, Ereignissen! Sagen Sie ja nicht, dieses oder jenes entschuldigt meine Erregung, meinen Kummer, meinen Schmerz, meinen Missmut oder die schlechte Laune. Sagen Sie auch nicht: wenn dieses oder jenes vorüber ist, atme ich auf und werde dann bestimmt ein anderer sein.

Glauben Sie nur das nicht. Zerreißen Sie dieses Gespinst der Selbsttäuschung. *Nie ist das Leben vollkommen*, ein Fehlendes haftet ihm jederzeit an. Irgendetwas versucht immer unsere Ruhe zu stören, unser Verlangen zu erregen, die Freude zu trüben, die Stimmung zu beeinträchtigen. Heute ist es ein beruflicher Ärger, morgen eine finanzielle Misere, ein andermal ein häuslicher Missklang oder ein nicht wunschentsprechender Brief; eine geplante Reise zerschlägt sich, ein angesagter lieber Besuch trifft nicht ein oder ein ungebetener, weniger liebsamer schneit ins Haus. Ihr Garten gedeiht nicht wie sie es erhofften, ein Lieblingstier erkrankt oder stirbt, ein Gegenstand geht verloren, und so weiter des Misslichen, Lustvergällenden. Jeder Tag hat seine Schatten. Die Nadelstiche werden, nicht alle — und mitunter sind es kräftige Hiebe. Darum:

Werden Sie rechtzeitig immun!

Verschließen Sie sich dem Widrigen! Lassen Sie nicht locker. Nichts darf Sie erschüttern. Üben Sie stärkste Gedankenzucht.

Wunschüberwindung, Wunschbeherrschung steigert die Willenskraft.

Parieren Sie jederzeit mit der Schärfe des gezügelten Gedankens, mit der Unbestechlichkeit des gebändigten Wunsches, mit der Wucht des gestählten Willens! Errichten Sie um sich den Schutzwall einer stets gleichbleibenden harmonischen Seelenhaltung.

Bleiben Sie in allen Lebenslagen ein Bejahender, und erst recht bei Schicksalsschlägen. Nichts darf Sie beugen, geschweige denn zerbrechen. In eine höhere Weltordnung sind wir eingebettet. Dieses Bewusstsein verleihe Ihnen Kraft.

Wandeln Sie oft in der Einsamkeit der Natur. Lauschen Sie in Wald und Flur, oder den Blick zum nächtigen Himmel, was Ihnen die „große Mutter" zuraunt.

Sehend müssen Sie werden; auch sich selbst, Ihr Leben, müssen Sie von nun an mit anderen Augen betrachten lernen.

Analysieren Sie Ihren Charakter. Verfertigen Sie sich einen regelrechten Charakter-Spiegel. Zeichnen Sie darin neben den wertvollen Charaktergaben, die Sie zweifellos besitzen, schonungslos die Ihnen noch anhaftenden minderwertigen Charakterzüge auf. Setzen Sie sich mit Ihrem „Schatten" auseinander. Sublimieren Sie ihn.

Horchen Sie dem Urteil Ihrer Freunde, mehr noch dem. Ihrer Gegner. Aus dem, wie man Sie hinstellt, können Sie vieles lernen; aber Sie müssen objektiv sein.

Verfassen Sie einen ausführlichen Lebenslauf in den Stunden der Selbstbesinnung. Vorerst in groben Zügen, die markantesten Ereignisse berücksichtigend; späterhin fügen Sie dann genauere Details hinzu.

Sie werden merken, je öfter Sie darüber meditieren, nicht immer nahm das Leben den Verlauf, den Sie im Auge hatten. Nur zu oft schaltete sich der „Zufall", oder besser vielleicht, eine eigenartige Fügung ein, und die ausgeklügelten Pläne wurden Null und Nichts. Halten Sie jedes Für und Wider fest, forschen Sie nach Gründen, nach Entsprechungen.

Betrachten Sie Ihr gesamtes Tun und Müssen vom Standpunkt

des *Karma Gesetzes*. Nicht nur Ihr Leben, das ganze Weltgeschehen, wird Ihnen sinnvoller erscheinen.

Erfüllen Sie freudig die vom Leben gestellten Aufgaben. Nehmen Sie das Widrige als das, was es esoterisch gesehen ist: als Prüfung, als abzutragende Schuld karmischer Verfehlungen, diesem oder vergangenem Leben entstammend.

„Zerren Sie nicht an Fesseln, denen durch gewaltsamen Zugriff doch nicht beizukommen ist. Zum Trost, die negativen Bindungen, seien diese nun beruflicher oder sonst welcher Art, sind selten von Dauer. Positive Einstellung löst am schnellsten die karmischen Bande. — Viel trägt ferner dazu bei die Einbeziehung der Reinkarnationslehre, indem wir uns also selber als Verursacher unserer Missgeschicke erkennen lernen.

Reinkarnation und Karma, diese beiden Grundgesetze, sind die einzigen, die auf die Frage nach dem Zweck unseres Daseins eine vernünftige Antwort geben.

Vielleicht hilft es Ihnen über manchen Zweifel hinweg, zu wissen, dass die Besten und Größten den Reinkarnationsgedanken vertraten; so Goethe, Schiller, Lessing, Shakespeare, Ibsen, Strindberg, Bulwer, Viktor Hugo, Tagore, Gjellerup, Rosegger, Morgenstern und viele andere noch. Ihre Aussprüche sind sicherlich mehr als bloße „Ergüsse dichterischer Freiheit". Desgleichen sprachen sich Philosophen, Staatsmänner, Gelehrte wie Pythagoras, Plato, Schopenhauer, Hegel, Fichte, Nietzsche, Du Prel, Friedrich II., Franklin, Flammarion für die Reinkarnation aus.

Im Urchristentum herrschte dieselbe Ansicht. Hinweise enthalten heute noch die Evangelien, so die Stelle von der Schuld des Blindgeborenen. Lediglich im Zuge der Abstimmung wurde bedauerlicherweise das „Unsterbliche in uns" einfach ausgeschaltet. Nicht immer zum Segen der Gläubigen.

Für den religiös Empfindenden ist es gar nicht so schwer, an eine Wiederverkörperung zu glauben, sofern er nur den Mut aufbringt, sich dem Dogma zu entwinden. Schwieriger weitaus ist es für den verbissenen Materialisten. Dieser muss gewaltig umdenken lernen. — Niemand aber zwinge sich zu glauben. Auch Sie nicht. Überlegen Sie vorbehaltlos. Auf dem Wege, den Sie mit Beginn dieser Schulung betreten haben, lösen sich nach und nach von selbst Zweifel und Bedenken. Halten Sie sich vorerst an das hier Gegebene.

Freilich wird es manchen auf den Fingern brennen. Nicht nur ein Erfolgreicher im Leben möchte er gerne sein, mehr noch drängt es ihn vielleicht dazu, einen Blick nach „Drüben“ zu werfen.

Spiritistische Sitzungen: nichts einfacher als das. Davor hüten Sie sich. Zu eng vermengt ist dort Trug und Wahrheit. Nur der Geschulte, dessen geschärfter Blick zu unterscheiden weiß, darf sich in dieses tischklopfende, geisterschreibende oder sonstwie spukende Wirrsal wagen. Einem solchen allerdings kann selbst dieses irrlichternde Dunkel wertvolle Erkenntnisse vermitteln. Doch nur einem solchen! Aber auch ohne parapsychisches Experimentieren kann uns Gewissheit werden, — wenn einmal in der eigenen Brust der „Weltenwanderer“ zu uns spricht.

Verlieren Sie nie den Boden unter den Füßen! *Bleiben Sie trotz allem ein Mensch der Tatsachen*, der die gestellten Aufgaben mustergültig erfüllt. Und schweigen Sie weiter über Ihre Schulung. Die meisten würden Sie ja doch nicht verstehen und Sie höchsten nur belächeln. Zeugen muss dafür Ihr ganzes Wesen, dass Sie ein Besonderer sind; ohne dass es sich jemand enträtseln kann, wieso. Stellen Sie hohe Ansprüche bei der Auswahl von Menschen. Würdig müssen Sie Ihrer sein Ihre Mitarbeiter, Ihre Freunde, Ihr Gefährte fürs Leben. Aber auch Ihr Verhalten hat die hohen Ansprüche, die Sie stellen, zu rechtfertigen.

Wohl selten wird es das Berufsleben erlauben, sich ausschließlich den Menschen zu widmen, sich den Passionen hinzugeben, wie es uns vorschwebt; umso persönlicher deshalb sollte die Privatsphäre gestaltet werden. *Die Freizeit sei Quell der Erholung und der Freude.* Armselig der Mensch, der nicht umzuschalten versteht, der ewig verknöcherter Berufsmensch bleibt.

Das wichtigste Lebensgebot heißt: *Freue Dich!*

Der Reichste, dem nichts mehr Freude bereitet, ist ärmer daran als der Allerärmste, dem Freude hin und wieder doch die Wange rötet. Freuen können verleiht jeglichem erst seinen Wert. Was bedeutet ein Theater- oder Konzertbesuch, ein schönes Buch, ein Urlaub, ein Geschenk, Zusammensein mit einem lieben Menschen, irgendein Erfolg, wenn uns dies alles keine Freude macht? Also:

Lernen Sie sich freuen!

Es gibt ja so viele Freudenspender. Die prachtvolle Form einer Blüte, in der wir geheimste Lebensgesetze ahnen, der Dankesblick aus dem Auge eines Tieres spendet mehr Freude oft als alles Ausleben und Sich zerstreuen des Genussmenschen.

Suchen Sie allerwegen nach Freude. Und ist einmal ein Tag wirklich undurchdringlich grau und trübe, dann denken Sie einfach an etwas Schönes, das vor Ihnen liegt; und freuen Sie sich darauf! Sollten Sie aber im Moment scheinbar gar nichts haben, worauf Sie sich freuen könnten, dann denken Sie einfach an den, der Sie einst werden sein, dank Ihrer jetzigen Schulung. *Das Bild jenes nicht allzu fernen Lebensmeisters stets vor Augen, wird Ihnen heute schon den Alltag meistern helfen.*

X

Vokalatmung

Die Kraft in Ton und Laut
Vorübungen
Der Vokal I
Der Vokal E
Der Vokal A
Der Vokal O
Der Vokal U
Übungen in der Wellenlage

Die Kraft in Ton und Laut

Durch urgraue Zeitläufe, aus Menschheitskindertagen, aus der fernen, sagenumwobenen Atlantis und den dunklen verschollenen Lemurien, erreicht uns ein Raunen, kündend von Gewalten, zauberisch wirkend in Lauten und Tönen, in Worten und Formeln. Und ein gleiches wird berichtet von späteren Völkern, die wissend gewesen, von Sumerern, Assyrern, Babyloniern, Ägyptern, Persern, Hebräern, oder wie sie sonst sich nannten, die damals über den Erdkreis geboten. Bis in unsere nüchterne, entgottete Zeit will der Ruf nicht verstummen von den geheimen Kräften in Ton und Laut. Tibetern, Indern, primitiven Volksstämmen sind heute noch derlei Praktiken geläufig. Exerzitien und Rituale, ebenfalls darauf hinzielend, besitzen vereinzelt metaphysische Gesellschaften, Kabbalisten, Esoteriker, Okkultisten.

Was eigentlich wird den Vokal- und Wortkräften an Wunderbarem zugeschrieben? Erstaunliches, kaum Glaubhaftes.

Verstärkter Zustrom kosmischer und tellurischer Energien, so das Prana von Sonne und Mond, erdmagnetische Ströme, Strahlungen aus Weltraumtiefen. Weckung höherer Bewusstseinszustände durch Mantramistik. Steigerung der Sensitivität. Trance- und Entrückungszustände. Steigerung der Gedankenkraft. Heilende magnetische Kräfte. Hochpolung der Chakras. Einflussnahme auf jenseitige Sphären durch Anrufung und Beschwörung.

Aufhebung der Schwerkraft? — Ein verlorengegangenes Verfahren, dessen sich die prähistorischen Schöpfer gigantischer Bauwerke bedient haben sollen. So führt man beispielsweise die Entstehung der Pyramiden auf lautmagische, die Schwere lösende Handlungen zurück. Unmöglich werden Sie natürlich sagen. Überwindung der Schwerkraft durch den Ton? Durch Vibration demnach. Damit kommen wir vielleicht der Sache schon näher. Bekannt ist die zerstörende Rhythmik gleichgerichteter Marschtritte über eine Brücke, das Zerspringen eines Glases beim Erklingen „seines“ Tones. Die stürzenden Mauern von Jericho scheinen ebenfalls Rudimente magischen Ur-Wissens zu bergen. Überzeugend bewiesen eigene Forschungsergebnisse die Kraft des Lautes und des „Wortes“. Menschen und Gegenstände schienen um ein Unwahrscheinliches ihres Gewichtes beraubt. [1])

Es lassen sich also durchaus Beziehungen zu den alten Überlieferungen finden.

Ein okkulter Glaubenssatz besagt: Jeder Laut hat seine Körperzone, sein ihm eigenes Vibrationsfeld. Heute klinisch bewiesen. Darüber hinaus wurde festgestellt, dass die Atmung davon abhängig ist, mit welcher Vokal-Vorstellung man einatmet; wodurch das körperliche wie seelische Befinden weitgehend beeinflusst werden kann.

LESER-LASARIO, Schöpfer der „Original-Gebärdenatmung“ [2]) hat den Einfluss der Lautvibration auf den menschlichen Organismus einwandfrei nachgewiesen. Ähnlich den okkulten Schulen legte er jedem Laut eine bestimmte Körperzone zugrunde. Nach LESER-LASARIO schwingen die Vokale wie folgt:

I	Kopf, Scheitel, Stirnhöhle;
E	Hals, Kehlkopf, Stimmbänder;
A	Lungenspitzen;
OA	Brust, Lungen;
O	Herz;
Ö	Zwerchfell, Leber, Magen;
Ü	Nieren;
U	Darm, Unterleib;
UI	Sexus.

Desgleichen stimmt LASARIO mit der okkultistischen Ansicht überein, derzufolge jeder Vokal eine spezifische Farbempfindung auslöst.

---

1) Hierüber: Karl Spiesberger: „Runenexerzitien für Jedermann“ und in Hermetisches ABC, Band II.

2) B. M. Leser-Lasario: Lehrbuch der Original-Vokal-Gebärden-Atmung.“

Wichtig sind für ihn bei der Einatmung *Gefühlsvorstellung* und *Gesichtsgebärde*. I erfordert eine sehr freundliche Einatmungsgeste, E eine heitere, O und Ö sind mit ernstem, U und Ü mit tiefernstem Gesichtsausdruck zu üben. Beim A sei der Mienenzug neutral. Klinische Aufnahmen erhärteten, dass diese Einatmungsgesten nicht nur psychisch, sondern auch physiologisch konstatierbar sind. Jede Form der Vokalatmung beeindruckt irgendwie die Blutzirkulation. Ärztliche Urteile bestätigten dies. Zweifelsfrei ist erwiesen, dass gesprochener und gedachter Laut im Körper ein Echo haben.

Bitte versuchen Sie es einmal. Atmen Sie ein und denken Sie dabei konzentriert I, bei der nächsten Einatmung A; und so fort.

Intuitiv beschritt LESER-LASARIO, durch eigenes Leiden veranlasst, den Weg der Mantramistik. Seine Vokal-Gebärden-Atmung baute eine sichere Brücke vom Rationalen zum Irrationalen, wo Esoteriker, Mystiker und Magier das Wort haben. Diese freilich gehen noch weiter. Sie zielen auf den ätherisch-astralen Organismus, auf Linga sharira, Aura, Chakras. Nicht die tönenden Vibrationswellen der Sprache allein sind es, die den Körper beleben, noch andere Potenzen sind im Spiel: sie steigen aus den Tiefen der Erde, kommen aus den Urgründen des Alls. *Empfänger* ist der Lautmagier, abgestimmt gleichsam auf eine bestimmte Wellenlänge. Der Runenkundige weiß von Urkraftströmen, von Höhen- und Tiefenstrahlen, die, entsprechend angewandt, sogar der Not wehren, Umwelt und Ereignisse dem Willen unterordnen, den Mangel an Lebenskraft ausgleichen und Heilung schaffen. Allein nicht bloß Antenne ist er, versteht er sich hochzupolen, wird er zum kraftspendenden *Sender*, der die akkumulierten Ströme hinschickt zu dem Leidenden, der ihrer bedarf.

Und noch weiter gehen die Buchstabenmystiker. Diese behaupten sogar, jahrelang betriebenes Buchstabendenken führe zu mystischen Erlebnissen, zum „Erwachen im Geist“, zur „Wiedergeburt“.

*

Vorübungen

Grundbedingung: *Richtiger Stimmsitz.*

Falsche Aussprache ermüdet das Sprechorgan, überanstrengt die Stimmbänder. Heiserkeit stellt sich ein, mitunter Schlimmeres. Das Vibrationsfeld der jeweiligen Körperzonen spricht nur mangelhaft an. Die erstrebte Wirkung bleibt aus.

Zumeist sitzt die Stimme zu tief im Rachen, sie ist flach, gaumig, entbehrt jeder Resonanz und führt schnell zur Übermüdung.

Sänger, Schauspieler wissen, was es kostet, bis endlich die Stimme „vorne" sitzt. Sprechtechnik lässt sich natürlich nicht aus Büchern erlernen, doch sollen wenigstens einige Hinweise die eigene Beobachtung schärfen helfen.

Stets setze man den Ton möglichst weit vorne an, ohne dabei die Halsmuskulatur zu verkrampfen oder die Kehle zu reizen. Alles sei hübsch locker und gelöst, ganz wie bei den Entspannungsübungen. Druck, Spannung, Forcierung presst die Luft und schnürt sie gleichsam ab. Die Stimme „rutscht" nach hinten in den Rachenraum. Das Organ klingt unschön, rauh, gequetscht, ohne jede Modulation.

Bewusste Vollatmung erleichtert den physiologisch richtigen Sitz der Stimme. Förderlich ist außerdem stoßweises Ausatmen auf F oder Pf, bzw. auf den Zischlaut S. Und immer mit entsprechender Zwerchfellstütze. Befreiend ströme die Luft, den Laut gewissermaßen mit sich führend, aus der Kehle in die vorderste Mundhöhle bis zu den Zähnen. Beobachten Sie gute Sprecher, vor allem Schauspieler klassischer Fächer. Zu gutem Stimmsitz und zur Kopfresonanz tragen viel bei die Halbklinger M und N. Wir üben:

a) M leise summen. Stärker werden im Ton. Ton verebben lassen. Anschwellen und Abklingen. Wiederholen, solange Atem reicht.

b) Dasselbe wie eben, nur geht jetzt das M in ein N über und das N wieder zurück zum M. Dies im Wechsel mehrmals wiederholen.

c) M sirenenartig anschwellen und verebben lassen. Leise und hell beginnen — kräftiger und dunkler werden — hell, freundlich, pianissimo enden. (Auch auf M — N üben.)

d) Nachdem die Resonanz deutlich fühlbar geworden ist an Stirn, Hinterhaupt und Brust, üben wir mit der Vokalverbindung:

ma — me — mi — mo — mu;

na — ne — ni — no — nu.

Später treten die Umlaute und Diphthonge hinzu,

e) Noch mehr steigert die nasale Kopfresonanz die Lautverbindungen

ing — eng — ang — ong — ung.

N und G verschmelzen hierbei zu einem einzigen nasalen Zwischenlaut. Hauptvibrationsfeld ist die Nasenzone.

Außer der Steigerung des Resonanzvermögens und Verbesserung des Stimmsitzes kräftigen obige Vibrationsübungen die Gesichts- und Kopfnerven. Obendrein gewinnt das Organ an Volumen, Wohlklang und Modulationsfähigkeit, ein hohes Plus im Umgang mit Menschen. Einer sympathisch klingenden Stimme lauscht jeder gerne.

Sprechen, singen, summen Sie des öfteren am Tage obige Lautverbindungen in allen Stimmlagen und Lautstärken. Beziehen Sie die Konsonanten L und S mit ein. Und vergessen Sie niemals dabei, tief aus- und einzuatmen, alles, wie ja stets, ohne Pressen und Spannen. Sprechtechnisch so vorbereitet, dürfen wir uns ohne weiteres an die esoterischen Lautexerzitien wagen.

Selbst wenn Sie deren metaphysische Seite noch anzweifeln sollten, allein schon der esoterische Gewinn hieraus macht sie übenswert.

Tiefer wird dadurch der Atem, größer die Sauerstoffaufnahme, mehr entschlackt sich das Blut. Wichtige Drüsen werden angeregt, die Lautvibrationen beleben die Körperzellen. Physische und seelische Leiden bessern sich. Die Konzentration wird schärfer, ausdrucksfähiger, beherrschter die Sprache. Kraft und Harmonie durchströmt unser ganzes Wesen.

*

Der Vokal I

Der *I-Ton belebt die Zirbeldrüse*, jenes merkwürdige Organ, mit dem die Wissenschaft nichts Rechtes anzufangen weiß, wohingegen es dem Metaphysiker das A und O jedweder spirituellen Entwicklung ist, „die Sammelstelle, durch die alles hindurchziehen muss, was unser Sinnen und Trachten" bewegt. In dieser mysteriösen Drüse soll unser gesamtes Bewusstsein seinen Sitz haben. Von hier aus waltet der Eingebungssinn, die Intuition. Die Glandula pinealis, das „dritte oder geistige Auge", der „Spiegel des Allmächtigen" ist somit das fundamentalste Organ. Das Coronarium ist das im heutigen Menschen erloschene „Tertiärauge".

Durch den I-Ton vollzieht sich die Umwandlung vom Eros zum Logos. Er sublimiert die niederen Kräfte des Sexus und verwandelt sie in mentale Ströme. Ihm liegt, so sagt der Esoteriker, ein „Lösungsmotiv" zugrunde.

Exerzitien:

I.

Am besten, wir nehmen die Is-Runen-Grundstellung ein. Aufrechter Stand. Füße im rechten Winkel, Fersen geschlossen. Hände seitlich der Schenkel. Kopf und Wirbelsäule in einer Geraden. Blick auf „unendlich" oder auf das Spiegelbild. Tief auf F oder S ausatmen und mit der Konzentration auf den Laut I Luft einsaugen. Mit breiter Lippenstellung und freundlichem Gesicht I in allen Tonlagen und *Stärken*, die uns liegen, singen und summen.

Gewollt schalten wir nach und nach sämtliche Körperzonen in das Resonanzfeld des I-Lautes ein, bis endlich jede Zelle unseres Leibes, jedes Molekül, die ganze Aura mitschwingt. Besonderes Augenmerk richten wir auf die Vibrationen der Fuß- und Innenhandflächen.

Tiefe Töne versetzen die Füße in Schwingung, große Tonhöhen schwingen über den Kopf hinaus; leises, kaum noch hörbares Summen kommt der Aura zugute.

Runenforscher empfehlen, bis zu einer halben Stunde zu üben, damit die Lautvibrationen den gesamten Körper gründlich massieren und die Aura entsprechend in Schwingung gerät. Man übertreibe jedoch nicht! Stimmmüdigkeit oder gar beginnende Heiserkeit sind Alarmzeichen, das Exerzitium abzubrechen. Wer es mit seiner Zeit vereinbaren kann, übe morgens und abends.

Gedanklich stelle man sich auf die Lautvibration ein, diese in den einzelnen Körperzonen erfühlend.

II.

Varianten:

Obiges Exerzitium mit über den Kopf gestreckten Armen. (Die „*verlängerte Allschaltung*" der Runenpraktiker.)

Die Innenhandflächen weisen bei geschlossenen Fingern entweder parallel zueinander — oder zeigen muschelförmig nach vorne. Ebenso wohl im *Ägyptischen* Sitz und im Gehen. Bei letzterem die leicht muschelförmig gehöhlten Handteller in Gehrichtung halten.

Zwischendurch anstelle des I-Vokales den Runenlaut Is singen oder kaum vernehmbar summen.

III.

In der „*Wellenlage*" das I vom höchsten Ton abwärts und wieder zurück durch den ganzen Körper fließen lassen.

Stellung: Rückenlage. Kopf und Rumpf bilden eine Gerade. Die geschlossenen Knie angezogen. Fußsohlen stehen voll auf dem Boden. Die Wellenlage eignet sich ebenso für die anderen Vokale.

IV.

Stand: Aufrecht, Gesicht nach Norden.

Rechter Fuß etwas vorgestellt. Rechter Arm in Schulterhöhe waagrecht gestreckt. Hand im Gelenk gewinkelt, nach aufwärts gerichtet. Zeigefinger erhoben, die übrigen Finger gefaustet. Handrücken zum Körper. Blick unverwandt auf die Spitze des gestreckten Zeigefingers. Linke Hand im Kreuz (am Steißbein-Chakra). Handteller nach außen weisend. Finger geschlossen in einer Fläche.

Atem: Einleitend fünf rhythmische Vollatemzüge, dann Atem kurz halten und

I-Laut in hellem und dunklem Timbre; kräftig anschwellend, leise verebbend, je nach Können. Fünf-, zehn-, fünfzehn- oder fünfundzwanzigmal wiederholen. Die Übung mit fünf rhythmischen Vollatemzügen beschließen.

Gedanklich einstellen auf Kraftaufnahme; auf Festigung und Weitung des Ichbewusstseins; auf die Schöpferkraft, den Gottfunken in uns.

Zweck: Überwindung von Schwächezuständen aller Art.

Diese Form der I-Übung findet in esoterischen Kreisen Anwendung, um Kraft zu schöpfen aus dem Kosmos und die Erweckung des Coronarium zu fördern.

Wer genügend sensitiv geworden ist, wird unschwer die einströmenden Feinkraftwellen empfinden. Das gilt für alle Lautpraktiken.

Ferner versuche man den Kraftanstieg in der Wirbelsäule und die Schwingung im Kopf zu verspüren. Zu achten ist auch auf das gesteigerte Wärmeempfinden am Scheitelpunkt. Der bekannte metaphysische Forscher A. FRANK GLAHN will sich mit der I-Tonübung selbst bei strengster Kälte erwärmt haben. Dies klingt schon hart an die Tumo-Übung der Tibeter an.

Der Vokal E

Nach esoterischer Lehre liegt hier das Motiv der Ausbreitung, der Expansion vor. Bejahend, erhaltend, harmonisch, das ist die Tendenz dieses Vokals.

Physiologisch umfasst nach LESER-LASARIO der E-Typ Hals, Kehlkopf, Stimmbänder, Schilddrüse. Die E-Schwingungen — LASARIO verstärkt sie durch Hinzufügung von M; zum Beispiel: M m m e e h r — helfen bei Hals- und Kehlkopfleiden, stärken die Stimme und sind sekretionsfördernd für Drüsen und Lymphgefäße. Ähnlich spricht sich S. A. KUMMER aus, der die

Anwendung der Eh-Rune empfiehlt bei Schwermut, Drüsenentzündung und zur Erweiterung der Lymphgefäße.

Außer der physiologischen Wirkung und dem ätherischen Kraftzustrom beeinflusst das E — besser noch die Eh-Rune — unsere astrale Sphäre. Das Eh-Runen-Exerzitium hilft Triebe, Begierden und Leidenschaften zügeln und bereitet reinen Gedanken und Wünschen ein günstiges Feld.

Die Eh-Rune ist Symbol der Ehe, der Vereinigung. Ihr wird die magische Kraft der Verschmelzung „der Zwei zur seelischen, geistigen Eins" nachgerühmt.

Exerzitien:

I.

Stand: Aufrecht. Beine mäßig gespreizt. Arme seitlich gehoben, waagrecht. Handinnenflächen nach unten, Finger gestreckt aneinandergelegt. Augen zwecks besserer Konzentration und Verinnerlichung geschlossen.

Atmung: Einleitend sechs rhythmische Vollatemzüge; sodann Atem kurz anhalten und den

E-Laut sechsmal singen oder summen, und zwar halblaut und anhaltend im Ton. Die Lippen bilden hierbei ein schmales Oval. Gaumigen Beiklang vermeiden! Stets mit der Vorstellung auf den Vokal E die Luft durch die Nase einsaugen. Nach jedem gesungenen Laut eine Einatmung mit tonloser Ausatmung dazwischenschalten. Übung mit sechs rhythmischen Vollatemzügen beschließen.

Konzentration:

a) Erfühlen der den Handflächen entströmenden und zu den Füßen

hinabstrebenden Kraft, die den Körper allmählich umfließt.

b) Die Gedanken auf Wachsen, Gedeihen, Verbreitern, Verwirklichen, Befestigen richten.

Zweck: Zur Festigung eines vollbrachten Werkes oder einer getanen Arbeit; bei allem, das verbreitert, vergrößert werden soll. Zur Aufrechterhaltung eines bestehenden Zustandes. Also als Abschluss von Exerzitien oder Handlungen, wo man eine Stimmung, einen Erfolg festzuhalten wünscht, wo Entfaltung, Mehrung, bleibende Gestaltung erstrebenswert erscheint.

II.

Um das Vibrationsempfinden in den einzelnen Körperzonen zu verstärken, ist es zweckmäßig, die E-Übung mit nachstehender Armgymnastik zu verbinden.

Aufrecht stehend, indes der E-Laut von den Lippen strömt, heben wir den rechten Arm hoch bis zur Schulterhöhe und führen ihn von hier aus langsam seitlich hinab zum Schenkel. Ebenso verfahren wir mit dem linken Arm. Als drittes führen wir beide Arme hoch und strecken sie seitlich, womit wir wieder die ursprüngliche E-Haltung einnehmen.

III.

Übung in Eh-Runen-Stellung:

Stand: Linker Arm schräg nach oben gestreckt, rechter weist schräg nach unten. Handteller mit aneinander gelegten Fingern zeigen gleichfalls nach unten. Füße rechtgewinkelt, Hacken geschlossen. Blick nach Norden.

Vokal E langgedehnt summen; beginnend mit der individuellen Grundtonlage, nachfolgend variieren: abwärts bis zum tiefsten Ton, ansteigend, und so fort.

Konzentration richtet sich auf die Aufnahme der All-Lebens und Liebeswellen.

Der Vokal A

Hohe weißmagische Kräfte werden diesem Vokal zugeschrieben. A verbindet mit den Kräften der Sonne. Es weckt das ätherische Herzzentrum und belebt die Thymusdrüse.

Dem Runenforscher ist die Ar-Rune Symbol des Urfeuers, der magischen Lichtgewalten.

Exoterisch betrachtet, wirkt das A auf die Organe der Brust

sowie auf das Herz. Die A-Typ-Atmung schreibt LESER-LASARIO vor für Lunge, Bronchien und Herz.

Exerzitien:

I.

Stand: Aufrecht, Wirbelsäule, wie immer (!) gerade. Füße im rechten Winkel oder leicht gespreizt. Arme über den Kopf hinaus erhoben. Hände schalenförmig und in der Wurzel gewinkelt. Haupt etwas nach rückwärts geneigt, wenn möglich zur Sonne.

Atmung: Dreimal rhythmische Vollatmung. Anschließend den Vokal A singen. Lippenstellung kreisrund. Ton anschwellend und verklingend. Zu achten ist darauf, dass der Ton im *vorderen* Mundraum sitzt und nicht kehlig oder gaumig klingt. Zwölfmal hintereinander, stets mit einer Tiefatmung dazwischen wie beim Vokal E; dann Arme sinken lassen und entspannt verharren.

Geistige Einstellung: Neben dem Erfühlen der feinen Vibrationen in den Handmitten und in der Schlüsselbeinzone, sind die Gedanken zu richten auf das im Universum herrschende, alles zeugende und gebärende Vater-Mutter-Prinzip, das uns im Lichtkörper der Sonne symbolhaft entgegentritt. Erwecken Sie in sich das Gefühl, das zum Verstehen dieser kosmischen Kraft führt, zur Vereinigung mit dem in uns allen wesenden göttlichen Influxus. Lassen Sie nachfolgenden Meditationsgedanken in sich lebendig werden, die ein Esoteriker in die Worte kleidete:

„Allvater, Du, Allmutter!
Erhabener LOGOS,
gib mir von DEINER Kraft,
erfülle mich mit DEINEM Wissen,
mit DEINER Liebe!
Ich sehne mich nach DIR,
nach LICHT!“

II.

Weitere Ausgestaltung der A-Übung:

A Kombiniert mit der Sonnen-Prana-Übung:

1. Phase: Wie bei der Sonnen-Prana-Übung bis zum Hochheben der Arme und Schalenbildung der Hände.
2. Phase: Während des Singens des A-Vokales verstärkte Prana-Aufnahme imaginieren.
3. Phase: Das in den Händen angesaugte Sonnenprana durch den ganzen Körper leiten; bzw. es gewollt bestimmten Zentren, so dem Solarplexus, zuführen.

Zweck: Vermehrte Aufladung mit Sonnenprana.

B Kombiniert mit der Sonnen-Prana-Übung in Verbindung mit dem Automagnetismus:

1. Phase: Aufnahme des Sonnenprana, dabei den Vokal A singen oder summen.
2. Phase: Nach Verklingen des Tones einatmen und nochmaliges, tonloses Ansaugen des solaren Pranas in den Handmitten.
3. Phase: Übertragen des pranageladenen Ods auf den Körper durch automagnetische Strichführung. Strich nach jedesmaligem Singen des Vokales.

Zweck: Odmagnetische Aufpolung von Physis und Aura. Logos-Meditation steigere die Verinnerlichung.

III.

Übung in Ar-Runenhaltung:

Stand: Körper aufrecht. Arme seitlich anliegend oder über den Kopf gestreckt; rechtes Bein seitlich gestreckt. Die Fußspitze berührt hierbei leicht den Boden oder ist etwas angehoben.

A-Ton langgezogen, dem ein rollendes R folgt; mithin die im Runenweistum so wichtige Silbe Ar.

Zweck: Bewusstwerden der einströmenden Sonnenkraft. Die Ar-Rune bewahrt vor herabziehenden sinnlichen Einflüssen und bietet Schutz gegen dämonische, schwarzmagische Gewalten.

Der Vokal O

Der Vokal O stellt der Esoterik zufolge ein „Bindemotiv" dar. Er fördert die Verinnerlichung. Sein Schwingungsfeld ist das Sonnengeflecht, das er aktiviert, und die Herzgegend. Übungen auf O beleben die Blutzirkulation und die Funktion des Magen-Chakra. Nach LESER-LASARIO kräftigen und elastizieren sie das

Herz. (Vorsicht jedoch wiederum bei Herzleiden!) Auch auf Zirbel- und Thymusdrüse soll, wie Runenforscher versichern, das O günstigen Einfluss haben.

Exerzitien:

I.

Haltung: Aufrecht, breitbeinig; Arme halbkreisförmig seitlich erhoben. Antennen gleich weisen die gestreckten Fingerspitzen nach oben. Auch schalenförmig mit leicht gespreizten Fingern darf geübt werden.

Atmung: Einleitend fünfmaliger rhythmischer Vollatem.

Hierauf

Vokal O singen. Vorwiegend in den Tiefen- und Mittellagen. Mundstellung klein, oval.

Zweck: Diese Pose eignet sich zur Aufnahme des Sonnenprana. O wird von vielen zu den Kräften der Sonne in Beziehung gesetzt.

II.

Haltung: Breitbeinig. Die Arme formen in Brusthöhe einen Kreis. Die Spitzen der Mittelfinger berühren sich leicht. Fünf Minuten O singen oder summen.

Zweck: Einflussnahme auf die Organe, die der Armkreis umspannt.

III.

Haltung: Im breitbeinigen Stand, Füße schräg nach außen. Die Fingerrücken der rechten Hand auf die Innenfläche der Finger der linken Hand; die beiden Daumenspitzen berühren sich und bilden so einen Kreis, der auf dem Sonnengeflecht ruht. Ellbogen stehen gewinkelt vom Körper ab. Kopf mäßig nach vorn geneigt. Blick in die Kreisöffnung. Später die Augen schließen. Auch im Buddha-, Persischen oder Ägyptischen Sitz üben.

Vokal O gedämpft singen und allmählich verklingen lassen.

Wirkung und Zweck: Die Vibration der Handmitten teilt sich dem Solarplexus mit. Die Kräfte strömen nach innen. Der Strom der Gedanken beruhigt sich. Ruhe und Sammlung sind die Folge, ein Zustand des Schweigens, der sich späterhin durch entsprechende Meditation noch weiter vertiefen lässt.

IV.

In Othil-Runenstellung:

Haltung: Beine weit gespreizt. Die Arme bilden seitlich erhoben ein Quadrat (◇). Hände entweder gefaltet, schalenförmig über den Kopf, Handflächen nach oben — oder sie weisen in einer Fläche nach vorne, wobei sich die Daumen und Zeigefinger berühren.

Vokal O singen (oder das Runenwort „Othil“), dabei das Armquadrat rhythmisch erheben und senken. Der Kopf ist Mittelpunkt dieses Schwingungsfeldes.

Zweck: Aufnahme ätherischer Kräfte.

Der Vokal U

In den Vokalen I — E — A dominieren nach Ansicht der Geheimwissenschaftler die Kräfte des „oberen Lichtes“, beim O tritt bereits ein Einfluss der unteren Sphäre hinzu und der U-Laut gehört ganz dem „unteren Licht“ an. Als dunkelster Vokal korrespondiert er mit den dunklen Strömen der Magie. Der U-Laut schwingt vornehmlich im Unterleib, in Darm und Sexus. Auch in der Magengegend ist er wahrzunehmen.

Exerzitien:

I.

Haltung: Aufrechter Stand. Die seitlich erhobenen Arme gleiten während des U-Tones langsam in die untere Körperregion hinab und bilden so mit den schalenförmigen Händen die Form eines großen U. Mit Hinabgleiten der Arme wird das U bei kleiner runder Mundstellung immer dunkler im Ton.

II.

Dieselbe Übung, nur umgekehrt in Geste und Ton. Die Arme — zu Beginn in U-Form — werden langsam nach oben geführt bis seitlich über den Kopf hinaus, wobei der sehr dunkle U-Laut zu immer helleren Tönen anwächst.

III.

Anstelle U tritt U I. Sonst zu üben wie vorstehend. Oder: die Arme hinabführen mit mehr und mehr sich verdunkelndem U, und mit immer heller werdendem I wiederum hochführen. U I ist als eigentlicher Sexuallaut anzusprechen. Sein Einfluss auf den Sexus ist auch von esoterischen Forschern beglaubigt. Gut für die U-Schwingung eignet sich die Wellenlage.

In Ur-Runenstellung:

Haltung: Rumpfbeuge; Rücken waagrecht; Arme und Fingerspitzen weisen zur Erde. Nach Osten gewandt.

Zweck aller U und U I-Übungen:

Günstiger Einfluss auf die Unterleibsorgane. Steigerung der Potenz. Hochpolung des Wurzel-Chakra.

Übungen in der Wellenlage

Sind die fünf Vokale in den einzelnen Phasen gut erarbeitet, dann sprechen, singen und summen wir sie in einem Zuge in der Wellenlage. Gesamtdauer zehn Minuten bis zu einer Viertelstunde. Wir atmen ein im fünfmaligen Rhythmus, halten kurz an, beginnen, bestens entspannt, mit der größtmöglichen Stimmhöhe (I) und enden, rhythmisch fallend, in tiefster Tonlage (U).

Wir üben die Vokalfolge I E A O U; sodann die Folge I E-O U A.

Wir lassen die Laute durch den ganzen Körper schwingen. Die Kombination von Vokal, Tonhöhe und Lautstärke ermöglicht es uns mit der Zeit, die Lautvibrationen gewollt nach den einzelnen Körperregionen zu lenken.

Damit haben wir die grundlegenden Exerzitien der fünf Urlaute beendet.

Möglicherweise eintretende Krisen, Kopfdruck, Schwindelgefühl, leichtes Stechen und Zerren in Brust und Rippen — sofern nicht verursacht durch falsche Lautbildung oder überfordertes Üben -sind Anzeichen dafür, dass sich der Organismus zu entschlacken strebt, das Blut sich reinigt, neue Zellen anstelle erstorbener treten. Mitunter kann sogar dieser Ausscheidungsprozess Geschwüre zeitigen. Man nehme die Körperpflege jetzt umso genauer. Tägliche Ganzwaschung, ein bis zwei heiße Vollbäder die Woche, Ölung der Haut, Entodung der Aura.

Des Weiteren: *Naturnahe Lebensweise*. Keine künstlichen, chemisch verseuchten Lebensmittel! Dafür reichlicher Genuss an Sonnengewachsenem, Sonnengereiftem. Einzig die Pflanze, der große Alchimist, transformiert die Kräfte der Erde, das Prana der Luft, die Vitalität der Sonne, in dem unserem Körper zuträglichen Zustand. Gedenken wir dessen bei jedem Bissen naturreiner Speise, bei jeder köstlich duftenden Frucht, jedem Gericht nicht tot gekochten Gemüses, jedem Stückchen Brot. Leider bedarf der Körper so vieler noch tierischer Substanzen. In diesem Stadium unserer Arbeit sollte jedoch der Fleischgenuss auf ein Mindestmaß reduziert werden. Je weniger der Körper mit von in Verwesung begriffenen Tierleichen verunreinigt wird, ein desto besserer Resonanzboden ist er für die in ihm erwachenden Ätherkräfte. Außerdem ist vom Standpunkt der Esoterik aus, das Töten unschuldiger, *bewusstseinsbegabter* Lebewesen etwas absolut Verwerfliches. (Eingehender begründet in „Das Problem der Tierseele“ vom Verfasser.)

Sehr von Vorteil ist das Einschalten von Fastentagen, zumindest des viel gepriesenen Morgenfastens bis zu zwei, drei Stunden nach dem Aufstehen. Der Verdauungsapparat bedarf ab und zu der Entlastung. Eine weitere Regel ist: niemals mit vollem Magen üben.

Ein Abschnitt des Werdeprozesses ist jetzt erreicht, wo die Genussgifte weit zurücktreten sollten, desgleichen die sexuellen Belange. Alles jedoch ohne asketischen Zwang. Askese ist Unnatur und beruht auf Verdrängungen. Über kurz oder lang rächt sie sich vom Unbewussten her. Triebsinnliche Spannungen löst die Transmutation. Erweiternd kann dazu der Vokal I benutzt werden, am besten in Is-Runenstellung. Die überschüssigen Kräfte werden im Unterleib angesammelt und beim Singen des Vokals in bekannter Weise nach oben geleitet.

XI

Mantramistik

Die Aufnahme der M-Wellen
Die Isis-Übung
Die heilige Silbe OM

Eng schließt sich die Praxis der Mantramistik an die Exerzitien der Vokalatmung und die der Runen an. Letztgenannte bilden zahlreiche Möglichkeiten für Mantrams zu lebenspraktischen Zwecken. [1])

Das Wort Mantram, auch Mantra — der Ausdruck stammt aus dem Sanskrit — hat mehrfache Bedeutung. Schon ein einzelnes Wort, eine einfache Silbe kann mantrisch gebraucht werden. Als Bekanntestes: die heilige Silbe OM.

Mantrisch werden oft Konzentrationsformeln, Selbstbefehle, Meditationssprüche verwendet, sofern sie die klangrhythmische Voraussetzung hierfür erfüllen. Zauberformeln, Segenswünsche, heilige Sprüche, Anrufungen stehen ebenfalls in enger Beziehung zur Mantramistik. Oftmaliger Wiederholung eines Mantrams werden magische Wirkungen zugeschrieben. Mantrams mit vielen langgezogenen Vokalen wird eine besonders große harmonische Wirkung beigemessen.

Wohl das populärste der östlichen Mantrams neben Om ist das „Om mane padme hum“. Übersetzt: „O du Juwel im Lotos;“ im übertragenen Sinne: „O du mein Gott in mir.“ Es verbindet mit unserem höheren Selbst, mit der göttlichen Kraft in uns.

Manche Mantrams beruhen ausschließlich auf klangmagischer Basis, andere hinwiederum verbinden mit archetypischen Urmächten. Sie schaffen Gedankenformen, beeindrucken das Unbewusste, wecken schlummernde Kräfte, vermitteln den Kontakt mit dem uns innewohnenden göttlichen Prinzip. Sie setzen in Beziehung zu transzendenten Kraftfeldern. So sagt die Geheimlehre „Om“ und „Om mane padme hum“ seien „mit kosmischen Kräften in geistiger Verwandtschaft“.

Westliche Esoteriker — in Übereinstimmung mit LESER-LASARIOS empirisch erprobten Lehrsatz vom Vibrationsfeld —

---

1) Beispiele hierzu in „Runenexerzitium für Jedermann“ vom Verfasser.

lehren: *Mantrams steigern die Funktion wichtiger innersektorischer Drüsen*, vor allem der Zirbeldrüse, der Epiphyse (Glandula pinealis) und der Geschlechtsdrüsen; allein sie gehen noch viel weiter, indem sie nachdrücklich betonen: Mantrams stärken den Nervenäther, erwecken die Chakras und schalten ein in kosmische Wellenbereiche.

Um den lautgesetzlichen Zusammenhang zu wahren, sollte daher jedes Mantram in seiner ursprünglichen Sprache geübt werden. Jedenfalls müssen Sinn und Bedeutung dem Übenden klar sein, ganz besonders dann, wenn ein mantrischer Spruch gleichzeitig Gegenstand einer Meditation ist.

Die Aufnahme der M-Wellen

Der westliche Mantrampraktiker PERYT SHOU versichert, dass es mit Hilfe des Konsonanten M, und mit ihm gebildeter mantrischer Silben, möglich sei, den ätherischen Organismus mit Wellen zu durchpulsen, die aus den Fixsternwelten stammen, wahrscheinlich aus dem Sternbild des Orion. SHOU nannte sie „M-Wellen". Runengymnastik und Runenmantramistik fußen auf ähnlicher Anschauung. Hier spricht man von Runenströmen und Allwellen.

Exerzitien:

1. Das Widder-Motiv der alten Esoterik

Haltung: Aufrecht in Form der Man-Rune. Füße geschlossen. Arme schräg seitwärts emporgestreckt. Hände im Gelenk gewinkelt. Handteller bilden eine nach oben offene Schale. Aus- und einatmen: Dreimal, tief, rhythmisch.

M singen (auch die Silbe Lam und das Runenwort Man). M und N in nasaler Tonlage. Nasenrücken adlerartig spannen. Augenbrauen etwas nach oben ziehen. Unteren Nasenteil herabziehen. Nach PERYT SHOU die Nasenbeugung oder Nasalflexion. Den Ton nasal in der Nasenhöhlengegend schwingen lassen und nach oben zur Stirnhöhle leiten, dabei Oberkörper allmählich kerzengerade aufrichten. M-Laut oder die mantrische Silbe fünfmal wiederholen.

Als beste Übungszeit gelten die Stunden des Sonnenaufgangs, vornehmlich an Sonntagen.

Geistige Einstellung: Aufnahme der aus dem All zuströmenden M-Wellen, oder als Man-Runenübung gedacht: Aufnahme der Allwellen oder der Man-Runenkräfte. Erfühlen, wie die kosmischen Ströme einerseits in den Hinterkopf einstrahlen und das Rückenmark entlang fließen — andererseits, wie sie von den Handflächen angesaugt werden, die Arme durchfluten — und beide Wellen sodann, jene des Kopfes und die der Hände, sich im Sympathikus vereinigen und abwärtsströmen durch Schenkel, Waden und Füße, einfließend in die Erde.

Das Ansaugen der Kraftströme mit den Handtellern hat mit größter Konzentration zu geschehen. Man achte hierbei auf das Saugempfinden in den Handmitten. Etwas destilliertes Wasser oder reiner Alkohol in den Handschalen erleichtern die Aufnahme der Strahlungsenergien. Wichtig ist auch hier die wiederholt geforderte Lebenshaltung. Reines Gedanken- und Gefühlsleben fördert die Vereinigung der kosmischen Strahlkraft mit jener des persönlichen Schwingungsfeldes.

Für diese Übungen wird eine mindestens siebentägige sexuelle Enthaltung zuvor gefordert sowie fleischlose Diät.

Zweck: Steigerung der Körperresonanz und Bildung eines starken Vibrationsfeldes. Belebung wichtiger Zentren im Kopfe, insonderheit der Zirbeldrüse. Stärkung der odmagnetischen Strahlung. Aufnahme kosmischer Strahlen, der M-Wellen oder des Man-Runenstromes. Weckung feinstofflicher Prinzipien im fluidalen Organismus.

2. Aufnahme der M-Wellen in Koinzidenz-Haltung

Haltung: Aufrecht. Arme in Brusthöhe vorstrecken, und zwar in gleicher Achsenrichtung mit den rechtgewinkelten Füßen. Die Handflächen weisen nach unten; auch nach oben dürfen sie in diesem Falle gerichtet sein. Übungsverlauf wie zuvor bei eins.

3. Aufnahme der M-Wellen in kniender Haltung

Haltung: Swastikasitz. Kopf etwas nach hinten geneigt. Augen geschlossen. Arme seitlich des Körpers. Hände schalenförmig nach vorne weisend. Fingerspitzen berühren den Boden. Übungsverlauf wie bei eins und zwei.

Die Isis-Übung

Die mantrische Praktik des Wortes Isis ist, verschiedener Esoteriker zufolge, Rudiment altägyptischen Mondkultes und begünstigt die Aufnahme lunarer Kräfte.

Exerzitium:

Haltung: Aufrecht stehend, Beine weit gespreizt, Fußspitzen nach außen weisend. Gesicht nach Osten — besser noch, dem zunehmenden Mond oder seiner vollen Scheibe zugewandt. Arme und Hände wie folgt: Oberarme waagrecht in Schulterhöhe. Unterarme im Ellenbogen gewinkelt, senkrecht nach oben gestreckt. Hände ebenfalls im rechten Winkel. Fingerspitzen zeigen nach außen. Die schalenförmigen Innenhandflächen weisen nach oben. Die Spitzen der Füße mit denen der Finger in einer gedachten Linie.

Tief *aus*- und einatmen: Dreimal tief, rhythmisch. Darauffolgend langgezogener I-Laut, der ausklingt in der Silbe Sis: Mantrisch kann Isis auf mancherlei Art geübt werden:

a) Langgezogene I-Folge, abschließend kurzes „sis“ sprechen. (I i i i i i i i - sis)
b) Langgezogene I-Folge und die Silbe „sis“ gleichfalls lang und nach den Gesetzen der Vokalatmung sprechen oder singen. (I i i i i i i i - s i i i i i i i s)
c) I-Laut kurz, „sis“ lang (bzw. umgekehrt) mit betonter S-Vibration. (I - s s s s s i i s s s s s s s s)

Bei jedesmaligem Sprechen von Isis die gewinkelten Arme rhythmisch ein wenig senken, so dass nach neunmaliger *Wiederholung* des Mantrams die Oberarme seitlich der Brust ruhen und die immer noch nach oben weisenden Unterarme eng an den Rippen anliegen. Die Hände verbleiben schalenförmig im rechten, nach außen zeigenden Winkel.

Gedankliche Einstellung: Erfühlen der feinen Vibrationen in den Handflächen, Wirbelsäule und Scheitel. Bei letzterem auf Erwärmung achten.

Gedacht als Mondprana-Übung: Konzentration auf Aufnahme des Mondpranas.

Zweck: Belebung der Hand- und Kopf-Chakras einschließlich Zirbeldrüse.

Bei bewusster Aufladung mit Mondprana: Stärkung des persönlichen Magnetismus. Steigerung der Sensitivität. Förderung der Medialität und sonstiger psychischer Fähigkeiten. Die Isis-Übung wird von rituell arbeitenden Kreisen in magische Kulthandlungen eingebaut.

Übungszeit: Nach Sonnenuntergang. Am wirkungsvollsten angesichts des *zunehmenden* oder vollen Mondes. Wo es Ort und Jahreszeit gestatten, mit nacktem Oberkörper oder gänzlich unbekleidet üben.

Die heilige Silbe OM

Vielerlei geheimnisvolle Anspielungen über die wahre Bedeutung dieser mantrischen Silbe existieren. Streng genommen gilt OM als Tarnung. AUM lautet die richtige Bezeichnung und symbolisiert das Absolut-offenbare. Oder mit den Worten H. P. Blavatskys: AUM repräsentiert „die für immer verborgene dreieinige Differentation, nicht aus, sondern in dem EINEN Absoluten ..." AUM „ist der Einheitsstrahl oder Atman". Es versetzt den Menschen in einen höheren Schwingungszustand und führt ihm hohe spirituelle Kräfte zu. Nach der indischen Esoterik umfasst AUM alle Begriffe, alle Aspekte der Gottheit. Wohl daher wird behauptet, es setze sich zusammen aus den *End*buchstaben der indischen Trimurti (Brahma — Vishnu — Shivam). Begreiflicherweise hat es auch Beziehung zur höheren Triade: A zum atmischen, U zum buddhischen und M zum manasischen Prinzip. Oder wieder nach einer anderen Version, wo OM als AOUM gesprochen wird, symbolisiert A die große göttliche Kraft, O stellt das vermittelnde Medium dar, während U auf das Ende, das uns bevorsteht, weist. M repräsentiert den Abschluss und befähigt zudem zur Aufnahme kosmischer Kräfte.

Viel hängt von der richtigen Aussprache ab. Der Westen kann sich leider nicht sämtlicher Möglichkeiten rühmen, die der Osten kennt. Die heilige Silbe kann ausgesprochen werden als

OM AUM und AOUM.

Bei Letztgenanntem wird aus dem hellen A ein kurzes O, dem sofort das U folgt.

Esoteriker, denen tiefe Einblicke in das Wesen der Mantramistik eignet, versichern, kraft dieser Silbe sei es uns gegeben, auf Menschen und außersinnliche Wesenheiten einzuwirken. OM stellt eine Anrufung des inneren Menschen dar, unseres wahren Ich — bin. Der Ton, schwingend in jedem echten Mantram, ist „der mächtigste und wirkungsvollste aller magischen Vermittler", wie Madame Blavatsky sagt. Er ist „der erste der Schlüssel, die das Verbindungstor zwischen dem Sterblichen und dem Unsterblichen auf tun".

Exerzitien:

I.

Einwirken auf sich selbst:

O ganz kurz anklingen lassen;

M lang anhaltend summen mit entsprechender Resonanz, vor allem im Kopf. O M M M M M M M M M M

II.

Einwirken auf die Umwelt:

O langgezogen, offen;

M in gleicher Länge. O O O O O O M M M M M M

OM kann auch sinngemäß als AUM und AOUM geübt werden.

Haltung bei Übung I und II: Ägyptischer, vorteilhafter noch Buddhasitz, insbesonders bei Meditationen, die der Verinnerlichung dienen und Einswerdung mit dem Über-Ich erstreben. Auch andere Haltungen sind erlaubt. Zum Beispiel die Man-Runenstellung.

Anwendung und Wirkung:

Ernste Studien, Exerzitien, Meditationen sollten mit diesem kurzen Mantram eingeleitet und beendet werden. Wer Kultmagie betreibt, darf es hierbei ebenfalls sinnentsprechend verwenden.

OM versetzt die psychischen Partikel, weit mehr noch die fluidalen, in Vibration. Es fördert die Reperkussion mit anderen Menschen und außerkörperlichen Kraftformen.

III.

Überleiten zur mantrischen Meditationsformel:

Erstrebenswert des Weiteren wäre — was allerdings einen beträchtlichen Grad der Reife voraussetzt — eine *Synthese von Mantram, Konzentration und Meditation*.

Das Mantram erzeugt Lautvibrationen, Konzentration und Meditation rufen Gedankenschwingungen hervor; Strebungen des Unbewussten, besser des Überbewussten werden frei, Kräfte transzendentaler Natur strömen uns zu.

Für die mantrische Praxis empfiehlt PERYT SHOU aus eigenem Erleben nachstehende Übung.

a) Stand aufrecht; Arme etwas nach vorne erhoben; Handteller weisen nach unten. OM mit summendem nasalem M-Nachhall singen, gleichzeitig dabei versuchen, *sich in diesem Laut zu erfühlen*, und den Wunsch hegen, eins zu werden mit der Urkraft in einer Schwingung, sich mit ihr im Innern, im Herzen zu verbinden.

b) Wieder OM in vorgenannter Weise üben; bei nachhallenden M die Vorstellung einer *anziehenden Kraft im Herzen imaginieren*. Unter dem M-Nachhall den Körper (Wirbelsäule!) aufrichten; Nasenrücken adlerartig spannen (Nasalflexion!); möglichst keinen Atem hindurchlassen. Sich dabei objektiv beobachten. Die Konzentration bleibt auf das *Herz*, auf die *geistige Anziehung*, die *kosmische Liebe* gerichtet. In dieser Übungsphase sollte das M unwillkürlich in ein N übergehen und als solches im Körper erhorcht werden.

c) Gelingt obiges, erscheint das N, so spreche man OM-MEN und leite sodann über auf das Mantram OM-MANI = O MEIN WILLE und versenke sich in diesen „als Urgesetz aller Dinge sich manifestierenden Willen". Neben OM sind die Silben LAM und MAN sinngemäß einzubeziehen.

Gehen Sie aber erst an die Mantramistik heran, wenn Sie Abschnitt XV (Weckung der Innenkraft) und Abschnitt XIX (Bewusstseinsweitung) in Arbeit nehmen. Vorläufig genügt die Praxis der Vokalatmung vollauf.

Stellen Sie gleicherweise ruhig zurück, was Ihnen gegenwärtig noch zu okkult, zu abwegig, zu unwahrscheinlich dünkt. Begnügen Sie sich vorderhand mit den exakten Begründungen LESER-LASARIOS und den klinischen Urteilen der seine Methode prüfenden Ärzte. Auch des Reformarztes Dr. med. et phil. H. LEMKE sei in diesem Zusammenhang gedacht, für den Krankheit nichts anderes bedeutet als „verlangsamte Schwingung", „falscher Rhythmus". Um die richtige Zellschwingung, um lebhaftere „Molekularbewegungen" wieder herzustellen, rät LEMKE zur Manrunenhaltung (ohne diese allerdings als solche zu bezeichnen) und zu dem Mantram Om mane padme hum!

Lautpraktiken sind nach alledem keine Phantasterei. Aufgeschlossene Wissenschaftler treten seit langem für sie ein. Sie helfen die Gesundheit erhalten und verbessern und stählen zugleich für den Lebenskampf.

XII

Das Gesetz des geistig Erwachenden

Der ewige Dreiklang

„Tue, was du willst und wolle, was du sollst!“
fordert Krischna, das Gottesbewusstsein, von Ardschuna, dem Menschen, wie die Bhagavad Gita kündet.

„Tue, was du willst!“ Auch nach Krischna stellten Strebende die gleiche Forderung.

Kontrollieren Sie von nun ab jeden Impuls, der zur Tat drängt, ob er wirklich Ihrem *wahren Willen* entspringt.

Lernen Sie Ihr ureigenes Wollen erkennen. Lauschen Sie in sich hinein, wenn Sie die Stille des Schweigens umfängt. Unterscheiden Sie streng zwischen *Geist*-Wille und *Trieb*-Wille.

Bei objektiver Beobachtung werden Sie finden, welch großer Unterschied besteht zwischen Ihrem tatsächlichen Wollen und jenen triebgepeitschten Regungen, denen Sie sich bisher unterwarfen.

Tue, was du willst! Rufen Sie sich diese Worte zu, wenn ein Entschluss Ihnen Schwierigkeiten zu bereiten droht.

Beginnen Sie sogleich bei den alltäglichen Dingen. Bei Ihren Zielsetzungen, Wunschplanungen, dem abendlichen Selbstgericht. Legen Sie unerbittlich die Hüllen bloß, die den spirituellen Willen verschleiern. Keinerlei Entschuldigung gelte! Ausreden haben zu schweigen. Hinweg mit den hindernden Gegensätzen zwischen Entschluss und Tat.

Erwägen Sie sachlich: was haben Sie sich nicht schon alles vorgenommen? Des Morgens vielleicht eine Stunde früher auf. Bessere Nutzung der Zeit. Straffere Aufteilung der einzelnen Arbeitsgänge. Mehr Ordnung. Genauere Durchführung der vorgenommenen Exerzitien. Eindämmung des Redeflusses. Schweigen zur rechten Zeit, am rechten Ort. Verzicht auf einen Genuss, auf eine Zigarette, ein Gläschen Alkohol, ein galantes Abenteuer. Aufgabe einer aufreibenden, quälenden Leidenschaft.

Hier gilt es! *Tue*, was du *willst*!

Gehen Sie nicht eher von einem Vorhaben ab, bis Sie des Schädlichen Herr geworden sind. Unterwerfen Sie Ihre Gefühle, Ihr Denken und Handeln der Kontrolle stahlharten Wollens.

„Tue, was du willst“ ist das eherne Gesetz des göttlichen Muss, das Gebot höchster, unantastbarer Ethik.

Wer jedoch die Ansicht vertritt, „Tue, was du willst“ berechtige zu einem tollen Sichausleben, einem zügellosen Sichgehenlassen, ist im Argen.

Ein jeder, der den Niederungen des Lebens zu entrinnen sucht und dementsprechend an sich arbeitet, wird erkennen, dass es Körperbeherrschung, Hochpolung der Strahlungsaura und andere, sicherlich sehr notwendige Exerzitien allein nicht tun, ebenso wenig das theoretische Wissen um die feineren Wesensteile; ja, dass es unter Umständen sogar zur Gefahr werden kann, falls Wissen und Können im Besitz eines weiter seinen Trieben erliegenden Tiermenschen sind. Erst das Erwachen zum Geistwillen (das immanente Göttliche — esoterisch gewertet: die Herrschaft der Triade über die Quaternität) ist Bürge rechter Entwicklung.

Nur wem es gelingt, mit der Innenkraft in Kontakt zu kommen — wir zeigen es in Abschnitt XV — meistert Trieb und Leben.

Am Anfang steht das harte TUE, was du WILLST.

Ab heute schon — das Versprechen geben wir uns — unterordne sich Gedanke, Wort und Tat diesem unbestechlichen Gesetz.

Jeder andere Standpunkt schaltet für uns aus.

Die Losung sei hinfort: *nicht Trieb, sondern Geist, kein Müssen, nur WOLLEN.*

DER EWIGE DREIKLANG

Noch eines sci beachtet: die großen Aspekte in Natur, Wissenschaft, Kunst und Leben; der göttliche Dreiklang:

Weisheit — Schönheit — Stärke.

Diesen zu verwirklichen in jedwedem Tun, sei gleichfalls unser Streben.

In allem Wahren, Großen, Erhabenen erblicken wir diese Dreiheit. Keine Schönheit ohne Weisheit. Erst die Befolgung der Gesetze der Harmonie, der Rhythmik und Symmetrie, die Weisheit in höchster Vollendung sind, verleihen dem Werk dieses Unwägbare, in Worten nicht zu Gebende, eben das, was wir als Schönheit empfinden. Wo aber Weisheit und Schönheit uns grüßen, erklingt vernehmlich des Göttlichen dritter Aspekt:

die Stärke.

Stärke ist Kraft, die erschüttert, fesselt, gefangen nimmt, uns in den Bannkreis des Schönen, Erhabenen, Weisen zieht.

Keine Schönheit ohne Weisheit und Kraft, keine Weisheit ohne ihre Schwestern. Alles Weistum empfinden wir zugleich als edel und schön, das mit unwiderstehlicher Gewalt zwingt. Nur die Kraft entzieht sich allzu leicht dem Gefolge ihrer Gefährten, und wehe dem Verblendeten, der ihr verfallen ohne den Segen der anderen. Blindzerstörende Gewalt ist die Stärke bar der Weisheit, grausamer Tyrann, ohne Spur des Schönen.

Seien Sie stets eingedenk dessen: Wer nach Stärke strebt, Kraft in sich entfaltet, erwecke zuerst den Sinn für die Erhabenheit des Schönen, die Güte zugleich und Liebe ist, und schöpfe aus der Weisheit Born, damit er sich nicht in Unwissenheit an dunkle Gewalten verliert.

Stets sei Wille mit Weisheit gepaart, nie verletzend das Gute, das Schöne, nirgends störend die Harmonie göttlicher Ordnung, jederzeit der Liebe allumfassendes Gesetz erfüllend.

XIII

Steigerung der persönlichen Strahlkraft

Schließung des Stromkreises
Die automagnetische Praxis
Eine zweite Art der Selbstmagnetisation
Bewusstes Ansaugen der Ätherkräfte
Reinigung (Entodung) der Aura
Odmantel Odschutz während des Schlafes
Odreinigung (Entodung) von Gegenständen
Einodung von Gegenständen
Magnetisieren von Gegenständen
Pendelprobe
Aufnahme der erdmagnetischen Ströme
Selbstmagnetisieren auf runischer Basis

Nichts ist notwendiger als „persönlicher Magnetismus". Mangelt er, so mangelt es auch an Wohlbefinden, Tatkraft und Erfolg. Wer dem leidenden Mitmenschen helfen will, bedarf eines erheblichen Überschusses an Strahlkraft. Magnetiseure wissen es.

Neben dem Begriff „animalischer Magnetismus" findet sich vielfach die Bezeichnung *Od*.

Handelt es sich hier um ein und dieselbe Strahlenart oder sind es zwei verschiedene Strahlungen. Selbst in Fachkreisen herrscht hierüber keine völlige Übereinstimmung. Es treten uns sogar noch zwei weitere Begriffe entgegen: Elektrismus und Helioda.

Lassen wir uns durch die Verschiedenheit der Bezeichnungen nicht verwirren. Fest steht jedenfalls, eine *feinstoffliche Ausstrahlung existiert*; jedem Körper eigen.

Eine Tatsache, die über die Entdeckung des Arztes MESMERS (1734—1815), über die von ihm begründete Lehre des Animalmagnetismus weit hinausgeht. Zahllose Versuche mit Sensitiven beiderlei Geschlechtes erbrachten dem um das 19. Jahrhundert lebenden Wiener Gelehrten Freiherr v. REICHENBACH den Beweis, dass jeder Körper von einer strahlenden Aura umgeben ist, sei es Mensch, Tier, Pflanze oder Mineral. Dieses leider nur dem sensitiven Auge wahrnehmbare Fluidum nannte er in Anlehnung an den weltordnenden Gott Odin — Od. [1])

Überlieferungen beweisen, dass die Alten mit dieser Kraft längst vertraut waren.

Kraftatem, Prana-Übungen, Vokal-, Runen-, Mantrampraxis, Transmutation der Geschlechtskraft mehren das Strahlungsvermögen.

Es gibt aber auch spezielle Exerzitien zur automagnetischen Selbstbehandlung, um das odmagnetische Spannungsfeld auszubalancieren und seine Kraft zu verstärken.

---

1) Eingehender in: K. Spiesberger „Die Aura des Menschen".

Erfahrungsgemäß ist der menschliche Körper ein bipolares Kraftfeld. Demgemäß muss beim Selbstmagnetisieren der Körper mit gekreuzten Armen bestochen werden.

Schließung des Stromkreises

Ein vorzügliches Mittel zur Beruhigung wie Beseitigung *nervöser Zustände*. Vor allem hat mir persönlich Übung d) wiederholt bei Fieberzuständen sehr geholfen. Jeder der geschilderten Kontaktschlüsse verhindert unnütze Kraftabgabe und gleicht verlagerte Stromspannungen aus. Entspannungs- und Schweigeübungen sollten mit einem solchen beendet werden. Desgleichen ist es ratsam, vor dem Einschlafen den Stromkreis auf diese Weise zu schließen. Von einem Kurzschließen der Körperspannungen, wie einmal jemand wissen wollte, kann nach den bisherigen Erfahrungen so vieler kaum die Rede sein. Wohl mag es gelegentlich vorkommen, dass die gegenseitige Berührung der Fingerspitzen nicht sonderlich angenehm empfunden wird; ein Zeichen zumeist von starker Sensitivität. Dann lege man einfach die obersten Glieder der Finger übereinander oder wähle einen anderen der hier gegebenen Kontaktschlüsse. Gute Entspannung und Tiefatmung sind Voraussetzung, auch der Meditationsatem darf angewandt werden.

a) Die gespreizten, leicht angezogenen Fingerspitzen nähern sich aus Brustweite ganz langsam und berühren sich vorerst nur sacht. Allmählich werden Finger und Handteller aneinandergelegt wie zum Gebet. Unterarme waagrecht an die letzten Rippen, Hände senkrecht nach oben weisend (zu beobachten an indischen Statuen). Die Augen ruhen unbeweglich auf den Fingerspitzen oder sie sind geschlossen. Zuweilen wird empfohlen, die Innenhandflächen mit Salzwasser zu befeuchten oder ein in Salzwasserlösung getränktes Flanellläppchen dazwischen zu legen.

b) Derselbe Vorgang; anschließend Hände falten. Spitzen der Daumen und der kleinen Finger berühren sich mäßig. Die so verschränkten Hände ruhen auf dem Sonnengeflecht. Beide Übungen im Stand, Sitz (Ägyptischer, Buddha- oder Persischer Sitz) oder im Liegen. Die Aufmerksamkeit richte sich auf den in den Händen kreisenden Strom.

c) Linke Hand auf den Solarplexus, rechte — mit zur linken Schulter gerichteten Fingerspitzen — auf dem Herzen.

d) Die gekreuzten Arme umschließen den Unterleib; Handflächen auf die Weichen. Im Liegen stets auch die Beine kreuzen. Linke Ferse auf den rechten Fußrist.

Die automagnetische Praxis

In der Folge behandeln wir unseren Körper wie einen Stabmagneten. Wir führen diese einfache Praktik mindestens einen Monat durch und wiederholen sie später des öfteren nach Belieben. Die Übung ist an keine Zeit gebunden. Gut wäre es, sich zweimal am Tage, morgens und abends, zu magnetisieren. Vor Beginn reinigen wir gründlich die *Hände* in warmem Seifenwasser. *Beengende Kleidung* legen wir ab, vor allem reine Seide, der isolierender Einfluss zugeschrieben wird. Desgleichen Metallgegenstände. Am besten, wir üben unbekleidet; jedenfalls mit unbedeckten Armen und Beinen. Bedingung ist wieder Lockersein und *tiefe Atmung.*

Stets wird während der Strichführung ausgeatmet; beim Hochheben der Arme in die Ausgangsstellung atmen wir *ein.* Während des kurzen Auflegens der Hände vor dem Bestreichen *Atemstauung*. Zwischen Aus- und Einatmung kleine Pause, in der die Hände nach Vollzug des Striches abgeschleudert werden, so, als ob sich Wassertropfen an den Fingern befänden. Diffuses, blaues oder grünes Licht erleichtert die Konzentration.

Unbedingt muss ferner beachtet werden: *Egoistische, disharmonische Gedanken beeinträchtigen die Güte des Magnetismus*. Zwar verstärkt sich selbst dann noch die Strahlkraft, jedoch die Strahlungsaura wird unrein. Feinfühlige Menschen, die stark auf Sympathie und Antipathie reagieren, merken dies sofort und gehen einem solchen Patron aus dem Wege. Heilmagnetisch Behandelte nehmen seelischen, ja sogar körperlichen Schaden, ist der Magnetopath unlauteren Charakters.

Wir verstärken zuerst die Strahlkraft der Arme und Hände.

Striche entlang des linken Armes: Tiefeinatmend führen wir den rechten Arm mit gefausteter Hand seitlich im Bogen hoch, über den Kopf hinaus, senken ihn zur linken Schulter, öffnen die Hand, umfassen den Schulterknochen und halten den Atem einige Sekunden an. Dann streichen wir — ausatmend! — langsam den Arm abwärts, über Hand und Fingerspitzen hinaus; bei letzteren in der Strichführung etwas schneller werdend. Hierauf eine Schleuderbewegung der Hand und Atem anhalten. Den Vorgang siebenmal mit *direkter* Berührung von Hand und Arm und ebenso oft mit „*Schwebestrichen*". Abstand vom Körper bis zehn Zentimeter und mehr.

Striche entlang des rechten Armes: Auf die gleiche Weise mit der linken Hand.

Striche entlang des ganzen Körpers: Anschließend beide Arme im seitlichen Bogen hochführen — dabei einatmen! — in Gesichtshöhe kreuzen, Handinnenflächen in Ohrnähe anlegen, Fingerspitzen an die Schläfen. Atem kurz halten. Ausatmend (!) *seitlich* herunterstreichen über Gesicht, Hals, Brust, Leib, Schenkel, Füße. Zuletzt wiederum in der Strichführung schneller werdend. Arme nach der üblichen Abschleuderungsbewegung abermals im Seitenbogen hoch, kreuzen und Innenhandflächen vorne auf das Gesicht. Strichführung die *Vorderfront* des Körpers entlang, vom Kopf zu den Füßen im bekannten Atemrhythmus. Abwechselnd je siebenmal seitlich und vorne bei *direkter* Berührung und ebenso oft mit „*Schwebegriffen*". Bei Zeitmangel begnügen wir uns mit je drei Strichen.

Einflussnahme auf Hinterhaupt und Stirn: Linke Hand flach an die Stirn, rechte auf den Hinterkopf. Wir schließen dabei die Augen oder richten diese unverwandt auf einen Punkt an der Wand oder auf die Nasenwurzel. Mit der Vorstellung der Kraftmehrung und Harmonisierung atmen wir gelassen siebenmal aus und ein. Nachfolgend Schüttelbewegung der Hände.

Einflussnahme auf den Solarplexus: Sodann Linke auf die Magengegend, Rechte flach gegenüber auf den Rücken.

Striche entlang des ganzen Körpers ohne Berührung (Schwebegriffe). Ganz dicht in Körpernähe beginnen und mit jedem Strich den Abstand vergrößern, so weit es die Arme gestatten. Finger etwas spreizen und einkrümmen. Vorder- und Seitenfront: nach Maßgabe der zur Verfügung stehenden Zeit je sieben bis einundzwanzig Striche.

Schließen des Stromkreises: Schweigend im drei- (oder sieben-) maligen Atemrhythmus verharren, durchdrungen von dem Bewusstsein, dass die odmagnetische Strahlkraft um ein Bedeutendes zugenommen hat und dass uns mit jedem automagnetischen Exerzitium dieser Zuwachs in Beruf und Privatleben immer trefflicher zustatten kommt.

Eine zweite Art der Selbstmagnetisation

Im Liegen. Kopf: Norden. Füße: Süden. Augen geschlossen Arme beiderseits des Körpers. Etwa fünf Minuten Entspannung und Meditationsatem. Sodann linke Innenhandfläche auf die Stirn, rechte auf den *Solarplexus*. (Griffe dürfen auch umgekehrt erprobt werden.) Weiter verharren in Entspannung und Meditation mit dem Gefühl von *Ruhe — Kraft — Harmonie*. Wieder fünf Minuten lang.

Hände gekreuzt an die Stirnseiten. Strichführung langsam bis zu den Knien. Hände abschütteln und im weiten Bogen zurück zur Ausgangsstellung.

Atmung während des Streichens: Strich 1—5: Ausatmen, dabei alles Schlechte an Strahlung, an Disharmonien bewusst hinwegatmen. Strich 6—11 (steigern späterhin bis zu 24 Striche) einatmen.

Kraftaufnahme: Freudig erfühlen, wie die odmagnetische Kraft sich mehr und mehr steigert.

Linke Hand ins Genick (Kleinhirngegend) legen (oder Stirngriff). Rechte Hand: Herzgegend. Fingerspitzen der Rechten weisen zur linken Schulter. Fünf Minuten. Stromkreis schließen.

Diese Praktik gleicht polare Spannungen aus, beseitigt körperliche und seelische Dissonanzen. Wir nehmen sie vor nicht nur morgens oder abends, sondern auch tagsüber, immer dann, wenn Übermüdung, Aufregung oder sonstige Misshelligkeiten einen

Kräfteverlust bedingen.

Bewusstes Ansaugen der Ätherkräfte

Wirksamer noch freilich ist die Selbstmagnetisation, wenn wir es mit unseren Kräften allein nicht bewenden lassen, sondern diese von außen her verstärken.

In diesem Fall saugen wir im Augenblick des Hochhebens mit den Handflächen ätherische Kraft ein, fausten die Hände, führen sie herab zum Körper, öffnen sie und strahlen während des Streichens die daselbst aufgespeicherten Feinkräfte über. Viel hängt hierbei von einer geschulten Imaginationskraft ab.

Von Nutzen ist eine Verbindung mit der Sonnenprana-Übung. Mit dem Runenweistum Vertraute verstärken ihr magnetisches Spannungsfeld durch Runenkräfte, indem sie ganz einfach die automagnetische Praktik mit entsprechenden Runenübungen verbinden, vor allem mit jenen der Is- und der Man-Rune, wie wir in einem Beispiel weiter hinten zeigen werden. [1]) Je ausdauernder wir üben, desto mehr an „persönlichem Magnetismus“ erreichen wir.

Reinigung (Entodung) der Aura

Wie Hellseher wahrhaben wollen, hängen sich an unseren Ätherleib, vorwiegend an die den Körper überragende Gesundheitsaura, zahlreiche fluidische Gebilde, anzusehen wie Disteln; zumeist ausgeschiedene ätherische Substanzen anderer Menschen, die wir im Verkehr mit diesen auffangen. Hochsensitiven bereiten derlei Fremdstoffe nicht selten unerklärliche Unruhe.

Solche die Aura verunreinigenden Fluide entfernen wir rasch durch einige sachgemäße Striche, denen wiederum gründliche körperliche Reinigung vorausgeht.

Wir stellen uns aufrecht hin, gleichen alle muskulären Spannungen aus und atmen tief und voll in gewohnter Weise aus und ein. Nunmehr gehen wir in *Hockstellung*. Die Fingerspitzen berühren bei seitlich angelegten Armen den Boden, die

1) Weiteres hierüber: Karl Spiesberger „Runenexerzitien für Jedermann“.

Handrücken leicht an die *Füße*. Tief einatmend richten wir den Körper allmählich auf und führen einen demagnetisierenden Strich (Abstand 5—20 cm) *seitlich* bis zu den Schläfen und über den Kopf hinaus. (*Handrücken* weisen zum Körper!)

Arme im weiten Außenbogen zur Ausgangsstellung (Schleuderbewegung nicht vergessen)!

Handrücken an die *Fersen*. Über Waden, Gesäß streichen wir zum Rücken hin, unter den Schultern hindurch, hinauf zu Nacken und Hinterhaupt.

Handrücken vor die *Zehenspitzen*. Wieder tief einatmend streichen wir an der *Vorderfront* des Körpers hoch, über Gesicht und Kopf hinaus.

Den gesamten Vorgang wiederholen wir fünf- oder siebenmal. Die plastische Vorstellung ist auf Beseitigung aller störenden, verunreinigenden Fluide und psychischen Fremdstoffe gerichtet. Zweckmäßig ist es, die Hände über einer Schüssel Wasser abzuschütteln. Abschließend Hände gut säubern und Körper einölen.

Die Aura sollte jeden Morgen und Abend gereinigt werden, zwischendurch dann, wenn wir uns in engem Kontakt mit vielen Menschen befunden haben (Verkehr, Theater, Kino, Versammlungen). Eine andere Form der Od-Reinigung ist das *Abstreichen*:

Bei mäßig gespreizten Fingern streicht man dicht in Körpernähe — beim Kopf beginnend — *abwärts* zu den Füßen. Handinnenflächen dem Körper zugewandt. Die Striche führt man nach allen Seiten hin, soweit man eben reicht. Körperrückseite vom Rücken abwärts über Gesäß, Schenkel, Waden. Für jede Körperstelle genügt ein Abstrich. Auf ähnliche Weise ist *gegenseitiges* Entoden möglich.

Odmantel

Eine bewährte Methode, die odmagnetischem Kräfteverlust vorbeugt und vor eindringenden schädlichen Fluiden schützt; sie setzt allerdings eine stark entwickelte Imaginationsfähigkeit voraus.

a) Dreimalige Vollatmung bei gelockerter Körperhaltung. Einstellung auf Abschließung, Schutz und Abwehr.

b) Arme seitlich hochführen. Hände, etwa zwei Zentimeter vom Scheitel entfernt, übereinanderlegen. Linke Handfläche auf dem Handrücken der Rechten. Augen schließen. Bei jeder Ausatmung stellen wir uns bildhaft vor, wie das Od dem Scheitelpunkt entströmt und sich zwischen Kopf und Handflächen ballt. Sensitive werden dabei ein verstärktes Wärmeempfinden wahrnehmen.

c) Nach erneuter Tiefatmung die Luft anhalten und das angesammelte Od noch mehr verdichten, hernach ausatmen und das Od mit den Händen in ungefähr zehn Zentimetern Abstand den Körper entlang führen, diesen gewissermaßen damit wie mit einer Wolke umhüllen. Die Fingerspitzen weisen zueinander. Mittelfinger berühren sich fast. Bei den folgenden Abstrichen darf sich der Abstand der Hände vom Körper bis zu zwanzig Zentimeter und mehr entfernen, so, als wolle man Odschicht auf Odschicht um ihn legen.

Strichführung:

Erster Strich bis zur Schulter,

Zweiter Strich bis zum Solarplexus,

Dritter Strich bis zu den Füßen (Hocksitz).

Insgesamt drei- bis fünfmal wiederholen. Strichführung stets unter Ausatmung. Den Odstrom um den ganzen Körper leiten. Richtig durchgeführt, wird uns am Schluss der Übung das Gefühl beseelen, von einem undurchdringlichen Panzer umgeben zu sein, den nichts uns Schädliches zu durchbrechen vermag.

Verstärkung der Odhülle:

a) Bestrahlen der wichtigsten Zentren (in zehn Zentimetern Abstand) mit den Fingerspitzen. Polarität beachten! Wichtig sind: Scheitelpunkt, Nasenwurzel, Herz, Solarplexus, Sexualzone; also überall, wo sich Chakras befinden.

b) Mit mehrmaliger dynamischer Tiefatmung die Übung beenden und mit dem aus der Luft aufgenommenen Prana die odische Schutzhülle verstärken, was auch in Verbindung mit Runen anzuraten ist.

c) Formung einer Körper und Aura umschließenden eiförmigen undurchdringlichen Schale mit Hilfe der plastischen Bildekraft des Gedankens.

Immer wenn wir uns unter Menschen begeben, vornehmlich jedoch vor wichtigen Zusammenkünften, Aussprachen und dergleichen, darf der Odmantel nicht fehlen.

Odschutz während des Schlafes

Mehr als wir ahnen, sind wir im Schlaf unkontrollierbaren Einflüssen ausgesetzt. Ehe wir einschlafen, konzentrieren wir uns daher auf Abwehr alles Negativen, von woher es immer kommen möge.

Wir schließen den Stromkreis. Rechte Innenhandfläche auf das Sonnengeflecht, und zwar in einem Abstand von zehn Zentimetern. Linke auf den Rücken der Rechten. Wir lassen Od der Magengegend entströmen, stauen es auf bekannte Weise sieben Atemzüge lang.

Kraft unserer Vorstellung teilen wir das Od in *zwei* Ströme. Den einen Odstrom führen wir aufwärts zu Brust und Kopf und leiten ihn über das Hinterhaupt weiter in die Nacken- und Rückengegend; den anderen weisen wir den Weg hinab zu den Füßen und hinten über Kniekehlen und Gesäß empor, ebenfalls zum Rücken, wo beide Ströme sich vereinigen. Mit jeder Ausatmung weiten wir das fluidische Feld um den Körper, bis es schließlich das ganze Lager erfüllt. — Zu beachten bleibt, dass die Hände *unverändert* über dem Sonnengeflecht ruhen.

Nach kurzer Entspannung mit der Gewissheit des Geschütztseins in den Schlaf übergehen.

Odreinigung (Entodung) von Gegenständen

Zu wenig ist es bekannt, dass leblose Dinge, vornehmlich wenn Sie mit kranken oder uns übelgesinnten Personen in enger Berührung gestanden haben, uns sehr schädlich sein können. Der

Odlehre zufolge lassen sich Gegenstände ebenso behandeln wie lebende Geschöpfe. Man kann ihre odische Hülle reinigen und aufladen. Es ist gut, von Zeit zu Zeit wichtige, in unserer Umgebung befindliche Objekte zu entoden. Eine höchst einfache Manipulation:

Sie legen das in Frage stehende Objekt vor sich auf eine vorher gleichfalls entodete Unterlage. Empfohlen wird, mit nach Süden gewandtem Gesicht. Nun streichen Sie mit der rechten Hand — Handteller dem Objekt zugekehrt — von rechts nach links über den Gegenstand, ohne ihn zu berühren. Dabei konzentrieren Sie sich ausschließlich auf Wegnahme fremden Ods, das dem Objekt möglicherweise anhaftet. Mit ganzer Kraft saugen die Hände das nicht zu diesem gehörende Fluid an und geben es beim Abschleudern wieder von sich. Stets unter Berücksichtigung der bekannten Atemfolge.

Größere Objekte reinigen wir am besten mit beiden Händen. Zweckmäßig ist es hierbei, die aneinandergelegten Innenhandflächen über die Mitte des Gegenstandes zu halten und nach rechts und links, je mit einer Hand, einen kräftigen Strich zu führen und diese Prozedur ein paarmal zu wiederholen.

Bei einer dritten Art Entodung werden nicht die Handflächen, sondern die Fingerrücken in der ganzen Länge aneinandergelegt. Die Fingerspitzen weisen also demnach zur Brust. Ansonsten ändert sich an dem Vorgang nichts. Wo es angängig ist, setze man das zu entodende Objekt eine Zeitlang bewegter Luft oder fließendem Wasser aus. Beiden Elementen eignet in diesem Zustand eine stark entodende Wirkung.

Einodung von Gegenständen

Laden wir jetzt einen beliebigen Gegenstand mit unserem Strahlungsinfluxus auf.

Einige rhythmische Atemzüge lockern die Odkraft des Körpers, welche unsere wohl nun hinlänglich geschulte Vorstellungskraft in die Handflächen leitet.

Während der Einatmung ruht die Rechte (bei größeren Gegenständen beide Hände) einige Zentimeter über dem Objekt und verbleibt darüber während der kurzen Atemstauung, derweilen sich in Hand und Fingerspitzen das Od weiter verdichtet.

Ausatmend strömt das so aufgespeicherte Fluid auf das Objekt über. Nach dem üblichen Abschütteln kehrt gefaustet die Hand zur Ausgangsstellung zurück und die Prozedur nimmt ihren Fortgang. Eine fünf- bis siebenmalige Wiederholung genügt in der Regel.

Manche berücksichtigen hierbei die den Geschlechtern zugrunde liegenden kosmischen Urzahlen, für den Mann fünf und ihre Steigerung, für die Frau die Sieben und ihr Vielfaches.

Kleinere Gegenstände hält man zweckmäßig in der geballten Faust und durchtränkt sie mit Od.

Hände stets locker im Gelenk. Bei größeren Objekten ist darauf zu achten, dass beim Bestreichen auch tatsächlich die gesamte Fläche miteinbezogen wird.

Während der Einatmung empfiehlt es sich, zwecks besserer Konzentration, die Augen zu schließen; öffne sie aber beim Ausatmen und richte zugleich unverwandt den Blick auf den behandelten Gegenstand.

Als sehr wichtig wird erachtet die *bewusste Lenkung* des in spiralenartigen Schwingungen entstrahlenden Odstromes. Bei ungenügendem Konzentriertsein verlieren — wie Beobachtungen Sensitiver ergeben haben — diese Strahlen sofort nach Austritt an Spannung. Die Spiralen wickeln sich auf und verflüchtigen alsbald nach allen Richtungen. Nicht jedoch bei gewolltem Aussenden, wo die odischen Spiralen wesentlich kleiner und dichter sind. Sie verlaufen streng geradlinig in der ausgesandten Richtung.

Bildhaftes Gestalten ist das A und das O!

Magnetisieren von Gegenständen

Hierbei spielt zum Unterschied vom gewöhnlichen Einoden die *Polarität* die ausschlaggebende Rolle.

Positiv zu ladende Objekte ruhen in der linken Hand und die *rechte magnetisiert*.

Bei *negativer* Aufladung wechseln die Hände.

Laden wir als Beispiel ein Glas Wasser positiv. Demzufolge steht es auf dem linken Handteller. — Die leicht gespreizten Finger der Rechten darüber berühren beinahe den oberen Glasrand.

Bei jedesmaligem Ausatmen pressen wir mit stärkster Konzentration bei entsprechender Wunschvorstellung die magnetische Lebenskraft in das Wasser.

Nach fünf- oder siebenmaliger Wiederholung heben wir die Finger um einige Zentimeter und vollziehen obige Prozedur abermals. Hierauf streichen wir — ausatmend — einige Male knapp über die Oberfläche des Glases, wiederum das magnetische Fluid gleichsam in das Wasser hineinpressend, wobei sich die gespreizten Finger allmählich schließen und nach Beendigung jedes Striches fausten, die Arme im üblichen Außenbogen ausholen und zum Versuchsgegenstand zurückkehren. — Diese Strichführung einundzwanzigmal oder noch öfter.

Anblasen verstärkt den übertragenen Magnetismus. (*Hauch*: warm, *positiv* — Blasen: kalt, *negativ*.)

Wasser, positiv behandelt, wirkt anregend; negativ magnetisiert, wirkt beruhigend.

REICHENBACH und seine Anhänger weichen in der Beziehung der Polaritätsunterschiede ab. Rechts gilt ihnen Od-negativ, links Od-positiv.

Verschiedentlich stößt man auf die Ansicht, dieser Widerspruch erkläre sich durch die geschlechtlich bedingte, anders geartete, odmagnetische Lagerung. Der Mann schwingt so gesehen rechts positiv, links negativ; umgekehrt die Frau.

Der Pendelforscher A. FRANK GLAHN vertrat eine jedem Menschen eigene doppelte Polarisation. Die allgemeine, sich bei Mann und Frau gleichbleibende odpolare Strahlung und eine Mann und Weib eigentümliche Geschlechtspolarisation.

Um die Stärke des eigenen Strahlungsvermögens festzustellen, wird oftmals zu folgendem Versuch geraten:

Man nehme drei gleiche Blumenstöcke. Täglich magnetisiere man den einen *positiv*, den anderen *negativ*, indes der dritte *unbehandelt* dem natürlichen Wachstum überlassen bleibt. Es ist selbstverständlich, dass ansonsten die Bedingungen für jeden Stock die gleichen sein müssen. Nach einigen Wochen wird sich der Erfolg abzeichnen.

Nach jeder Einodung oder magnetischen Manipulation gleiche man die Kraftabgabe aus durch Tiefatmung, Prana- oder Runenübung.

Pendelprobe

Selten nur sicherlich sind Sensitive zur Stelle, die am Geschmack des Wassers die Stärke der magnetischen Ladung feststellen oder gar im absolut dunklen Raum das odische Leuchten erblicken; leichter entschieden zu prüfen sind odbehandelte Gegenstände mit dem *siderischen Pendel*. Obzwar nicht jeder von uns pendelfähig ist, gibt es doch sehr viele, die sich dieser Gabe erfreuen.

Die Probe ist schnell gemacht.

Ein Ring ohne Stein und ein glatter Faden von zwanzig Zentimeter Länge daran geknüpft, genügen vorläufig vollauf. Später freilich ist es besser, sich einen regelrechten Pendel anzuschaffen.

Das Fadenende wird mit Zeigefinger und Daumen der Hand gehalten. Es darf auch um das Nagelglied eines der Finger geschlungen werden. Am besten, man probiert die Pendelgriffe der Reihe nach aus.

Nun halten wir Ring oder Pendel über den Gegenstand, den wir einzuoden oder zu magnetisieren wünschen und fragen nach der Stärke unseres Odes, das ihm anhaftet. Der Ausschlag dürfte nur gering sein, insbesonders, wenn wir das Objekt nicht zu oft berührt haben.

Nach der Einodung stellen wir die gleiche Frage bei gleicher Pendelhaltung. Jetzt wird es sich zeigen, wie stark die soeben übertragene Odmenge das Pendel beeinflusst.

Ehe wir einen Gegenstand von *fremden* Fluid reinigen, fragen wir nach dessen Stärke das Pendel. Sehr wahrscheinlich wird er in mehr oder weniger starke Schwingungen geraten. Nach vollzogener Entodung jedoch — sofern diese eine gründliche war — wird ihn nichts aus seinem Stillstand bringen.

Voraussetzung sind Entspannung, absolut ruhige Handhaltung und Ausschaltung aller das Experiment beeinträchtigenden Gedanken, das heißt, *nichts darf erwartet werden!* Bei völliger Gedankenruhe überlässt man nach Fragestellung das weitere dem Pendel.

Man fasse sich in Geduld falls die Pendelversuche nicht sogleich glücken wollen, nur wenn sich nach wiederholtem Experimentieren das Pendel noch immer nicht rührt, muss man sich leider als pendeluntauglich betrachten. Sicherlich besteht selbst dann noch bei diesem oder jenen Aussicht, mit zunehmender Sensibilität pendelfähig zu werden. Durchweg aber dürfte es nicht allzu schwer sein, in unserem Bekanntenkreis jemand Geeigneten zu finden, der für uns die Pendelkontrolle besorgt. Wir interessieren ihn für diese Experimente, ohne ihn jedoch in unsere eigentliche Schulung einzuweihen. Eisern schweigen wir weiterhin über den Weg, der uns hinausführt aus der Masse; worunter unter letzterer nicht etwa der sogenannte „gemeine Haufen“ zu verstehen ist. Zur Masse zählt alles, was sich dem Herkömmlichen fügt, mag es in der Welt noch so pompös dastehen, noch so klingende Namen tragen. Reichtum, Position, akademische Würden entheben der Vermassung nicht.

Wer sich als pendelfähig erweist, kultiviere diese Gabe. Das Pendel gibt Auskunft im Bereich des Anorganischen wie Organischen. Es unterscheidet den naturgewachsenen Edelstein vom synthetischen, und sei die Nachahmung die denkbar Raffinierteste. Es zeigt die Stärke unserer Lebenskraft an, die Schwingungen der Chakras, stellt Krankheitsherde fest, sagt, ob das in Aussicht genommene Heilmittel auch wirklich uns zuträglich ist, entlarvt den Charakter bis in das Intimste; Sympathie, Antipathie, Liebesneigung: dies alles und noch mehr entgeht ihm nicht.

Es würde den Rahmen vorliegender Schrift sprengen, wollten wir noch die Pendellehre in allen notwendigen Einzelheiten miteinbeziehen. Dafür enthält unser Lehrgang alles an Wissens- und Übenswerten, was ein tüchtiger Pendler als Vorbereitung bedarf. Weitere Übungen erübrigen sich dann. Eine umfassende Praxis habe ich in einen alle Sparten der Pendelkunst umfassenden Lehrkurs zusammengefasst. [1])

Aufnahme der erdmagnetischen Ströme

Verschiedenerlei Strahlungskräfte haben wir aufnehmen gelernt, von den Kräften der Tiefe wurde bisher geschwiegen. Nicht grundlos. Mit einiger Vorsicht verbinde man sich mit den erdmagnetischen Strömen. Niemals überlade man sich damit. Die folgenden Praktiken sind mehr für die spätere Entwicklung gedacht, wenn das Vorangegangene schon den erwünschten Erfolg gezeitigt hat.

Haltung: Beine etwas gespreizt; die nackten Füße, mäßig nach außen gerichtet, fest auf dem Boden. Womöglich auf frisch umgegrabener Erde zur Frühlingszeit. Einige Autoren empfehlen auch das Ufer von Teichen. Man meide jedoch Fluss- und Seesand. Bekleidung nur soweit es die Umstände erfordern. Einleitend dreimal tief aus- und einatmen.

Vokal U in der Ur-Runenstellung neunmal singen. Körper sodann aufrichten und wieder dreimalige

Tiefatmung. — Erneute

Ur-Rumpfbeuge, zugleich Fußspannen mit den Händen fest umschließen (Daumen fassen die Innenseite, die übrigen Finger die Außenseite der Füße) und tief aus- und einatmen. Darauffolgend:

1. Magnetischer Strich: Hände vorne, an die Schienbeine, langsam hochführen bis zu den Knien, diese eine Zeitlang umfassen.

   Plastische Vorstellung: Ansaugen der in die Sohlen einfließenden erdmagnetischen Ströme und hochführen derselben in die Knie.

   Ohne Aufrichten einmal tief aus- und einatmen. Abermalige Rumpfbeuge und Kontaktschluss mit den Füßen.

---

1) Karl Spiesberger: „Der erfolgreiche Pendelpraktiker“, III. Auflage.

2. Magnetischer Strich: Hochführen der Hände *seitlich* an den Waden bis zu den Knien. Einige Sekunden verharren. Konzentration und Atmung wie zuvor.
3. Magnetischer Strich: Hochführen der Hände hinten an den Waden wieder bis zu den Knien. Verharren, Konzentration, Atmung und
4. Magnetischer Strich: Bei den Füßen beginnend, *seitlich* (*innen*) zu den Knien. Daselbst die aufgenommenen Erdkräfte einstrahlen; aufrichten, einige Tiefatemzüge, Hände gut ausschleudern und *Rumpfbeuge* mit *Händen an den Knien*. Die dort aufgespeicherte Kraft wird mit

direktem magnetischen Strich zum Sexus geführt. Fluidalkraft mit beiden nebeneinander aufgelegten Händen einstrahlen. Geneigte Körperhaltung, Kopf leicht senken, stärkste Imagination. Oberkörper aufrichten; Tiefatmung; Schleuderbewegung der Hände. Strichführung zum Sexus insgesamt dreimal.

Anschließend Rumpfbeuge, Hände auf den Sexus und

magnetischer Strich über die *Leistengegend*, um den Leib bis zum *Solarplexus*.

Hände fest auf die Magengegend, Finger weisen nach unten. Das vom Sexus weitergeführte Fluid kräftig einstrahlen. Strichführung zum Sonnengeflecht insgesamt neunmal. Körper hochrichten und *I-Übung neunmal*.

Noch ausgeprägter ist die Wirkung, wenn anstelle der I-Übung der Runenlaut Is in verlängerter Allschaltung und anstatt des U-Vokales Ur tritt.

Die günstigste Zeit zur Aufnahme der erdmagnetischen Ströme, der „Kräfte des Erdgeistes", sind die Nächte der zunehmenden und der vollen Mondscheibe. Richtung nach Norden oder dem Mond zugewandt.

Vorschrift ist, das Exerzitium drei Nächte hintereinander zu vollziehen. Es genügt für die nächsten vier Wochen.

Wer es nicht anders einzurichten vermag, kann die erdmagnetischen Ströme tagsüber aufnehmen. Nie jedoch bei vollem Magen üben und stets in harmonischem Gleichgewicht. Die Strichführung sollte des Weiteren — wie beim Selbstmagnetisieren — mit und ohne körperlichen Kontakt vollzogen werden, um so gleichzeitig die Aura verstärkt aufzuladen.

Selbstmagnetisieren auf runischer Basis

Wir sind Akkumulatoren subtilster Kräfte; sind zugleich jedoch zu steter Kraftabgabe gezwungen. Nicht allein Magnetisieren, hypnotische und andere parapsychische Experimente verbrauchen ein Erhebliches an psychischer Energie; ebenso wohl bedingen berufliche Leistungen wie jede Betätigung, gleichgültig auf welchem Gebiet, einen mehr oder minder großen Verschleiß an Kraft.

Mit einer stattlichen Reihe von Aufpolungsmöglichkeiten sind wir inzwischen bekannt geworden. Angefangen von der einfachen Entspannung bis zu den Praktiken der Lautübungen und des Automagnetismus.

Anschließendes Exerzitium der Kraftspeicherung, mehr für den Fortgeschrittenen gedacht, ist eine Synthese von dynamischem Atem, runischen Feinkrafteinflüssen und Selbstmagnetisation.

Vorbereitung: Entodung der Aura; Entspannung in Sie-Runenlage (waagrecht).

1. Is-Runengrundstellung bei entblößtem Körper. Drei tiefe Vollatemzüge. Sodann *linke* Hand *rechts um den Nabel führen* während der Dauer von drei weiteren Vollatemzügen, mit der Vorstellung, das Sonnengeflecht komme dadurch in stärkere Funktion, sein Fluid kreise rechts.

   In der Phase der Einatmung *ruht* die Hand über dem Solarplexus. Die Rechte befindet sich ununterbrochen gegenüber fest auf dem Rücken.
2. Erneut voll einatmen und Luft anhalten, solange dies ohne Anstrengung möglich ist; abermals drei Kraftatemzüge, wobei das im Solarplexus eben eingesogene Prana aufgespeichert wird. Man stelle es sich ebenfalls in lebhaft kreisender Rechtsbewegung vor. Die Hände ruhen indes fest auf *Nabel* und *Rückgrat*.
3. Handhaltung *wechseln*. Demnach Linke auf die Rückenflä-

che, Rechte — während dreier Tiefatemzüge — linksherum kreisend über die Nabelgegend mit der Vorstellung: nunmehr schwinge die fluidale Kraft im Sonnengeflecht *linksherum.*

4. Dasselbe wie bei zwei.
5. Arme ab zur Is-Grundstellung. Dreimal — nach vorheriger Einatmung — I oder Is singen oder summen.
6. Hände in die Hüfte stützen, und zwar so, dass sich die beiden *Mittelfinger* rückwärts in *Steißbeinnähe* treffen, die *Daumen* hingegen, nach vorne weisend, auf den *Hüftknochen* ruhen. Aus dieser Haltung heraus:
   a) Ruckweise einatmen und ebenso ruckweise die Hände soweit es geht, das Rückgrat hochführen; ruckweise ausatmen und Hände ruckweise abwärtsführen. Stärkste Konzentration auf *Belebung des Sympathikus.*
   b) Einatmen. Luft anhalten und während der Atemstauung *langsames Auf- und Abstreichen der Hände längs des Rückgrates.* Wir stellen uns dabei lebhaft vor, wie die Fluidalschwingungen des Sympathikus in schlangenartige Bewegung geraten und von einem feinen Kraftstrom vom Solarplexus her verstärkt werden.
7. *Man-Runenstellung.* Dreimal das Runenwort Man singen und den Man-Runenstrom zum Sympathikus leiten.
8. Linke auf die Brustmitte („Herz Jesu"). Rechte auf den Rücken. Konzentration während dreier Atemzüge auf den, infolge magnetischer Strichführung und Aufnahme der Man-Wellen, in starker Schwingung befindlichen Sympathikus.
9. Wieder Einnahme der Man-Runenstellung wie bei sieben.
10. *Linke* auf die *Stirn*, *Rechte* auf den *Hinterkopf.*
    a) Die rechte Hand kreist über die Stirn.
    b) Die Linke rotiert, die Rechte ruht. (Kreisrichtung wie bei eins und zwei.)
    c) Beide Hände rotieren in der ihnen gemäßen Richtung. (Sofern es der Sensitive verträgt.) Vorstellung: Das Fluid der Zirbeldrüse kreist lebhaft.
11. *Is-Runenschaltung* (Verlängerte Allschaltung).

a) Aufnahme der Is-Runenkraft; gleichzeitig I oder Is innerhalb dreier Vollatemzüge singen oder summen.
b) Runenpose beibehalten. Einatmen unter I-Vorstellung, Atem anhalten und Arme vor dem Gesicht kreuzen; magnetischer Strich bis zu den Füßen und wieder zurück zur Allschaltung.
c) Einatmen unter I-Konzentration. Atem innerhalb des Möglichen anhalten mit dem Bewusstsein, die Zirbeldrüse gerate in immer stärkere Schwingung.
d) Arme nehmen die Man-Haltung ein. Einatmen auf M oder Man; Atem anhalten und das kreisende Strömen in Sonnengeflecht, Sympathikus und Zirbel erfühlen. Abermals auf M oder Man einatmen. Arme kreuzen und — kaum hörbar M oder Man singen — magnetischer Strich hinab zu den Füßen.

12. *Is-Grundstellung.*
a) Ruhig atmen und die runisch-magnetischen Ströme erfühlen, wie sie in Körper und Aura kreisen, dabei sich selbst als mächtigen Sender empfindend.
b) Arme langsam hochführen zur Allschaltung (Handflächen weisen nach vorne!). I oder Is singen, summen oder lautlos denken.

Nunmehr konzentrieren wir uns auf einen bestimmten Zweck, auf ein Vorhaben, das viel von uns verlangt. Bedürfen wir starker Willensimpulse, so denken oder sprechen wir mantrisch:

„Ich bin ein strahlendes Willenskraftfeld.
Mein Wille dominiert“,

und drehen uns dreimal dabei im Kreis.

Oder: Falls wir jemanden unsere Kraft zu übertragen wünschen (Heilmagnetismus!):

„Meine odmagnetischen Ströme beginnen zu
kreisen, sie strahlen, wohin ich sie lenke,
verantwortungsbewusst.“

In diesem Fall stellen wir noch dazu die Rune Thorn: (Is-

Grundstellung, linker Arm im Ellbogen gewinkelt, Innenhandfläche fest an die Hüfte, Handteller umfasst den Hüftknochen.)

13. *Sie-Runenlage* abschließend einige Minuten. Einstellen auf Stille und Schweigen.

Im Vollbewusstsein der aufgenommenen Kraft gehen wir sodann mit neuem Eifer an unsere Arbeit oder wir begeben uns zu Bett mit der Gewissheit, kraftgeladen am nächsten Morgen zu erwachen, sprühend vor Lebenslust, des Erfolges gewiss.

XIV

Das Schicksalsproblem

Vom Wert der Astrologie
Parallelgeburten — paralleles Erleben?
Dennoch freie Schicksalsgestaltung

Vom Wert der Astrologie

Pläne, noch so durchdacht, sicher das Lebensschiff durch alle Fährnisse zu lenken, versagen. Trotz erprobter Schulung will es zu Zeiten nicht klappen. Wo liegt da der Fehler?

In ständigem Wechsel von Auf und Ab verfließen die Tage. Wer rückblickend sein Leben durchforscht, sieht in bunter Folge Fehlschlag und Glück aneinander sich reihen; scheinbar jeder Lebenskunst spottend.

Weiß doch jeder, es gibt Tage zuweilen, wo selbst bei positivster Einstellung alles schief zu gehen droht. Dinge, spielend sonst gemeistert, zeigen sich mit einem Male widerspenstig. Ganz verändert ist plötzlich die Umwelt. Missverständnisse hier, Disharmonien dort. Letzter Selbstdisziplin bedarf es, sich in dieser kritischen Atmosphäre zu behaupten. Der herkömmliche Wille fruchtet so gut wie nichts.

Soviel steht fest, wir müssen gewisse Strömungen in unsere Lebensrechnung einbeziehen. In neuerer Zeit hört man viel von den Biorhythmen, periodisch wechselnde Erlebenskurven von Hoch und Tief. Und urgrau ist das Wissen um die planetarischen Einflüsse. Mögen viele esoterische Behauptungen Hypothese bleiben, da sich empirische Beweise oft sehr schwer nur oder überhaupt nicht erbringen lassen; anders bei der Astrologie, die ohne Beweisführung gar nicht denkbar wäre. Hätte sich ein Wahn, den das Leben täglich zu widerlegen imstande ist, Jahrtausende forterben und die größten Geister bewegen können, bis in unsere Zeit hinein?

Kein Wissensgebiet, das so universell jegliche Zweige des menschlichen Seins umschließt, vom Einzelgeschick bis zu den Völkerschicksalen; hinweisend zu den schaffenden Urkräften interplanetarer Weiten.

Wir alle sind Produkt der Sterne; besser vielleicht: kraft einstmals gewirkten Karmas formen die Planeten unseren Charakter, legen in uns Vorzüge, Schwächen, Fähigkeiten, Verketten uns mit der Umwelt, bestimmen Aufstieg, Niedergang. Unser ganzes Tun hat engste Beziehung zum Kosmos.

Die Sterne sind der Kompass, der uns die Gezeiten des Schicksals anzeigt.

Schon die gebräuchliche Horoskopie, *sinnentsprechend* angewandt, ist ein brauchbarer Faktor im Lebenskampf. Ein mir gut bekannter Astrologe zählt seit Jahren schon zu seinen Klienten durchweg nüchterne Geschäftsleute, denen es ausschließlich um den materiellen Vorteil geht. Also muss an der Sache etwas sein, sonst würden diese Businessmänner keinen Pfennig dafür opfern.

Jeder sollte eigentlich um seine Sterne wissen. Mancherlei ist aus der Grundkonstellation zu ersehen. Die Charakterveranlagung ziemlich eindeutig sogar. Sie zeigt offenkundig, wo der glättende Meißel am „rauhen Stein" anzusetzen ist. Auch über die Körperkonstitution wird uns Aufschluss zuteil. Latente Leiden sind an der Wurzel zu erkennen. Freilich hält der orthodoxe Mediziner nichts davon, obzwar manch tüchtiger Arzt, ohne begreiflicherweise davon Aufhebens zu machen, längst den kosmischen Faktor seiner Diagnose zugrunde legt.

Wer die laufenden Gestirne in ihren Übergängen und Winkelbildungen zum Geburtshoroskop beobachtet, weiß, ob er sich in einer kosmischen Schönwetterperiode befindet oder ob ein bedrohliches Tief aufzieht. Mit zunehmender Reife wird er sich — bis zu einem gewissen Grad zumindest — gegen Widrigkeiten abschirmen lernen. Dass dies möglich ist, habe ich an mir selbst erlebt. [1])

Im Verkehr mit der Umwelt wird entschieden der besser zurecht kommen, der Einblick hat in die Horoskope seiner Freunde, Mitarbeiter oder Geschäftspartner. Ein tüchtiger Graphologe, ein versierter Pendler tut noch ein Übriges.

So wird manches verhindert, sofern es das Karma zulässt. Eine Vergleichsanalyse zwischen dem eigenen Geburtsbild und dem des in Aussicht genommenen Lebenspartners — wenn rechtzeitig angefertigt! — kann oft vor großer Enttäuschung bewahren. Er-

---

1) Karl Spiesberger: „Unsichtbare Helferkräfte."

gänzend wiederum sind vorzügliche Warner Graphologe und Pendler; vorausgesetzt natürlich, dass sie Könner ihres Faches sind.

Mehr Klarheit in jeder Lebenslage wird dem Sternenkundigen und dem, der sich von einem solchen beraten lässt. Sehr, sehr vorsichtig allerdings sei man in der Wahl eines solchen Beraters. Nicht zu Lasten der Gestirne gehen die zahlreichen Fehlprognosen, sie gehören auf das Konto menschlicher Unzulänglichkeit.

Parapsychisch interessierte Esoteriker befragen die Sterne für sich und ihre Mitarbeiter, um die günstigste Zeit für geplante Versuche zu ermitteln.

Weit mehr noch aber kann Sternenwalten uns erschließen: ein neues Weltbild, eine Astro-Religion, in der wir *den Kosmos als großen, beseelten Organismus erschauen, worin die Planeten sichtbarer Ausdruck der dahinter tätigen Logoi sind.*

Wer das erfühlt, vor dem zerstiebt das armselige Weltbild unserer Zeit, an dem sich Millionen Erdverhafteter klammern. Der Masse entwachsen, verlässt er als Sehender die Blinden. Des Lebens ungeheimster Sinn dämmert ihm auf. Ahnend weiß er um Tod und Geburten, um karmische Verstrickung, schaut die Lösung, die befreit von ewiger Wiederkehr. Menschen- und Völkerschicksale verlieren so die Maske der Sphynx. Visionär sieht er das Ringen zwischen dem Oben und Unten, zwischen Theonium und Dämonium. Den immer noch währenden Kampf zwischen Luzifers nächtigem Heer und den Lichtkräften des SONNENCHRESTOS.

Ein heiliges Ziel, zu diesem Erkennen sich durchzuringen. Ein, ach wie fernes jedoch ... Wie wenige nur verfolgen es bis ans Ende.

Parallelgeburten — paralleles Erleben?

Einem oft gehörten Einwurf zuvorzukommen, diese Überlegung:

Täglich werden in gleicher Zone, zu gleicher Stunde, unter gleicher kosmischer Voraussetzung Menschen geboren, und dennoch kein gleiches Schicksal. Himmelweit oft weicht das Erleben all dieser voneinander ab. Zu vereinzelt sind die Sonderfälle, wo gleiche Geburtsstunde gleiches Schicksal ergab, um als Norm zu gelten.

Wobei allerdings nicht bedacht wird, dass sekundengenaue Geburten am selben Ort höchst selten sind. Geographische Verschiedenheiten zweier Orte jedoch hebt die scheinbare Gleichzeitigkeit auf. Schon der minimale Unterschied der Aszendenten von nur einem Grad ergibt nach einem bestimmten Direktionsschlüssel die Differenz von etwa einem Jahr; das heißt, was in dem einen Horoskop heute bereits fällig ist, gelangt in der anderen Nativität, trotz scheinbar gleichen Geburtsaugenblicks, in ungefähr einer Jahresspanne erst zur Auslösung, wo natürlich die mundane Gestirnung längst wieder eine andere ist. Zeitunterschiede von einer Stunde und mehr verändern außer Meridian und Aszendent die Position des Mondes oft einschneidend. Man kann also kaum mehr von Parallelgeburten sprechen.

Schließlich sind des Weiteren in Betracht zu ziehen die Horoskope der Eltern und Großeltern, das soziale Milieu, die heimatbedingte Struktur.

Gestreift sei kurz die Ansicht der Kabbalisten, wonach sich aus den Daten der Geburt und den in Zahlenwerte umgesetzten Vor- und Familiennamen Lebensrhythmen ergeben, die mit den Zahlenrhythmen bestimmter magischer Quadrate korrespondieren. Diese zahlenkabbalistischen Potenzen verflechten sich natürlicherweise mit den astrologischen Prinzipien, so dass sich hieraus ein ganz einmaliges Geschick ergibt, passend nur für diese eine Individualität.

In Horoskopen von Künstlern, Staatsmännern, Forschern, Erfindern finden sich oftmals Signaturen, die auch beim Alltagsmenschen wiederholt auftauchen, dennoch sind hier und dort die Auslösungen himmelweit verschieden voneinander. Dürfen wir aber das Außergewöhnliche mit dem Herkömmlichen vermengen? Vor dem Genie versagen alle Kombinationen, jedwede Regelkünste. Es ist, als ob hinter Raum und Zeit, weit über Sternendiktat und Zahlenmagie hinaus, eine Macht stünde, allen menschlichen Erwägungen spottend, die sich Titanen formt und ihnen ihre Bahnen zeichnet nach unergründlichen Gesetzen. Was ist unser stolzes Wissen im Angesicht des Ewigen?

Verfehlt trotzdem wäre es, auf Weiterentwicklung zu verzichten, bloß weil uns das Letzte vorenthalten bleibt.

Es ist auch kein Beweis gegen die Astrologie, dass es ihr, wie jeder anderen Wissenschaft, an Vollkommenheit gebricht. Dennoch steht kein Wissenszweig dem Urgeschehen so nahe.

Astrologie ist Ringen mit der Gottheit selbst, die in der Sterne Bahn in geheimnisvollen Rhythmen magisch den Sinn des Daseins schrieb.

Die primären Ursachen unserer Rechenfehler liegen sehr wahrscheinlich ganz woanders, tief im Transzendenten.

Bis jetzt haben wir den Horoskopeigner als ein vom Augenblick der Geburt oder dem der Zeugung beginnendes Wesen betrachtet, nicht aber als längst existierende Individualität mit einem Erlebnisschatz von Jahrzehnttausenden. Erst die Reinkarnationslehre macht scheinbar unverdient verleihendes Glück helfender Trigone verständlich, sie nur begründet „unverschuldetes" Leid, scheinbare Folge übler Konstellationen. Sarg und Wiege — Wiege und Sarg, welch lange Kette, ehe der Welt ein Genie geboren wird. Ohne Saat keine Ernte. Auch unser jetziges Leben: Ernte früherer Saaten. Und wieder säen wir. Vergessen wir nicht, dass wir dereinst wiederum ernten werden. Die These von der Erbsünde hat schon irgendwie ihre Richtigkeit.

Einmal erklärte mir ein Anhänger eines sehr dogmatischen Bekenntnisses, der ausnahmsweise der Astrologie nicht feindlich gegenüberstand, die Reinkarnationstheorie müsse unter allen Umständen abgelehnt werden. Die Widerverkörperung bewiesen, bedeute das Ende — nicht etwa der Religion schlechthin — wohl aber das Ende aller auf starre Dogmen fußenden Konfessionen. Hierzu nehme jeder von sich aus Stellung.

Jedenfalls haben wir gesehen, welch eminenter Faktor der Schicksalsforschung zugrunde gelegt werden muss. Jede unserer Prognosen wird vom Irrationalen korrigiert.

Nur die erdverhaftete Persönlichkeit erblicken wir vor uns, die Quaternität, wie sie sich gegenwärtig gibt; verborgen bleibt das Ego, der Manasaputra. Von diesem Bürger geistiger Reiche ist uns so gut wie nichts bekannt. Was wissen wir von unseren vergangenen Existenzen, ob ein Biedermann oder ein Mörder sie gelebt hat. Unbekannt ist uns der Zustand zwischen Grab und Wiege, ob mental-göttlich oder astral-dämonisch.

Hier aber scheint sich das Geheimnis zu bergen, warum an sich gleiche Konstellationen oftmals so grundverschiedene Lebenslagen schaffen. Die Kette der Präexistenzen bestimmt die Oktave der Planeten. Neptun, verleitend in niederer Oktave zu Betrug und Süchten, verleiht in seiner hohen transzendentale Fähigkeiten und mystisches Erleben; Venus in ihrer Tiefe peitscht die Triebe, hochgepolt erweckt sie All-Liebe in dem Gereiften. So schwingt jedes Planetenwesen zwiefach. Stets kommt es auf die Schwingung an, auf die wir reagieren.

Jetzt erscheint es uns wohl keineswegs so abwegig, dass Schicksale wie Charaktergaben selbst bei absolut gleicher Geburtszeit am gleichen Ort verschieden sein können, ja sein müssen. Hier sind es Parallelgeburten — drüben jedoch ...? Und gar erst in den Präexistenzen?

Uralt, weise der eine, und wie unreif am Ende der andere noch. Auf das wahre Ich, auf unser „Geistselbst" kommt es an. Hier gründet sich aller Rätsel Lösung. Wer zum Zentrum dringt, dem entwirrt sich seiner Leben wechselvolle Reihe. Das kleine Ich verschwindet vor jenem Über-Ich, das vielleicht die Pyramiden in ihrem Entstehen schon bestaunte. Die kurze Spanne zwischen Geburt und Grab ist nur ein knapper Ausschnitt eines großen Werdens, einer Daseinsfunktion, die vorübergehend uns an diesen leidgetränkten Erdplaneten kettet.

Von Ewigkeit zu Ewigkeit zieht sich dahin das Leben ...

Dennoch freie Schicksalsgestaltung

Unleugbar ist der Einfluss der Tierkreis- und Planetenkräfte, obschon von vielen noch bezweifelt. Allein deren Denken ist ebenso vorbestimmt im Weltenplan. Noch gebieten die Kosmokratoren Jaldabaoths, des dunklen Gottes, wie die Gnosis lehrt. Kraftvergeudung wäre es, jemanden, dessen Karma tiefere Einblicke verwehrt, überzeugen zu wollen. Inneres Drängen nur führt weg von der Heerstraße des Gewöhnlichen, hin zum Pfad, der dem Joch der Materie entrinnen lässt. Nicht Spott, nicht Zwang noch Gefahr vermögen den Erwachenden abzuhalten von seiner Pilgerschaft ins

Sein.

Allein auch in solchen nagt der Zweifel, brennt die Frage, seit eh und je von Narren und Weisen gestellt:

ob blindes Fatum, ob freier Wille.

Zwei Lager scheiden sich.

Ein einziges Erleben entgegen der bestehenden Gestirnung — so behaupten die einen — und die ganze Sternenkunst ist hinfällig; die anderen dagegen lehnen eine unerbittliche Diktatur der Sterne ab und berufen sich auf sattsam bekannte Aussprüche:

> „Die Sterne zwingen nicht, sie machen nur geneigt. — Die Sterne beherrschen das Schicksal, allein der Weise regiert die Sterne."

Bloß verschweigen die Anhänger des freien Willens die Namen der Weisen, der „klugen Regenten". Andererseits kennt die Geschichte Männer, deren Dämon sie emporhob zu schwindelnder Höhe und dann ins Verderben stürzte. Wallenstein, der sternengläubige Feldherr, als historischer Beweis. Mit vielen „Wenn und Aber" helfen sich in solchem Falle die Verfechter des freien Willens über das Unangenehme einer Beweisführung hinweg. Die Fatalisten triumphieren. Was ist schlagkräftiger als das Eintreffen eines klar in den Sternen stehenden Fatums?

So führt die eine Seite die Astrologie ad absurdum und gibt sie den Gegnern preis, die andere hingegen stellt die persönliche Verantwortung, den freien Entwicklungsgang in Frage und nimmt dem Leben an ethischem Wert. Und wie viele torkeln zwischen diesen Anschauungen unschlüssig hin und her. Wir aber müssen die Synthese finden! Gerade an der astrologischen Frage drohen manche Erfolgsschüler zu scheitern.

Für die Masse mag unabänderliche Schicksalsgebundenheit bestehen, mag karmische Schuld jedwede Einsicht im Keime ersticken, bewusste Schicksalslenkung unmöglich machen. Erleben und astrologische Entsprechung mögen hier in Einklang stehen.

Die Lehre von Karma und Reinkarnation vermittelt zwischen Fatum und freier Schicksalsgestaltung. Karma ist — wie ein Esoteriker sagte — die „Sprengladung", die die angezeigten Konstellationen zur Auslösung bringt. Fehlt diese Sprengladung, ist kaum mit nennenswerten Ereignissen zu rechnen. Wie grundverschieden, kraft der Präexistenz des Egos, sich der Einfluss der Gestirne geltend machen kann, haben wir erörtert.

Je schwerer nun die karmische Verstrickung, desto schicksalsgebundener der Mensch, was sich nicht bloß in misslichen Lebensumständen äußert, sondern mehr noch in einem absoluten Gebundensein an die Materie. Der Drang zur Höherentwicklung fehlt in solchen Fällen stets. Hier findet der fatalistisch eingestellte Astrologe vollauf Bestätigung seiner Theorie. Mit dem Schwinden der karmischen Schuld erwacht ein Ahnen um höhere Lebenswerte und es erstehen Streiter wider das Fatum.

Natürlich ist es unmöglich, von heute auf morgen die niedere Oktave der Planeten auszuschalten; immerhin bestimmen wir, wie wir auf Schicksalsschläge reagieren. Kaum lässt sich ein Ereignis vermeiden, dessen Ursache verankert ist in einer der Präexistenzen; durch rechte Einstellung jedoch kann es auf ein Minimum reduziert werden. Es liegt an uns, ob wir in einer Situation verzweifeln oder diese mit überlegener Ruhe meistern. *Hier entscheidet freies Wollen!*

Nie sind die Schläge des Schicksals härter als wir sie empfinden.

Karmisch ist bedingt, was an uns herantritt. Wenig oder nichts können wir zumeist im Moment daran ändern, aber — noch mal sei es betont — wie wir es hinnehmen, welche Lehre wir daraus ziehen, das entscheidet unsere Reife, unsere *Selbsterziehung*!

Gewiss, der Charakter in seiner Grundstruktur ist vorgezeichnet, in seiner Entwicklung jedoch ist er so gestaltungsfähig, dass ein An — sich — Arbeiten reiche Früchte trägt. Arbeit an uns aber ist bereits eine Manifestation des freien Willens, jenes Willens, der unserem höheren Ich entstammt.

Schulung der unterbewussten Regungen — wie wir sie sogleich im Anschluss kennenlernen — verbessert den Charakter, stellt den Willen hoch, weckt das Wissen um den inneren Gehalt der Dinge.

Jahrelanger unerbittlicher Kampf mit dem niederen Ich, das den Sternen verhaftet ist, schwächt dessen negativen Einfluss und unser Leben zeigt, wie von selbst, dann eine bessere Seite. *Ändere Deinen Charakter und Du änderst Dein Schicksal! Wolle — und*

Dir gehorchen die Sterne!

Veranschaulichen wir uns dies einmal graphisch. Setzen wir für das Maximum erreichbarer Willensstärke zehn. Nehmen wir nun an, ein Mensch käme zur Welt mit einer Willensveranlagung von nur vier. Geben wir dieser Willenspotenz zufolge negierender und fördernder Aspekteinflüsse eine Schwingungsbreite, schwankend zwischen drei und fünf.

Gelingt es dem Strebenden durch ausdauerndes Training die Kraft seines Willens so zu steigern, dass diese nicht bloß bei günstigem Planetenstand auf fünf verbleibt, sondern auch in normaler Zeit — die Fünf demnach anstelle der Vier Durchschnittszahl wird — dann müssten weitere fördernde Transite und Direktionen die Willensenergie noch höher steilen. Sagen wir auf sechs. Hemmende Aspekte zwischendurch vermögen den Willen nun nicht mehr auf das ursprüngliche Minimum von vier herabzudrücken. Jetzt schwankt der Willensradius zwischen fünf und sechs, um bei weiterem geistigem Fortschritt noch höher anzuwachsen.

Wie wir dies erreichen, lehrt vor allem die dynamische Lebenspraxis in Verbindung mit der Autosuggestion.

Sicherlich sind es ihrer nur wenige, die hinauswachsen über Ich und Stern im Sinne eines Paracelsus, so dass ihnen der niedere Einfluss der Planeten überhaupt nichts mehr anzuhaben vermag. Die Entfesselung unseres freien Willens ist der erste Schritt hierzu.

Dieses Wollen, entsteigend unserer Gottestiefe, entbindet transzendente Kräfte, ist Magie; macht uns frei.

Es gibt kein Hindernis, von Menschen aufgerichtet, das entschlossenes Wollen nicht zu überwinden imstande wäre. Allerwegen, wo ein Geschehen sich erst vorbereitet, bieten sich unserer Initiative genügend Angriffsflächen, den Sprengstoff angehäuften Karmas weitgehend zu entschärfen.

Dadurch sind die Sterne keineswegs außer Kurs gesetzt und kein Einsichtiger wird ihrer Warnung entraten wollen. Es wirft kein Seemann, und steuere er das beste Schiff, den Kompass über Bord.

Diese Menschheit nur ist ohnmächtig an der Sterne Lauf gekettet, eben weil sie blind dem großen Himmelskompass, eine andere dereinst wird die kosmischen Mächte in reineren Aspekten erfühlen lernen. Immer noch haben Vorläufer kommender Geschlechter bewiesen, dass weiser Weltenwille, nicht zügelloses Chaos, herrscht.

Unerkannte Kräfte durchpulsen das All. Drohend heute noch, morgen vom Menschen genützt. Gefürchtete Tyrannen vordem, nunmehr zuverlässige Diener, deren Hilfeleistung nicht mehr hinwegzudenken ist.

Unüberwindliche Gefahren barg einst der orkangepeitschte Ozean. Wagnis sondergleichen, die endlos scheinende Wasserwüste zu durchqueren. Damals dem Tode trotzendes Unterfangen, jetzt belangloses Geschehen. Dabei ist die Kraft der Elemente keineswegs gebrochen, lediglich der Menschengeist hat sich ihrem Wüten angepasst, hat Mittel gefunden, ihre Gewalt zu umgehen.

Keiner kann der Gottheit diktieren, niemand der Natur Gesetze vorschreiben; gegeben aber ist es uns, ihren Satzungen zu lauschen. Eindringen in das Urgeheimnis ändert an kosmischem Walten nichts, zeigt jedoch den Lauf der Dinge von anderer Warte aus.

Nur dem Schein nach sind Stern und Schicksal stärker als wir. Die Macht, die uns regiert, regiert auch sie, und ein Teil hiervon west in jedem Menschen. Alle Kräfte gehorchen unserem Wollen, sofern wir dieser Macht in uns vertrauen. Sklaven einst, ängstlich nach den Sternen blickend, werden wir allmählich zu Gebietern.

Obzwar am Himmel der gleiche Mars, der gleiche Saturn, ist ihr Einfluss nun ein anderer. Bei schlechtesten Aspekten selbst schweigt die niedere Oktave des planetaren Demiurgen.

Unerbittliches Fatum künden die Winkel der Planeten nur solchen, die die Erde verlassen, wie sie sie betreten haben, nicht aber jenen, die den Acker emsig roden.

Sei dies uns Richtschnur in allen Lebenslagen.

Magisches Wollen sprengt den Schicksalszwang, dem der Fatalist sich rettungslos verhaftet glaubt.

Vergesse nie, wenn Stern und Umwelt dräuen, dass auch in Dir ein Teil von jener Kraft, die einstens sprach:

„Es werde!"

XV

Weckung der Innenkraft (Psychodynamik)

Geheimnis Mensch
Tiefenkräfte — Gedankenkräfte
Autosuggestion (Selbstbeeinflussung)

Aktivierung des Zeitsinnes
Der „Innere Sucher"
Einflussnahme auf Körper und Seele
Charakterformung — Charakterveredlung

Ein Wort noch über Meditieren
Wunscherfüllung — Schicksalsgestaltung
Indienststellung der Wunsch- und Gedankenkraft

Geheimnis Mensch

Vor uns eine Körperform. Die eines Menschen. Unbeweglich liegt sie da. Wie starr. Nur die Atemzüge verraten, dass in ihr die geheimnisvolle Essenz, das nie zu begreifende Leben ist.

Mit einem Mal kommt *Bewegung* in die Form. Ursache? Nervenreflexe. Muskelkraft. *Wer* hat sie ausgelöst? Ein Impuls, ein Befehl — der *Wille*. Verursacher, Träger dieser Idee? Ein *Unsichtbares*!

Fragen wir, wer oder was ist dieses Unsichtbare, folgt sicherlich ein selbstverständliches „Ich bin“, dem sich irgendein Name beigesellt. Dieses „Ich“ also „will“, hat „Ideen“, „denkt“ demzufolge, reagiert auf Gegensätze, auf Leid und Lust; was besagt, dass es empfindet, fühlt.

Ein seltsames und unbegreifliches Etwas, selbst unsichtbar, mit Unsichtbarem operierend und doch auf das Sichtbare, Körperhafte wirkend. Der Esoteriker weiß Bescheid. Er kennt die sieben Prinzipien. Jedem anderen aber, sofern er nicht den Kopf in den Sand materialistischer Dialektik steckt, wird sich die Frage aufdrängen:

Wer ist dieses Wesen, dieses „Ich bin“? gebannt in Fleischesform, sie belebend, beherrschend, tragend den Stempel individueller Eigenart. Kein Glied kann sich rühren, ohne den Willen dieses „Ich bin“. Alle Ausdrucksmöglichkeiten des Körperhaften sind von diesem lenkenden Agens abhängig. Nicht aber es von den Zufälligkeiten des Körperlichen. Sein Bewusstsein, seine Gedanken, sein Wollen und Empfinden sind and bleiben selbst dann, wenn der Körper seiner Gliedmaßen beraubt, die Zunge die Sprache eingebüßt, Auge und Ohr erloschen. Dieses Ich, das von sich sagen kann, dass es ist, ist das Primäre in uns; ein geistiges, ein *metaphysisches* Prinzip, eingeschlossen in das Gerüst von Knochen, Sehnen und Fleisch, in einen mechanischen Apparat, in eine chemische Retorte sozusagen, belebend so die Erscheinungsform

Mensch.

„Es“ ist! „Es“ existiert, auch wenn es sich dem Messer des Chirurgen hartnäckig entzieht. Doch dies tun ja auch Gedanke, Wille, Gefühl, alle die unsichtbaren Werkzeuge der rätselhaften Wesenheit in uns, von der wir behaupten, dass wir es sind, ohne jedoch sagen zu können, was dies Unergründliche in Wahrheit ist. Der Mensch — ein Rätsel, ein Geheimnis; schon in seinen primitivsten Äußerungen, in seiner alltäglichen Erscheinung, weit entfernt allem Okkulten.

Wer darf behaupten, sein „Ich bin“ zu kennen? Und sei es nur das oberflächliche, rein sinnenhafte Bewusstsein dieses Ichs. Tiefer noch wird das Mysterium, sinken wir in Schlaf, entsteigt aus Rätselgründen das bizarre Reich wirrer Traumgestalten. Ein zweites Leben tut sich auf, ein zweites Bewusstsein. Nicht mehr unbeachtet oder gar verlacht. Von Tiefen-, Schichten- oder Unterbewusstsein spricht der Psychoanalytiker und sucht hier die Ursache mancher Störung, manchen Leidens; Ursachen, die uns im Wachzustand meist nicht bewusst werden. „Es“ lebt in uns, beeinflusst uns — und wir wissen nichts davon, sind „ihm“ aber ausgeliefert. Anscheinend also ist neben unserem wachen Ich noch eine treibende Kraft am Werk, der ebenfalls eigenes Wollen innewohnt mit von uns unabhängigen Vorstellungsinhalten.

Allein nicht nur Traum und Psychoanalyse beweisen dies, weitere Bestätigungen sind Intuition und Inspiration, das blitzhafte Aufleuchten genialer Einfälle.

Dann das weite Gebiet der Suggestion, der Hypnose, des Hellsehens in Raum und Zeit, in Vergangenheit und Zukunft; dies alles lässt uns gewaltige Abgründe ahnen, gigantische Seelenschluchten, in die wir hin und wieder einen flüchtigen Blick tun dürfen.

Bewusstseinsreiche öffnen sich dem Schauenden, Seelenkräfte werden ihm offenbar. Die Wesenheit Mensch, das große wandelnde Geheimnis, trägt nicht nur eine Welt sich widersprechender, ihr selbst völlig fremder Bewusstseinszustände in sich — sie ist zugleich eine *Kraftform*, die mit zwingender Gewalt auf ihre Umgebung zu wirken vermag. Die sich realisierenden Ideen bezeugen es; denn auch der Gedanke ist Träger einer Energie, die unleugbar in Erscheinung tritt. Selbst- und Fremdbeeinflussung,

Gedankenübertragung und vieles andere bekunden es.

Der „Weg nach außen", der „Weg nach innen", beide unbestreitbar in ihrer Realität, beide voll des Rätselhaften, Unerklärlichen, Geheimnisvollen ... Beide desselben Ursprungs, ausgehend von dem seltsamsten Geschöpf, das seit Urzeiten über den Planeten schreitet. Ein Wesen, anmaßend, überlaut in seinem Gebaren, ein Ding, das sich selber nicht versteht. Wenige nur von seiner Gattung empfinden diesen Mangel, dieses Fehlende ihrer unverstandenen Ichheit, fühlen ein Bangen vor dem unerschlossenen Geheimnis, das sie in sich tragen, erkennen, dass die Summe aller dieser unbekannten Nenner erst ihre Ganzheit umfasst.

Ergreift ein Schauer sie vor dieser ungeahnten Größe, die sie im letzten Grunde selber sind, ohne es zu wissen — dann lässt ein Sehnen wohl sie nimmer ruhen, den Pfaden nachzuspüren, die einwärts führen zum *wahren SEIN*.

Tiefenkräfte — Gedankenkräfte

Eng verknüpft mit den verborgenen Wesenstiefen ist die *Macht des Gedankens*, die den schlummernden Titan in uns aufruft. Was Weise, Magier, Mystiker immer schon wussten, dämmert den Suchenden unserer Zeit.

EMILE COUÈ, der Apotheker von Nancy (1857—1926), stellte die aufbauende Kraft bejahenden Denkens in den Dienst der geistigen Heilkunst, die denkbar einfachste Methode dabei benutzend. „Es geht mit jedem Tag in jeder Hinsicht immer besser und besser", lautet seine probate „Zauberformel", die täglich wenigstens zweimal, vor dem Einschlafen besonders und gleich nach dem Erwachen monoton, dem Ohr gerade noch vernehmlich, zwanzig bis dreißig Mal gesprochen werden soll. COUÈ vollbrachte Wunder an seinen Patienten [1]) und die Anhänger seiner Methode schwören heute noch darauf.

Ähnliche Wege, geistig fundierter, gingen EMERSON, TRINE, MULFORD, MARDEN und andere, deren Anschauung in den Bestrebungen der Neugedankenlehre und der Neugeistbewe-

1) Karl Spiesberger: „Unsichtbare Helferkräfte."

gung ihren Ausdruck fanden. Sie fußten durchweg auf der praktisch erprobten Schöpferkraft der Gedanken und der Macht des Unbewussten. Gewaltige Faktoren. Zielbewusst gelenkt, wirken sie umgestaltend im Körperlichen wie Seelischen, haben Einfluss auf den Charakter, ja sogar auf den Ablauf des persönlichen Geschickes, auf das irdische Wohlergehen.

Unerlässlich hierfür ist *positives, gefühlsbetontes, bildhaft-plastisches Denken: die KRAFT DER IMAGINATION* also, seit jeher Grundpfeiler magischen Gestaltens. *Der Gedanke schafft Wirklichkeiten*, aufbauender wie zerstörender Natur! Ausschlaggebend einzig und allein ist die geistig-seelische Haltung, ob diese bejahend oder verneinend, ob furchtlos, hoffnungsreich oder angsterfüllt, sorgenschwer, gramzermürbt ist.

Die unseren Tagessinnen nächstliegende Tiefenschicht des Unbewussten, angesprochen zumeist als Unterbewusstsein, ist als neutrale Kraft zu betrachten, die gemäß unserem Denken reagiert. Sie macht die Seele matt, den Körper krank, treibt uns in die Polypenarme der Verzweiflung, verstrickt uns in die Fänge der Gewohnheit; allein diese zerstörende Gewalt kann auch heilen, Leib und Geist veredeln, Seelenfrieden geben, sofern weise Denkart ihre Zügel lenkt. Weder gut noch böse sind die Strebungen des Unterbewusstseins, unser Denken erst macht diese zu Engeln oder Dämonen.

Schon die einfachsten psycho-dynamischen Praktiken beweisen eine in verborgenen Seelenschlünden hausende autonome Intelligenz. Die Funktionen des Körperhaushaltes, die rätselhaften Traumabläufe, Ahnungen, Instinkte: sie alle stehen unter ihrer Leitung. Desgleichen gehen auf ihr Konto seelische Komplexe, Neurosen, Psychosen, Fehlleistungen, Zwangsvorstellungen.

Ein Doppelwesen ist der Mensch. Engbegrenzt, ohnmächtig, klein das hirngebundene Ich, übermächtig, titanenhaft, im Grenzenlosen sich verlierend, das geheimnisvolle „Es“. Keine okkultistische Spekulation mehr. Jeder weiß, für den Psychotherapeuten ist die Existenz eines eigenherrlichen Unbewussten unumstößliche Gewissheit.

C. G. JUNG und seine Schule stehen gewissermaßen bereits mitten im Metaphysischen, ungewollt so Brückenbauer zur magisch-esoterischen Lösung des Menschenrätsels. Über FREUD und ADLER hinausgewachsen, anerkennt die Tiefenpsychologie ein Unbewusstes, das vom Verstande her nicht angegangen werden kann.

Bewusstseinsreiche tragen wir in uns, die im kollektiven Unbewussten münden, daran die gesamte Menschheit teil hat, wahrscheinlich alles Geschaffene sogar. Seelenschlünde in uns greifen über in das Bewusstsein der Allnatur, in das Reich der Urbilder. In ständiger Verbindung demnach sind wir, mag es uns auch nicht bewusst sein, mit den schöpferischen Urideen, den Archetypen.

Damit hat der Tiefenpsychologe, widerstrebend vielleicht, den ersten Schritt getan, der sich der Ideenwelt des Mystikers nähert. Das große Kollektiv, das uns allesamt verbindet, ist wesenseins mit der All-Seele, dem All-Bewusstsein.

Über das FREUDSCHE Unterbewusstsein hinaus geben sich also noch andere, weitaus stärkere Kräfte kund auf dem „Weg nach Innen“: das *ÜBERBEWUSSTE*, das *WAHRHAFTSEIENDE* in uns — der „Genius in eigner Brust“, der Daimon des Sokrates, der „Innere Helfer“ moderner Okkultisten — und im allertiefsten Urgrund unseres Wesens ein *UNNENNBARES*, in kosmische Bewusstseinsweiten Mündendes: rein positive Aspekte der Menschnatur, ungeweckt noch, latent zwar, niemals aber abgleitend ins Negativzerstörende.

Körperbewusstsein, einschließlich Empfinden und Fühlen des Äther- und Astralleibes ergeben etwa den Aktionsradius des Unterbewussten, Wirkfeld unserer Gedanken-, Wunsch- und Glaubenskraft. Im positiven wie im negativen Sinne. Hier liegt im Allgemeinen das Arbeitsfeld des Tiefenpsychologen. Hier entquellen die meisten unserer Träume, hier wuchern die Verdrängungen, die seelischen Traumas, denen die Psychotherapie in oft mühevollen Behandlungsreihen Herr zu werden versucht.

Das Überbewusste west zweifellos in der Triade. Es ist die „göttliche Führung“ in uns, die mit dem Allbewusstsein, dem Allgeist verbindet. Unser höchster Lebenszweck gründet sich *im Einswerden des individuellen Ichs, der zeitlich gebundenen Persönlichkeit, mit dem von Leben zu Leben fortschreitenden, jeden Tod überdauernden unvergänglichen Selbst*, entstammend dem

Urgrund, der alles umfasst und umschließt.

Der willensdurchpulste, konzentrierte Gedanke unterwirft die Kräfte des Unterbewusstseins. Gefühlsgeladene Vorstellungen wandeln uns. Die Autosuggestion, der Selbstbefehl formt einen neuen Menschen.

Zur „unio mystika", zum kosmischen Bewusstsein oder wie wir den Zustand von Samadhi sonst benennen wollen, führen uns auf steilen Höhenpfaden Meditation und Kontemplation — Betrachtung, Versenkung, Innenschau — letzter Ausdruck wahrer Religiosität. Religion in des Wortes engster Sinndeutung: Religio = Rückbindung, Rückkehr zum Ursprung, dem Zielpunkt unserer Weltenpilgerschaft.

Autosuggestion (Selbstbeeinflussung)

Es gibt keine einfachere Methode, zu dem „magischen Nachtpol" in uns vorzustoßen, um unsere Leistungsfähigkeit zu steigern, als die Autosuggestion. Gehorsam vollzieht das Unterbewusstsein jeden ihm richtig zugeleiteten Befehl. Wir müssen uns nur im Klaren sein, was sich in jenen Tiefenschichten gestalten soll. Alles an Menschenmöglichem verwirklicht sich dort. Gemäß unserem Ruf wird uns die Antwort. Allein, wie betont, noch sind es die Kräfte des ätherischen und des astralen Prinzips. *Daher Vorsicht mit Gedanken und Gefühlen.* Denken wir ein Nein, formt sich vernichtend ein Nein; quälen wir uns mit Sorgen, zu bald nur sind sie berechtigt; befürchten wir Not, rasch stellt sie sich ein; empfinden wir Angst, schon umkrallt uns die Hydra; glauben wir an Gebrechen, geht es mit der Gesundheit bergab.

Ein gefährlicher Diener haust in uns. Automatenhaft zieht er die Hebel, unbekümmert, ob Kluge oder Unkluge sie weisen. Wie wir diktieren, so ist sein Handeln. Er fragt nicht nach Gründen, nach Logik, nach ethischer Wertung. Ein Roboter, ohne Überlegung, ohne Gewissen; von unschätzbarem Gewinn jedoch, wer es versteht, ihn weise zu lenken, die gebändigte Kraft in die rechten Kanäle zu leiten.

Erproben wir sogleich die unterbewussten Kräfte. Als einleitende Versuche zwei altbewährte Praktiken, deren zu bedienen es heute die stattliche Anhängerschar des autogenen Trainings nicht verschmäht.

Aktivierung des Zeitsinnes

Die „Kopfuhr" ermöglicht es uns, zu der von uns bestimmten Zeit zu erwachen. Wir verfahren dabei etwa so:

1. Kurz vor dem Einschlafen — völlig entspannt, ruhig atmend, die Gedanken weitgehend gestillt — konzentrieren wir uns auf Stunde und Minute des Erwachens, jede Willensverkrampfung vermeidend. Wir können hierbei noch einige Stimulanzmittel heranziehen: *Wahl einer präzisen Suggestionsformel*: „Morgen um ... Uhr *wach*!"

   Die Formel wird in kurzen Zeitabständen wiederholt; die Worte werden langsam, monoton eingesprochen, zuversichtlich, mit der vollen Gewissheit des Gelingens.

   Fixierung der in Frage kommenden *Ziffern der Uhr*. Nach einigen Minuten aufmerksamen Hinsehens Augen schließen und das geschaute Bild im Geiste festhalten.

   Ein *riesiges imaginäres Zifferblatt*, die gedachten Zeiger auf die erwünschte Stunde, beeinflusst ebenfalls die unterbewussten Gestaltungskräfte. Desgleichen

   Klopfen mit Fuß oder Hand auf Wand oder Bettstelle in der der gewünschten Stunde des Erwachens entsprechenden Zahl.

Ratsam ist es, anfangs täglich die gleiche Stunde zu wählen. Man lasse nicht eher davon ab, bis sich die Augen haargenau zur festgesetzten Minute ermunternd öffnen.

2. Haben wir diese Phase genügend erarbeitet, dann wechseln wir die vorgefasste Zeit und beziehen auch die Nachtstunden mit ein. Das Unterbewusstsein muss so weit geschult werden, dass wir wunschgemäß zu jedem beliebigen Moment erwachen.

3. Anschließend versuchen wir, die Zeit im Wachzustand festzustellen. Wir bestimmen während des Tages einen Zeitpunkt, zu dem uns ein innerer Impuls befehlen soll, auf die Uhr zu sehen. Stunden vorher, schon tags zuvor vor dem

Einschlafen oder morgens beim Erwachen, wird in einer kurzen Stilleübung der gewünschte Augenblick fixiert. Man sage sich einfach — unter Einbeziehung der geschilderten Hilfsmittel: „Um... blicke ich spontan auf die Uhr.“

Nach beendigtem Exerzitium bekümmert uns das Gelingen weiter nicht. Jeder ängstliche Zweifel ist zu vermeiden. Das gilt für jede Art von Selbstbefehl. Am besten ist es, das Experiment ganz zu vergessen und alles Weitere dem unbewussten Zeitsinn zu überlassen. Dies ist seiner Entfaltung am förderlichsten. Etwaiges Misslingen darf nicht entmutigen. *Glauben Sie unerschütterlich an die in Ihnen schlummernden Möglichkeiten!*

Fassen wir zusammen. Die Kopfuhr ermöglicht es uns

a) morgens zur festgesetzten Stunde zu erwachen;

b) zu jeder gewünschten Stunde nachts munter zu werden;

c) jederzeit tagsüber die Zeit zu bestimmen;

d) zum erwählten Zeitpunkt eine gewünschte Tätigkeit zu verrichten.

Mithin haben wir es in der Hand, der Vergesslichkeit mit ihren oft verhängnisvollen Folgen zu steuern, nachdem ein Verschlafen nebst den ärgerlichen Begleitumständen für uns längst nicht mehr existiert.

Die Weckung des Zeitsinnes ist alles andere als eine müßige psychische Spielerei; sie bestätigt vielmehr die Existenz rätselhafter Seelenvorgänge und ist außerdem durchaus von praktischem Wert.

Der „Innere Sucher“ (Auffindung von Verlegtem)

Ein der Kopfuhr ähnlicher Konzentrationsvorgang. Will sich ein Ding absolut nicht finden lassen, ist es so gründlich verlegt, dass kein Suchen fruchtet, so stellen wir uns — wieder im Zustand des passiven Stilleseins — so gefühlsbetont wie nur möglich auf dessen Wiederbesitz ein.

Wir sagen uns: „Bis zu dem und dem Zeitpunkt halte ich das Gesuchte in Händen;“ oder: „bis ich diese oder jene Handlung vollziehe..., den Raum verlasse, schlafen gehe, des Morgens aufstehe...“ und so fort. Oder: „Ich vertraue ganz dem Sucher in mir. Im richtigen Moment lässt er mich das Vermisste finden.“

Die Formel passen wir den jeweiligen Umständen sowie unserer individuellen Eigenart an. Vielerlei Variationen sind gestattet. Zu beachten bleibt durchweg die bejahende Formulierung, verbunden mit zuversichtlicher Glaubenshaltung.

Viel, nahezu alles, hängt ab von der Einstellung nach erteiltem Selbstbefehl. Jedes verstandesgemäße Erwägen, wo das Gesuchte möglicherweise sein könnte, hat zu unterbleiben. Ebenso die gespannte Neugierde, wie und wann die unterbewusste Kraft in Aktion tritt. Unsicherheit, Zweifel, Ungeduld wirken geradezu Erfolg vernichtend. Zuversicht und Vertrauen, bar jeder Nervosität, führen mit visionärer Sicherheit an das Gesuchte heran. Das Unterbewusstsein dirigiert jede unserer Regungen, heißt uns den entscheidenden Schritt oder Griff tun, der uns in den Wiederbesitz des Vermissten setzt; mit einer Zielstrebigkeit, die die üblichen Leistungen unserer fünf Sinne weitaus in den Schatten stellt. Eigene Erlebnisse sowie zahlreiche Erfahrungen anderer Experimentatoren bewiesen dies wiederholt.

Somit haben wir wieder ein einfaches Experiment, die Kraft in uns überzeugend nachzuweisen. Aber wir müssen vorerst lernen, die oberbewussten Strebungen, vor allem jeglichen Willenskrampf auszuschalten. Gedankenzucht hilft uns, diesen Zustand völliger Abkehr vom Außen zu erreichen.

Einflussnahme auf Körper und Seele

Stellen wir nun das Walten des Unterbewussten in den Dienst der Selbsterziehung.

Körperliche Gesundung, physische Erkraftung; Einflussnahme auf Stimmungen und Eindrücke; Harmonisierung der Empfindungen und Gefühle:

das sind die Ziele, die wir uns jetzt stecken. Kopfuhr wie innerer Sucher lehrten, die „Kraft in uns“ ist keine Chimäre; sie ist real beweisbar.

Das „Es“ schafft in uns, eigenherrlich, losgelöst vom wachbewussten Wollen, ein intelligentes Prinzip, das in das Weltbild des Materialisten schlecht passt, unschwer jedoch sich einfügt in das metaphysische Weltgebäude, darin dem Bewusstsein keinerlei Grenzen gesetzt sind.

Nach *Bewusstseinsweitung* strebt der Metaphysiker. Jedem der feinstofflichen Prinzipien eignet ein bestimmter Bewusstseinsgrad. Einer immer höher als der andere. Unser Tagesdenken wird vom Astralbewusstsein übertroffen, dieses wiederum vom mentalen; und unvorstellbar ist das Bewusstsein von Buddhi-Atma. Alle diese Bewusstseinsschichten bergen die Schlüssel zu dem, was der Okkultist unter Mystik und Magie versteht. Das Phänomen des Zeitsinnes, des inneren Suchers, die den Körper regenerierenden Kräfte, die den Charakter umformende, Wünsche erfüllende, schicksalslenkende Macht; sie alle haben ihren Ursprung in unserem transzendenten Ich.

Schulung, Entwicklung, Reife bestimmen, welche Region des vielschichtigen Bewusstseins wir berühren und was letztens in Erscheinung tritt: der Heiler, der Seher, der Künstler, der Magus. Jeder geleitet vom *göttlichen Genius*.

Freilich wenige nur erreichen in diesem Leben schon das Hochziel: den *Durchbruch zum innersten Wesenskern*.

Mag dieses ideale Ziel noch so ferne liegen, unverrückbar müssen wir es dennoch im Auge behalten. Selbstbefehl, Meditation, Kontemplation ebnen uns die Wege.

Schulung der unterbewussten Kräfte sei daher die vordringlichste Aufgabe. Angefangen von COUÈS Allgemeinformel bis zum klar umrissenen Selbstbefehl hat sich die Methode autosuggestiver Beeinflussung in unzähligen Fällen bewährt. Gehen mit ihr Hand in Hand Entspannung, Kraftatem und die anderen uns geläufigen Praktiken, so ist der Erfolg umso sicherer.

Müdigkeit, Erschöpfung, Schmerzzustände schwinden durch richtig formulierten Selbstbefehl. Voraussetzung ist wiederum lustbetonter Positivismus. Keine negativen Vorstellungsbilder hegen, kein Willenskrampf, keinerlei Formulierungen wie: „Ich bin nicht müde ... Ich habe keine Schmerzen ... Ich will nicht, dass sich dieses oder jenes so gestaltet."

So dienlich uns der herkömmliche Wille ansonsten sein kann

bei Durchführung von Entschlüssen, überhaupt bei allem vom Verstand her bedingten Handeln, so hinderlich wird er uns, gilt es, unterbewusste Abläufe zu regeln. Als einfachstes Beispiel: Kein noch so starker Wille vermag den Schlaf herbeizuzwingen. Jeder, der unbedingt einschlafen wollte, hat das an sich erfahren. Obenan stehen — wie stets — Entspanntsein und gefühlsbetontes Vorstellen des Erwünschten. Formulieren Sie kurz, klar, prägnant:

„Ich fühle mich wohl. Meine Gesundheit nimmt ständig zu. Meine körperlichen Kräfte wachsen mit jedem Tag. Heilende Kräfte durchpulsen meinen Körper.“

Sprechen Sie diese Sätze leise, monoton in sich hinein. Vor jeder Wiederholung einige Sekunden Pause, wo alles in Ihnen *schweigt*. Schließlich die Formel nur mehr denken, bis auch der Gedanke im *Schweigen* verstummt. Nunmehr hat das Unbewusste das Wort. Am besten, wir versinken sodann in traumlosen Schlaf und wiederholen beim Erwachen sofort den Selbstbefehl aufs Neue.

Hierin liegt das Geheimnis jeder Selbstbeeinflussung. Prägen Sie von nun ab Selbstbefehle zur Erlangung des psychisch-somatischen Gleichgewichtes.

Ihre sicherlich schon gut geschulte Imaginationsfähigkeit ist hierbei ein vorzüglicher Helfer. Stellen Sie sich das Gewünschte so plastisch wie nur möglich vor, nicht bloß in Gedanken; Gefühl und Empfinden seien stets daran beteiligt. Unlust, Bedrückung, Melancholie, Depressionen begegne man durch Hinwendung auf die entgegengesetzte Seelenhaltung. Suggerieren Sie sich:

„Freude und Zuversicht erneuern mein Wesen. — Heiterkeit gibt mir Kraft und jederzeit gute Laune. — Tatkraft und Schaffenslust erfüllen mich heute und all die kommenden Tage. — Die Harmonie des Weltganzen schwingt in mir. Sie stimmt mich froh und glücklich.“

Kleiden Sie den Selbstbefehl stets in Worte, die Ihnen etwas sagen. Mit der Zeit werden Sie auch körperlicher Übel Herr und selbst im Falle ernstlicher Erkrankung unterstützt energiegeladene Autosuggestion die Bemühung des Arztes. Der Genesungswille wirkt größere Wunder, als das beste Medikament. Vorteilhaft ist es, bei Selbstbefehlen, die auf körperliche Erstarkung zielen, bewusst Prana aufzunehmen oder die anderen uns geläufigen Praktiken einzubeziehen.

Wer fleißig in dieser Hinsicht an sich arbeitet, stets zuversichtlichen, glaubenserfüllten Denkens ist, dem wird gar bald die Innenkraft zu unumstößlicher Gewissheit werden. Kein Wunder, dass sich gegenwärtig ganze Systeme — und nicht nur okkultistische — darauf aufbauen, deren Anhänger den Magiern früherer Menschheitsepochen nacheifern, indem sie durch zielgerichtetes Denken die Kräfte ihrer Wesenstiefe mitten ins praktische Leben stellen.

Charakterformung — Charakterveredlung

Nicht genug ist es, dass wir jederzeit unsere Gesundheit bejahen, abträgliche Stimmungen und Gemütseindrücke autosuggestiv beseitigen, weit mehr noch müssen wir bestrebt sein, die unserem Charakter anhaftenden Mängel auszumerzen. Unser „Charakterspiegel" zeigt, woran es mangelt. Vieler Geduld zweifellos wird es bedürfen, ehe ein Fehler gänzlich schwindet. Aber wie überall so auch hier: *Zeit lassen — reifen lassen.*

Wir beginnen mit der Erwerbung jener wünschenswerten Wesenszüge, die wir nach wiederholt vorgenommener Analyse am meisten vermissen. Aber seien wir unerbittlich ehrlich. Unser Ziel ist, ein geistiger, ein harmonischer, ein erfolgreicher Mensch zu werden. Dessen Grundzüge sind: Ruhe — Verschwiegenheit — Geduld — Gelassenheit — Ausdauer — Willensstärke — Zufriedenheit — Duldsamkeit — Güte — Liebe — HARMONIE.

Wir konzentrieren uns daher jeden Tag — wieder am besten vor dem Einschlafen — jeweils auf eine dieser Tugenden. Beispielsweise Montag auf Ruhe, Dienstag auf Geduld und so fort. Sind wir die Reihe um, so beginnen wir in gleicher Folge von vorne. Wir können auf diese Weise die ganze Woche damit ausfüllen, also mit sieben Ideenbegriffen arbeiten; wir können uns ebenso gut mit weniger begnügen, vorerst allenfalls mit drei Tugenden. Oder wir versenken uns eine Woche hindurch nur in einen Ideeninhalt, wir meditieren entweder über Liebe, Harmonie oder Demut vor allem wirklich Großen.

Jeder erprobe hier seinen Rhythmus und erstrebe das an, was ihm seiner Ansicht nach am meisten fehlt.

Wem noch körperliche Indispositionen zu schaffen machen, schalte Tage dazwischen, an denen er in sich hineinspricht: *Gesundheit — Frische — Kraft — Wohlbefinden.*

Mit dieser, nennen wir es ruhig „Magie des Wortes", arbeiten verschiedene esoterische Kreise und erzielen beachtliche Fortschritte sowohl in ihrer seelischen Entwicklung, als auch in der Harmonisierung ihres körperlichen Befindens. Zugegeben, es bedarf einer gewissen Ausdauer. Nicht eher dürfen wir nachlassen, bis nicht anstelle des negativen Charakterzugs der in der Meditation erstrebte getreten ist.

Eingedenk der Roboternatur unseres Unterbewusstseins stellen wir natürlich nichts Unerwünschtes in das Blickfeld unserer Betrachtung. So wie beim Selbstbefehl lenken wir unser Denken auf den harmonischen Gegenpol. Wer etwa zur Lügenhaftigkeit neigt, konzentriere sich ausschließlich auf Wahrheit. Für Streitsüchtige sei Friedfertigkeit Gegenstand ihrer Autosuggestion.

Unerlässlich für das Gelingen ist die Belebung des Wortes. Uneingeschränkt muss uns erfüllen und bewegen, was es auszudrücken sucht. Denken wir „Ruhe", dann muss unser ganzes Wesen auch wirklich Ruhe atmen, wir selbst müssen diese Ruhe sein.

Unbändige Kraft muss uns durchströmen, wenn wir das Wort Willensstärke in uns einsprechen.

Versenken wir uns in den Begriff Liebe, so muss unser gesamtes Wesen eins werden mit diesem das All erfüllenden Impuls.

Niemals also darf das Wort bloßer Gedanke bleiben! Nur wenn die Macht der Idee während unseres Meditierens voll zum Ausdruck kommt, erreichen wir den beabsichtigten Zweck. Nachklingen wird in uns das „Wort" und wird neue Werte schaffen.

Aber nur, wenn wir bedacht sind auf Sauberkeit unserer Gedanken- und Gefühlsinhalte. Peinlich haben wir darauf zu achten, dass sich keinerlei Ausdrücke der Verneinung aufdrängen, dass wir niederziehende Impulse sogleich im Entstehen ersticken. Mit dem oberbewussten Willen freilich vermögen wir es nicht. Meist ist es ja doch nur eine Art von Willenskrampf, die mit dem Innenwillen unserer Geistnatur herzlich wenig zu tun hat.

Als Grundregel wiederum: Ruhig liege oder sitze der Körper; Gedanken und Gefühle haben zu schweigen. Nur das eine von uns erwählte Wort sprechen wir unausgesetzt stumm in uns hinein, bis wir von der ihm innewohnenden Idee restlos ergriffen und geformt werden.

Ruhiges Atmen hilft uns, den Körper zu bändigen und ein Vakuum im Bewusstsein zu erzeugen. Wir konzentrieren uns zu Beginn auf die zwanglos verlaufende Atmung. Erst wenn alles in uns schweigt, richten wir unsere volle Aufmerksamkeit auf das „Wort". Nunmehr darf uns nichts anderes als diese eine Vorstellung erfüllen.

Das bloße Buchstabengebilde, heiße es „Gesundheit", „Willenskraft", „Liebe", „Harmonie", tut es nicht; es muss uns seinen Symbolgehalt offenbaren. Die im Wort wirkende Idee muss uns ergreifen. Einschwingen müssen wir in das transzendente Kraftfeld jener Bildekräfte, aus dessen Fülle wir dann jederzeit zu schöpfen vermögen. Nur wenn wir uns diesem Einstrom spiritueller Energien in der Meditation öffnen, erleben wir, was Worte sind, was Begriffe wie Demut, Wahrheit, Friede, Freude, Güte, Harmonie im absoluten Sinne beinhalten. Ausdruck sind sie einer überzeitlich wirkenden göttlichen Kraft. Wer die Bedeutung der Runen kennt und sich eingehend damit beschäftigt hat, weiß hierüber mehr zu sagen.

Jedenfalls ist das Einswerden mit des Wortes Urbedeutung, seines Urbegriffes, seiner transzendenten Ideenentsprechung unerlässlich.

Langsam, ganz allmählich lassen wir dieses beglückende Empfinden in uns abklingen und lenken sodann erneut unsere Aufmerksamkeit auf den ruhig fließenden Atem, ehe wir in den Tagesrhythmus übergehen, oder nachts — was besser ist — in den Schlaf.

Ein Wort noch über Meditieren

Die Meditation (zu Deutsch: Betrachtung, nachsinnendes Versenken in ein Ideengebiet) ist, wie jeder bemerkt haben wird, ein wesentlicher Helfer zur Bewusstwerdung äußerer wie innerer Zustände. Vortrefflich fördert sie die Vergeistigung.

Über jeden Gedanken, jeden Begriff — ob esoterisch oder exoterisch — jeden Gegenstand, sei es ein Bild, eine Landschaft, ein Stern, ein Tier oder ein Mensch, lässt sich meditieren; ebenso wohl über jedes Gefühl, über jede Empfindung. Hohe geistige Probleme können dadurch dem Verstehen näher gebracht werden. Auch Fragen dürfen wir in der Meditation stellen und auf Antwort lauschen.

Wiederholen wir zusammenfassend, wir verfahren am besten etwa so:

1. Ruhige Atmung während der Gesamtdauer der Übung (Meditations-Atem).
2. Ausschaltung des Körpers. Völliges Gelöstsein.
3. Innere Ruhe, Stille, Schweigen.
4. Ist diese Passivität vollgültig erreicht, Eintritt in die eigentliche Meditation.
   a) Die Gedanken befassen sich ausschließlich mit dem vorgefassten Thema.
   b) Bei Befragen der „Inneren Stimme“: Nach gestellter Frage lauschendes Schweigen. In-sich-hinein-Horchen, ob nicht ein Gedanke aufblitzt oder ein nicht mehr in Worte kleidbares Erfühlen.
5. Vor Beendigung des Exerzitiums abermalige Gedankenstillung, schweigendes Atmen.
6. Langsames Übergleiten in das Normalbewusstsein oder nachts in den Schlaf.

Für Begriffsmeditationen (Betrachtungen über Dinge oder Situationen des praktischen Lebens) eignen sich gut die frühen Morgenstunden knapp nach dem Erwachen. Über dringende, der Lösung bedürfende Fragen darf auch außer der Zeit, tagsüber meditiert werden.

Für Meditationen, die mehr religiöse und philosophische Probleme umfassen, ist die Stille der Nacht am geeignetsten. Zwar scheiden nach theosophischer Auffassung die Stunden zwischen zweiundzwanzig Uhr und zwei Uhr nachts wegen der vorherrschenden astralen Schwingungen aus, doch ist dem zu entgegnen: je geistiger, je harmonischer die Einstellung des Meditierenden, umso weniger werden ihm die niederziehenden Einflüsse der Astralwelt etwas anhaben. Der Anfänger freilich sollte vorerst jeden nur möglichen Störungsfaktor ausschalten.

Beim Erhorchen der „Inneren Stimme“ findet oft das Unterbewusstsein erst während des Schlafes die richtige Antwort. Entweder es weckt den Schläfer dann sofort oder dieser erwacht des Morgens mit der richtigen Lösung.

Der Zeit des Sonnenauf- und -unterganges wird ein außerordentlich günstiger Einfluss auf alle Versenkungszustände zugeschrieben.

Noch eines zum Schluss: Was für alle Exerzitien Geltung hat, trifft für die Meditation erst recht zu:

Reinhaltung des Körpers — Bevorzugung von Pflanzenkost — Meidung von Genussgiften — Sexuelle Enthaltsamkeit — Beherrschtes Gefühls- und Gedankenleben.

Wunscherfüllung — Schicksalsgestaltung

Nunmehr wollen wir den Schicksalssinn in uns entfalten. *Gewollte Schicksalslenkung* heißt unser nächstes Ziel.

Durch Wunschverwirklichung zum Lebenserfolg!

Unzählige Anhänger hat diese Praxis in aller Welt.

Die Magie bewusster Schicksalsmeisterung beachtet in der Hauptsache folgende Faktoren:

1. Die Kraft positiver, bejahender Gedanken.
2. Die Kraft des Wunsches, des zuversichtlichen Glaubens, des unerschütterlichen Vertrauens.
3. Die Kräfte des Unter- und Überbewussten. Die „Kraft in uns“, die „Innere Führung“, der „Innere Helfer“, der „Gott in uns“.

Welches sind nun die Etappen, die zur Wunschverwirklichung führen?

1. Schaffung prägnanter Vorstellungsbilder des Erstrebten. Zielgerichtetes Denken — unbeeinflusst von den äußeren Umständen — ist Vorbedingung. Bejahung der stets gegenwärtigen unendlichen Fülle.
2. Prägung entsprechender Selbstbefehle voll glaubensgelade-

ner, überzeugender Erfolgsgewissheit.

3. Einsprechen dieser autosuggestiven Formel in der Abend- und Morgenmeditation.
4. Anrufung der geistigen Führung. Die Innenkraft, der „Innere Helfer“ oder wie wir die Kraft der höheren Triade sonst bezeichnen wollen. Den Ausschlag gibt die vertrauensvolle Gewissheit: „IN MIR IST DIE KRAFT.“
5. Beibehaltung dieser Erfolgsstimmung und des Gefühles des Geführtseins von innen her während des ganzen Tages, selbst dann, wenn sich die ersehnte Realisation wider Erwarten verzögern sollte. Vielmehr dann erst recht! Oberstes Gebot ist: geduldiges, ausdauerndes, zuversichtlich-beharrliches Vertrauen auf die Gottkraft in uns.

Welche Wünsche können verwirklicht werden?

„Alle die nicht der Vernunft und den Gesetzen der Natur entgegen sind“, versichern die Verfechter der Gedankenmagie; die Grenzen des für gewöhnlich Möglichen um ein Beträchtliches erweiternd.

Dürfen wir ihnen uneingeschränkt beipflichten?

Je nachdem. Unleugbar spielen in der Wunschmagie die sogenannten Zufälle, Fügungen, glücklichen Umstände eine außerordentliche Rolle. Oftmals hat es tatsächlich den Anschein, wie ich aus eigener Erfahrung bezeugen kann, als ob die Gesetzmäßigkeit einer anderen Dimension hineinspiele. [1])

Mitunter allerdings — auch das muss zugestanden werden — will es absolut nicht klappen und wir müssen Wege gehen, die durchaus unseren Wünschen nicht entsprechen, was sofort die Frage aufwirft:

Welche Wünsche verwirklichen sich nicht?

Alle diejenigen, die dem Zwecke unserer derzeitigen Inkarnation zuwiderlaufen. In solchen Fällen herrscht souverän das Karma und der Einfluss der Gestirne kommt voll zur Geltung.

Die Forderung daher: *ERKENNE DEIN WAHRES WOLLEN!*

---

1) Ausführlich hierüber in: K. Spiesberger „Unsichtbare Helferkräfte“.

Erst dann tue — respektive *wünsche Dir, was Du willst!*

Ehe wir uns an die schicksalsändernde Magie des Wunsches wagen, sollten wir zuvor die „Innere Stimme" befragen, dem Raunen des Über-Ich Gehör schenken.

Der Spiegel unserer Geburt kann ebenfalls tiefe Einblicke gewähren. Die kosmischen Faktoren selbstverständlich esoterisch gewertet.

Für jedes Wunschziel gelte: *Nichts erstreben, was geistig ärmer macht!*

Ja kein Verlangen nähren, zu dem die Triebnatur uns peitscht! Und nichts begehren, was anderen zum Nachteil gereicht! Niemals versuchen, das Schicksal eines anderen gegen seinen Willen an das eigene zu ketten. „Jeder Mensch ist ein Stern", sagt THERION, und hat demzufolge seine ihm gemäße Bahn. Jeder Versuch, ihn davon abzulenken, ist karmisches Verbrechen.

„Nur wenn es meinem wahren Willen und der Freiheit fremden Wollens nicht entgegen steht, möge es sich gestalten", sei stets Leitgedanke bei jeder Wunschplanung. Nur wer diese Einschränkung weise beachtet, darf den Riesen in sich entfesseln. Seine Gedanken, gesteuert von der Macht des Glaubens, werden Wirklichkeiten schaffen, und er wird aus der Fülle des Lebens schöpfen; denn in Einklang ist ein solcher mit den Schicksalsmächten, die das Sein bestimmen.

Achten Sie genau auf Ihre Wünsche. Nähren Sie nur zweckmäßige, die das Leben reicher, harmonischer, lebenswerter gestalten. Kontrollieren Sie mehr noch als bisher Ihre Gedanken- und Gefühlsinhalte. Registrieren Sie unerbittlich Ihre Stimmungen, Regungen, Ihre Einstellung zu Menschen und Dingen.

Dulden Sie hinfort nur Positives, Aufbauendes, nur das, was die Fülle mehrt, was Glück und Freude schafft, dem Wort und Tat mit jedem Tag beredter Ausdruck geben. So formen wir das Leben bewusst nach magisch-esoterischen Gesetzen im Sinne wahren Menschentums.

Indienststellung der Wunsch- und Gedankenkraft

Wege zu neuem Werden gehen wir. Wohlabgestimmt, Zahnrädern gleich, greift ein Exerzitium ins andere, reiht sich Disziplin an Disziplin. Im jetzigen Stadium unserer Entwicklung müssten wir eigentlich soweit sein, jederzeit als Sender wie Empfänger zu fungieren. Unser Perisoma, der strahlende Umkreis unseres Wesens, entwickelt sich durch beharrliches Üben zu einem immer stärker werdenden Kraftfeld.

Eindringlichst: Hüte jeder sich, diese Kraft zu missbrauchen!

Wegweisend steht uns die Macht der Seelentiefe zu Gebote. Nur von diesen Urgründen her vollzieht sich die Umgestaltung unseres Wesens. Ist es uns gelungen, mit dieser Kraft in Kontakt zu kommen, dann ist sie uns als Helfer immer nah. Sie regeneriert den Körper, formt den Charakter, weckt Begabung, ebnet den Lebensweg, besänftigt das Schicksal.

Wir wissen, Selbstbefehl und Meditation schaffen die Verbindung mit dem Unbewussten. Keinen Tag sollten sie daher außer Acht gelassen werden. Bewusst in den Dienst unserer Erneuerung gestellt, wird der Alltag zweckvoller, erfolgreicher, lichterfüllter.

Sicherlich trägt die verstärkte persönliche Strahlkraft viel zum Lebenserfolg bei, *entscheidend aber ist und bleibt der im „Reich der Ideen" wirkende Gedanke!*

Der Weg ins „Reich der Ursachen", zu den Schicksal formenden Urmächten, führt einzig durch die Tiefen der eigenen Seelenschlünde.

In welcher Form der überzeugungsgeladene Gedanke sich kleidet, ist belanglos. Ob Autosuggestion, inbrünstiges Gebet, zeremonieller Kult: jeder dieser Wege ist gangbar. Der Vorwärtsstrebende entscheide selbst, welche Art ihm am ehesten zusagt, Hauptsache: *die Gedankenhaltung wird von Tag zu Tag positiver, zuversichtlicher, zielstrebiger*. Ungeachtet etwaiger Rückschläge. Trotz aufziehender karmischer Wetterwolken, die barometergleich die laufenden Gestirne zum Radixbild ankündigen.

Unverzagt wollen wir weiterschreiten auf der begonnenen Wanderschaft. Weder Grat noch Klippen, noch unwegsame Schluchten dürfen schrecken. Gelegentliches Abirren, Straucheln, Stürzen darf nicht mutlos machen. Nicht das Hinfallen, das Liegenbleiben ist von Übel.

Umso entschlossener nur wollen wir uns erheben, eingedenk

der inneren Führung. Gleichgültig unter welchen Einflüssen Sie jetzt beim Lesen dieser Zeilen stehen, *ab sofort* (eigentlich sollte es längst geschehen sein!) *beginne für Sie ein Leben der BEJAHUNG!*

Die Selbstbefehle, mit deren Hilfe wir bisher auf den Charakter, auf seelische und körperliche Gesundung einwirkten, dehnen wir nunmehr auf die Schicksalsgestaltung aus. Von jetzt ab soll es uns wirklich von Tag zu Tag „in jeder Hinsicht besser gehen".

Aber beachten Sie ja die Einschränkungen, die wir gemacht haben. Versteifen Sie sich nie eigenwillig auf eine bestimmte Sache oder gar auf einen Menschen. *Kein Besitzverlangen, das andere beeinträchtigt, ihr freies Wollen behindert, ihren Lebensweg umzugestalten sucht!*

Des Weiteren sei bedacht: Was Vorteil scheint, muss nicht immer Vorteil sein. Mitunter erwächst aus scheinbarem Übel größter Segen. Wie oft korrigiert — die Zukunft heiß Ersehntes. Die Erfüllung starrsinnigen Verlangens gereicht selten zum Glück.

Sagen Sie daher bei jedem Wunschbegehren:

> „Nur wenn es in Einklang mit meinem *wahren Wollen* ist, möge es sich verwirklichen. Wenn nicht, zeige mir die *Innere Weisheit* den rechten Weg."

Über Wunschkrisen, Unschlüssigkeit, Entscheidungsschwierigkeiten hilft uns die Meditation hinweg. Je selbstloser, vertrauensvoller wir uns an das Überbewusste wenden, umso schneller wird uns in der Stille äußeren Entwordenseins Klarheit werden. Im Wirrsal der Entscheidungsmöglichkeiten werden wir auf die rechte Lösung stoßen.

Solange nicht unser Unterscheidungsvermögen hinreichend entwickelt ist, überlassen wir die detaillierte Erfüllung unserer Wünsche der Weisheit des Überbewussten. Wir sagen beispielsweise in der Meditation vor dem Einschlafen oder nach dem Erwachen, des öfteren auch untertags:

> „Die Kraft in mir gestalte mein Leben neu. Sie forme es mit jedem Tage harmonischer, sinnvoller, lebenswerter. Ich vertraue voll und ganz der Führung meines göttlichen Ichs. Das Über-Ich in mir lenkt mein Denken, mein Fühlen, mein Tun. Mein Überbewusstes lässt mich den Ausdruck meines Ich

bin, den wahren Zweck meines Lebens finden. Mein Leben gestaltet sich erfolgreicher mit jedem Tag; denn in mir ist die Kraft."

Angebracht ist es, vorerst nur eine Denkformel zu üben. Ausschlaggebend bleibt, dass die positiv-vertrauende Gedankenrichtung zur *bleibenden* Gewohnheit wird.

Unmerklich erst vielleicht, mit der Zeit jedoch umso deutlicher, werden sich die Konturen des bisherigen Schicksalsgefüges ändern.

Naturbedingte Wellentäler, fluktuierendes Auf und Ab darf uns nicht irremachen. Jedwede Entwicklung vollzieht sich nach den Gesetzen der Spirale. Vergessen wir nicht, Karma muss abgetragen werden, einst Verwirktes drängt nach Ausgleich. Prüfungen bleiben keinem von uns erspart. Sie werden in der Folge nicht einmal leichter. Keine Gedankenmagie, kein Erfolgsstreben vermag dies zu verhindern. Prüfungen sind Gradmesser inneren Reifens, sind Belastungsproben, die zeigen, wie weit wir fähig geworden, das „Kreuz auf uns zu nehmen", um uns vor dem „Schwellenhüter" zu bewähren.

Die Kraft des Gedankens, die Macht des Glaubens, die schöpferischen Tiefenkräfte, die Weisheit des Überbewussten in den Dienst der Lebensformung stellen, heißt, sich in Einklang bringen mit dem Walten höherer Dimensionen.

XVI

Das magnetische Verfahren

Voraussetzung für jede Behandlung
Der magnetische Rapport
Die magnetische Heilweise
Beispiele von magnetischen Heilbehandlungen
Einige Winke noch für die Teilbehandlung
Die heilmagnetische Teilbehandlung nach Dr. med. Gratzinger
Abziehen von Krankheiten
Aufladen und Entladen der Chakras

Ist Ihr persönliches Strahlungsfeld durch Selbstmagnetisation, Pranaübungen, Vokalatempraktiken, Runenexerzitien und autosuggestiven Zuspruch hinlänglich gestärkt, steht nichts mehr im Wege, den aufgespeicherten Magnetismus an andere abzugeben. Viel Gutes kann damit getan werden. Begreiflicherweise erst dann, nachdem wir uns theoretisch wie praktisch mit den Gesetzen des Magnetismus genügend vertraut gemacht haben. Bis dahin bleibe alles lediglich Versuch. Nicht mehr! Und selbst dann noch, wenn wir wirklich einmal nachweisbaren Erfolg verzeichnen können, dürfen unsere Behandlungen nie mehr als unterstützenden Charakter haben. Maße sich keiner an, den Arzt zu ersetzen, wenngleich, zugestanden, der heilmagnetische Einfluss hin und wieder der ärztlichen Kunst über Erwarten zum Siege verhelfen mag. Entscheidend in jedem Falle ist nicht allein die Stärke der persönlichen Strahlkraft, vielmehr hängt diese eng davon ab, wie weit der Betreffende in seiner inneren Entwicklung vorangeschritten ist.

Überall da, wo Mangel an Vitalität Leiden zeitigt, so bei Schwächezuständen, Nervosität, Überarbeitung und ähnlichem, ist der Erfolg am ehesten gewiss. Aber wiederum unter Mithilfe des Arztes, denn magnetische Heilbehandlung und ärztliche Kunst schließen einander nicht aus, erst recht nicht, wenn es sich um Homöopathie, Biochemie und Naturheilweisen handelt.

Voraussetzung für jede Behandlung

Der Magnetiseur sei seelisch ausgeglichen, im Besitze vollkommener Gesundheit und überrage weit in ethischer Hinsicht den Durchschnitt. Unerschütterliches Vertrauen, unbedingter Glaube an seine Kraft ist die weitere Bedingung. Der zu Behandelnde seinerseits muss ebenso stark vom Können seines Helfers überzeugt sein. Keine antipathischen Spannungen dürfen das Verhalten der beiden zueinander beeinträchtigen. Unterschied des Geschlechtes fördert infolge des geschlechtlich gegenpolaren Odes zumeist die heilmagnetische Wirkung, doch erwachsen hieraus, leicht ersichtlich, Gefahren anderer Art.

Vor Behandlungsbeginn:

1. Gründliche Reinigung der Hände mit heißem Wasser und Seife.
2. Einreihen der Hände mit einem guten pflanzlichen Salböl. Doch sei der Geruch nicht aufdringlich und die Hände nicht fettig.
3. Entodung der eigenen Aura und Selbstmagnetisation verbunden mit entsprechenden Runenübungen.
4. Auge in Auge mit der zu behandelnden Person. Zentraler Blick seitens des Experimentators. Der Blick entbehre jeder Schärfe, er sei gütig und mild.
5. Atemangleichung in regelmäßigem Rhythmus; wobei sich zwei Möglichkeiten ergeben:
   a) *Gleichzeitiges* ein- und ausatmen beiderseits.
   b) Während der Magnetiseur *einatmet*, atmet der Sensitive *aus*, und umgekehrt.
6. Entsprechende geistige Einstellung.

   Der *Magnetiseur* konzentriere sich auf Einstrahlung der odmagnetischen Kraft, vornehmlich in der Phase der Ausatmung. Deutlich muss er verspüren — und dies ist keineswegs Einbildung — wie seinen Handflächen, insonderheit den Fingerspitzen, das magnetische Fluid entströmt.

   Die *Versuchsperson* ihrerseits stelle sich — körperlich wie geistig entspannt, seelisch ausgeglichen — auf Kraftaufnahme ein. Ist sie genügend sensitiv, so wird sie das auf sie überstrahlende Fluid deutlich empfinden.
7. Zwecks Verstärkung der einleitenden odmagnetischen Verbindung darf auch dort, wo von einem Kontakt mit den Füßen nicht die Rede ist (soweit es technisch zu ermöglichen), der Stromkreis geschlossen werden.
8. Bekleidet sei der zu Behandelnde leicht oder gar nicht. Jedoch berücksichtige der Magnetiseur allzeit das Empfinden seiner Sensitiven, um nicht unterbewussten Widerstand aufzurufen. Jedenfalls aber sollten zumindest die Arme ent-

blößt sein. Dicke Bekleidungsstücke oder solche aus reiner Seide sind abzulegen.

Der magnetische Rapport

Der eigentlichen magnetischen Behandlung (Lebenskraftübertragung, Einflussnahme auf den Krankheitsverlauf, magnetischer Schlaf) geht in der Regel eine vorbereitende Manipulation voraus: der magnetische Rapport. Hierzu gibt es eine Vielzahl an Möglichkeiten. Welcher Methode der Vorzug zu geben ist, entscheidet jeweils die Praxis. Wiederholt konnte ich beobachten, wie verschieden Sensitive darauf reagieren. Während die eine Versuchsperson bei dieser Methode des Rapportschlusses augenblicks das Überfließen des magnetischen Fluidums empfand, verspürte die zweite so gut wie nichts, inklinierte dafür aber bei einer anderen Art von Rapport überraschend gut. Man versteife sich also auf keines der Rezepte, sondern erprobe und kombiniere.

Methode I.

Der Magnetiseur steht linkerseits neben der in entspannter Haltung sitzenden Versuchsperson. Ihre Oberschenkel bilden mit den Unterschenkeln einen rechten Winkel. Ein kleiner Fußschemel nötigenfalls erleichtert die Beinstellung.

Angleichung des beiderseitigen Atemrhythmus.

Danach *linke Hand* auf die *Stirn* des zu Behandelnden, *rechte Hand auf den Hinterkopf.*

Hat der Wärmeausgleich zwischen Kopf und Händen stattgefunden — was zuweilen einige Minuten dauert — Hände wegnehmen und fest gegeneinander reiben.

Nachfolgend *linke Hand* auf die *Magengegend* der Versuchsperson, *rechte* gegenüber auf den *Rücken.* Wieder einige Minuten so verbleiben, ehe die eigentliche Praxis ihren Anfang nimmt.

Methode II.

Beide sitzen sich gegenüber, der Experimentator etwas erhöht. Die *Hände* der Versuchsperson liegen auf den *eigenen Knien,* bzw.

auf den Oberschenkeln, *Handrücken nach oben*.

Handinnenflächen des Magnetiseurs darauf, wobei die Innenseite des oberen Daumengliedes mäßig auf den Daumen des zu Behandelnden presst. Nach stattgehabtem Wärmeausgleich wird weitergegangen.

Methode III.

Beide sitzen wie zuvor. Der Magnetopath legt seine *Hände flach* — Handteller nach unten — auf die *Knie* der Versuchsperson; diese legt ihre Hände darüber, *Handteller* auf die *Handrücken*.

Methode IV.

Wie bei Methode II im Sitzen, auflegen und halten der Hände; nur legt jetzt die Versuchsperson *ihre Hände* auf die Knie, respektive auf die Schenkel des Behandlers.

Methode V.

Wiederum im Sitzen, und zwar folgenderweise:

Die *Innenknieseiten* des Magnetiseurs an die *geschlossenen* Knie der zu behandelnden Person. Demnach Innenseite seiner Beine an die Außenfläche der Beine des Patienten.

Zugleich fasst ersterer *beide* Hände seines Gegenübers. Seine *Handteller* ruhen auf dessen *Handrücken*, die Innenseiten der Daumen auf den Daumenballen. Dauer ungefähr zwei Minuten. Sodann legt der oder die Sensitive die Hände auf die eigenen *Oberschenkel. Handteller* nach oben.

Der Magnetiseur schließt den Kontakt mit seinen *Innenhandflächen* so, dass seine Finger seitlich die Hand des zu Behandelnden umfassen; Spitzen der Finger weisen zum *Handrücken*.

Methode VI.

Beide sitzen sich gegenüber.

a) Innenseite des *rechten* Fußes des Magnetiseurs berührt die Außenseite des *linken* Fußes der sensitiven Person, und umgekehrt. Beider *Unterarme* ruhen auf den *Oberschenkeln*, Hände mit der Flachseite (Handkanten, kleine Finger aufliegend) auf den *Knien*. Die Innenhandfläche des Behandlers auf der *Außenhandfläche* des zu Behandelnden. Die etwas nach oben weisenden Daumen berühren sich mit den Spitzen.

b) Stellung wie Kontaktschluss der rechten Hand des Magnetopathen verbleiben; indes er die *Linke erhebt* (und zwar bei geschlossenen Fingern, leicht abstehenden Daumen und nach unten gekehrten Handflächen) und diese eine Zeitlang in einem Abstand von 10—15 cm *schräg über Stirn und Vorderkopf* des vor ihm Sitzenden hält.

c) Fußstellung verbleibt. Hände des zu Behandelnden liegen mit den Handflächen auf den eigenen Knien. Magnetiseur *strahlt* mit *waagrecht* erhobenen *Armen* (in Schulterhöhe) seine magnetische Kraft über auf *Stirn* und *Vorderkopf* des Sensitiven. Hände dabei wieder in 10—15 cm Abstand, jedoch nicht direkt über dem Kopf, sondern etwas davor, so dass der magnetische Strom schräg abwärtsfließend Stirn und Scheitel trifft. Dauer der Bestrahlung fünf oder sieben Atemeinheiten.

Methode VII.

Stehend. Der Magnetiseur fasst die Hände der Versuchsperson derart, dass die *Außenflächen* ihrer Hände mit den *Innenflächen* der seinen Kontakt fassen. Daumen ein wenig abstehend, Innenseiten aneinander.

Methode VIII.

Eignet sich vorzüglich bei Chakra-Behandlung.

Versuchsperson *liegt*. Magnetopath *sitzt linkerseits*. Seine Linke umschließt das Unke Handgelenk des Patienten (und zwar so, dass noch die Spitzen des Kleinfingers, des Ring-, eventuell noch des Mittelfingers die Handoberfläche berühren). Gleichzeitig legt er die *rechte* Hand mit nicht zu starkem Druck auf die *Magengegend*.

Dieserweise durchströmt er mit seinem Magnetismus das Magen-Chakra und den daselbst befindlichen Nervenplexus einerseits, und die sensiblen Punkte der linken Hand andererseits. Nach stattgehabtem Odausgleich folgt die entsprechende Heilbehandlung.

Die magnetische Heilweise

Wie bei Herbeiführung des Rapports ergeben sich auch beim eigentlichen Magnetisieren verschiedene Arbeitsweisen. Falsch wäre es, sich ängstlich auf ein einziges System festzulegen. Man frage während der Behandlung zwischendurch wie diese oder jene Strichführung empfunden wird. Je sensitiver der zu Behandelnde, desto leichter natürlich die Kontrolle. Jedenfalls ist stets die Eigenart des Betreffenden zu berücksichtigen. Davon hängt die Behandlungsart ab. Alle Anweisungen gelten nur als richtungweisend. Wie wir hörten, durchpulsen ähnlich der Blutzirkulation Ätherstromläufe den Bildekräfteleib.

Magnetische Striche beschleunigen diese Strömungen oder verlangsamen sie. Je nachdem, ob sie in direkter oder in entgegengesetzter Richtung des Stromweges verlaufen. Beziehungslos zum Stromverlauf, willkürlich vollzogen, stören sie und schaffen Unordnung. Falsche Striche erzeugen Schwankungen in der ätherischen Struktur. Fortgesetzt wiederholt, ziehen sie innerkörperliche Schädigungen nach sich. Ferner ist es nicht gleichgültig, ob der fluidale Stromverlauf an sich beschleunigt oder gehemmt ist.

Störungen in dem Stromgefüge zeigen sich vorwiegend an der Oberfläche des Ätherkörpers, in der Gesundheitsaura. Auf die tiefer liegenden Stromwege hat nur ein Magnetopath von überdurchschnittlich magnetischer Kraft Einfluss. Hier handelt es sich wohl um eine bestimmte Art von Fluid; nicht ausgeschlossen um die Helioda HUTERS.

In Zweifelsfällen beschränke man sich einfach auf Handauflegen oder auf Einstrahlen in die entsprechenden Körperzentren ohne direkten körperlichen Kontakt. Außer Befolgung der aufgezeigten Grundregeln, vermeide man alle Störungsfaktoren, ablenkende Geräusche usw. und lüfte den Raum gründlich. Ehe sich der

Patient hinlegt, entode man das Lager.

Um die eigene Strahlkraft zu verstärken, wird mitunter empfohlen, die Hände in eine leichte Kochsalzlösung (1—3 Löffel Salz auf einen Liter Wasser) oder in Essigwasser (ein Viertel Liter Essig auf ein Liter Wasser) zu tauchen.

Nachdrücklich sei betont, nicht jede Art Magnetismus ist zuträglich für jedermann; denn von sehr unterschiedlicher Qualität sind die Fluidalkräfte des Ätherleibes. Manche Magnetopathen sind für den Kranken geradezu schädlich. Desgleichen mancher Patient für seinen Heiler.

Die Ausstrahlung verschiedener ist mitunter gesundheitsstörend, ja direkt lebensverkürzend für andere. Ungünstige Witterungsverhältnisse sollen, Beobachtungen zufolge, den abträglichen Einfluss eines so gelagerten Strahlungsfeldes noch steigern. Als Folgen zeigen sich seelische Störungen; Veränderungen im Blut und in den Verdauungssäften; saures oder scharfes Erbrechen, Ausschläge, Geschwüre, übelriechende Schweißausbrüche sind zuweilen das Ergebnis einer solchen disharmonischen magnetischen Behandlung.

Elektrographische Aufnahmen der nebeneinanderliegenden Hände zweier Personen erweisen deutlich das Sympathieverhältnis. Bei bestehender Harmonie fließen die magnetischen Strahlen der Hände ineinander, herrscht dagegen Antipathie, so prallt die Strahlung jeder Hand wie vor einem unsichtbaren Widerstand zurück.

Einfacher stellt das Pendel das Sympathieverhältnis der gegenseitigen odmagnetischen Strahlung fest. Kreist es die Hände ein, ist gegen eine magnetische Behandlung nichts einzuwenden, sollte aber unterbleiben, falls das Pendel einen Trennstrich schlägt.

Wie erinnerlich, wird der Ätherkörper aus dem Kraftzentrum der Sonne gespeist, der die aufgenommene Kraft in die verschiedensten Schwingungen der Lebensenergie umwandelt. Es eignet sich also nur derjenige zum Magnetiseur, dessen ätherisches Vehikel mehr an Lebensenergie erzeugt, als sein Körperhaushalt benötigt; wozu viel unsere Exerzitien beitragen.

Zweckmäßig ist es, die Behandlung mit einer kurzen Schweigeübung einzuleiten, der die übliche Reinigung der Aura vorangegangen ist. Der Empfänger der magnetischen Lebensströme mache sich aufnahmefähig durch passives Gelöstsein. Der Magnetopath lockere seine Strahlkraft und steigere die Sendefähigkeit durch einen passenden Selbstbefehl.

Wo der zentrale Blick stört, schließe der Patient die Augen. Zuschauer halte man tunlichst fern. Sind welche zugegen, dann mindestens in zwei Meter Entfernung. Ohne es zu wollen, vampirisieren manche Personen. Nicht selten entziehen sie dem Magnetiseur eine beträchtliche Menge an Kraft, deren Ausfall vom Behandler, sofern dieser sehr sensitiv ist, sofort gefühlt wird, wie eigene Beobachtung wiederholt bewies. Einige Magnetiseure leiten die Behandlung mit folgender Manipulation ein:

Sie nähern sich mit aneinandergelegten Handrücken dem Kopf der Versuchsperson, wobei die ausgestreckten, geschlossenen Finger mit den Spitzen zu ihrem Antlitz weisen. Darauf vollziehen sie, abwärts entlang des Körpers, energische Seitwärtsbewegungen der Arme, so als wollten sie etwas auseinanderreißen, um sich gewissermaßen damit den Zutritt in die fremde Odhülle zu verschaffen. Dann erst wird der Rapport hergestellt und die Behandlung beginnt.

Beispiele von magnetischen Heilbehandlungen

1. Methode

Der Patient liege mit dem Kopf nach Norden, der Magnetiseur stehe links, seitlich des Lagers; so lautet zumeist die Vorschrift.

a) Nach vollzogenem Rapportschluss:
   Beide Handflächen, ohne sich zu berühren, drucklos auf den Kopf des Patienten.

b) Strichführung langsam *seitlich* des Kopfes über Hals, Schultern, Arme, Schenkel, Füße. Zum Schluss etwas schneller über die Fußspitzen hinausstreichen. — Hände nach hinten abschütteln und Arme im weiten Außenbogen zurückführen. — Handflächen abermals auf den Kopf. Daselbst einige Minuten verharren.

c) Erneute Strichführung wie zuvor; jedoch die *Vorderfront* von Gesicht und Körper bis zu den Fußspitzen bestreichen. Wiederum um ein weniges über diese hinaus.

Diese Strichführung entweder abwechselnd, oder zuerst die Profilseite mit der entsprechenden Anzahl an Strichen behandeln und darauffolgend die vordere Körperfläche. Angängig ist ferner, beim seitlichen Bestreichen bei den Händen zu enden. In diesem Fall streiche man über die Fingerspitzen hinaus, und zwar wieder mit erhöhtem Tempo.

d) Strichführung *ohne Berührung* in derselben Folge, die leichtgespreizten Finger in einem Körperabstand von fünf, zehn oder mehr Zentimetern.

Dauer der Behandlung: Eine Viertelstunde. Wird ohne körperlichen Kontakt magnetisiert, bis zu zwanzig oder fünfundzwanzig Minuten.

Von Fall zu Fall ist zu entscheiden, ob Behandlung mit oder ohne körperlichen Kontakt, oder ob eine Kombination beider angebracht erscheint.

Körperliche Berührung empfiehlt sich bei allen *negativen* Krankheitsformen, vor allem bei Schwächezuständen. Bei positiven, hitzigen, fieberartigen Krankheitserscheinungen, sowie überall dort, wo direkter Kontaktschluss unangenehm empfunden wird, ist kontaktlose Strichführung anzuraten.

Der eben geschilderten Ganzbehandlung folgt nötigenfalls eine spezielle Teilbehandlung, die die erkrankte Stelle lokal beeinflusst.

Bei kombinierter Behandlung: Fünf Minuten Ganzbehandlung, fünf Minuten Teilbehandlung, fünf Minuten Ganzbehandlung wie zu Beginn.

Erforderlichenfalls dürfen diese Zeiten überschritten werden. Bezüglich der Striche noch. Einige Methoden beginnen mit der Strichführung nicht in Scheitel-, sondern in Augenhöhe. Bei anderen wieder nähert sich der Magnetiseur mit gefausteten Händen dem Gesicht, spreizt knapp davor mit einem energischen Ruck die Finger, um die odmagnetische Kraft dem Patienten gleichsam entgegenzuschleudern.

2. Methode

Patient sitzt, Magnetopath ihm gegenüber, die Hände auf dessen Haupt. An sich derselbe Vorgang wie bei der ersten Methode, Striche vom Kopf hinunter zu den Füßen; nur muss hier die Strichführung zwischen Schultern und Knien kontaktlos in einer Geraden verlaufen. Also nicht etwa Brust, Leib, Oberschenkel in direkter Berührung bestreichen.

Verschiedene Praktiker allerdings beachten diese Vorschrift nicht, wie die dritte Methode sofort zeigen wird.

3. Methode

Wieder Patient sitzend und Magnetopath stehend.

1. Hände fausten und in weitem Seitenbogen hochführen, über der Stirn öffnen, Finger dabei leicht spreizen. Strich abwärts: Beginnend an der Stirn, über Gesicht, Hals, Brust, Unterleib, Schenkel, endend bei den Knien. Dauer eines Längsstriches bis zu einer halben Minute. Gesamtdauer fünf Minuten.
2. *Rechte* Hand auf die Magengrube, und zwar möglichst auf die bloße Haut. *Linke* Hand auf eine beliebige Stelle des Rückgrates.
3. Stellt sich in der Linken Prickelempfinden ein, wird die Hand vom Rücken genommen. Die Rechte indes verbleibt weiterhin auf dem Solarplexus.
4. Nach kurzem Verharren nähert sich der *Mittelfinger* der Linken leicht dem Rückgrat. (Einigermaßen Sensitive werden dabei ein leichtes Prickeln verspüren.)
5. Im Anschluss daran mit dem *Mittelfinger*, hernach auch mit den anderen Fingern der linken Hand *abwärts die Wirbelsäule leicht betupfen.* Die Rechte verbleibt unausgesetzt auf dem Solarplexus. Gesamtdauer der Behandlung: zehn Minuten.

4. Methode

I. *Zufuhr von Lebenskraft*

Einstrahlen des magnetischen Fluids in den Ätherleib des Patienten. (Ohne Strichbehandlung!) Die weit gespreizten Finger beider Hände sind auf die *Nackengegend* gerichtet. Abstand einige Zentimeter. Manche Magnetiseure stehen dabei vor, andere wiederum hinter dem Patienten.

Äußerste Konzentration auf Kraftübertragung ist Bedingung. Imagination ballt den odmagnetischen Strom, den ein fester Wille nach Belieben zu lenken vermag. Diese Methode behebt Stockungen im Ätherstromlauf, versichern Praktiker.

II. *Trinken magnetisierten Wassers*

Das dem Wasser eingestrahlte Fluid wird vom Ätherleib aufgenommen und verwertet. Nicht Verwertbares scheidet dieser in Form der „magnetischen Spur“ aus.

Wie bekannt, unterliegt Linga sharira gleich dem physischen Körper einem ständigen Umwandlungsprozess. Unaufhörlich nimmt der Ätherleib energiegeladene Ätherteilchen auf und ununterbrochen verlassen verbrauchte Ätherpartikelchen die ätherische Aura. Das Pendel zeigt, um wieviel der Patient nach dem Einstrahlen oder nach Trinken magnetisierten Wassers (man kann auch beides miteinander verbinden) an Lebenskraft gewonnen hat.

5. Methode

Magnetisieren der *Rückenseite*

Darüber herrschen geteilte Ansichten, insofern einige die Polaritätsunterschiede unberücksichtigt lassen und die Körperrückseite ebenso behandeln wie die Vorderfront.

Bei Berücksichtigung der Polarität:

Arme kreuzen. In gekreuzter Armhaltung bei den Schultern beginnen und abwärts bis zu den Füßen streichen. Ebenfalls in weitem Außenbogen mit den üblichen Schleuderbewegungen der Hände nach hinten zur Ausgangsstellung zurück.

Dauer: Fünf Minuten.

Beispiel einer magnetischen Vollbehandlung

Patient liegt entspannt, bei völliger Gedankenruhe und harmonischer Gemütshaltung. Magnetopath ihm links zur Seite. Sitzend.

Vorbehandlung:

Rapportschluss: Linke Hand fasst das linke Handgelenk des zu Behandelnden. Fingerspitzen berühren den Handrücken. Rechte Hand mit mäßigem Druck auf den Solarplexus. Blick: Ruhig, gelassen (Zentralblick). Patient sieht, sofern es ihn nicht stört, dem Magnetiseur in die Augen, ohne sich jedoch anzustrengen.

Der Behandler *strahlt* unentwegt die *Heilstromkraft* ein, die er außerdem mit halblaut gegebenen *Suggestionen* unterstützt, um das Vertrauen zu wecken — den Glauben an die Gesundung zu stärken — die Aufmerksamkeit des Patienten auf die in das Sonnengeflecht einströmende Heilkraft zu lenken. Hernach befiehlt er dem Leidenden die Augen zu schließen, ihm zugleich das Gefühl wohltuenden Erschlaffens suggerierend.

Ganzbehandlung: Der Magnetiseur steht, die gefausteten Hände ungefähr fünf Zentimeter über dem Scheitel-Chakra, sodann öffnet er energisch die Faust, spreizt die Finger und krümmt sie ein wenig ein. Gut gelockert und mit stärkster Vorstellungskraft richtet er die Handstrahlen auf das Haupt des Patienten und vollzieht nach drei Vollatemzügen — wieder mit äußerster Imagination — den

1. Strich: Hände an die *Schläfengegend*; abwärts Wangen, Schultern, Arme. Strichführung dreimal wiederholen.
2. Strich: Hände abermals an die Schläfen. Abwärts über Gesicht, Brust (bei Frauen Brustwarzen umgehen) zum Solarplexus. Daselbst drei Atemeinheiten verharren und das odmagnetische Fluid anstauen. Strichführung: siebenundzwanzig Mal.
3. Strich: Beginn *Solarplexus*, abwärts über den Leib (Sexualzentrum umgehen) bis zu den Knien. In diese, drei Atemzüge lang, das Od einstrahlen. Strichführung: achtzehn Mal.
4. Strich: Beginn Knie, abwärts zu den Füßen. (Diese nebeneinander und nicht übereinander gekreuzt.) Strichführung: neunmal.

Die Zahl der Striche darf verringert werden. Um jedoch nicht die vorhergehenden Zentren zu schwächen, ist das entsprechende Verhältnis einzuhalten.

Beispiel: Zweiter Strich (zum Solarplexus): neunmal; dritter Strich (zu den Knien): sechsmal; vierter Strich (zu den Füßen): dreimal. Das körperliche Bestreichen darf vom Patienten niemals als unangenehm empfunden werden. Versuchsweise schalte man Striche ohne körperliche Berührung mit ein.

Teilbehandlung: (Diese schließt sich an in Fällen örtlicher Erkrankung und überall da, wo eine stärkere Übertragung der Lebenskraft geboten scheint.)

1. Die den erkrankten Organen, bzw. Körperstellen, nächstliegenden Chakras bestrahlen. Rechte Hand fest auf das betreffende Ätherzentrum. Auflegen beider Hände ist ebenfalls erlaubt. Die Chakra-Aufladung kräftigt die umliegenden Körperpartien.
2. Hand etwas zurückziehen und weiter in die erkrankte Stelle einstrahlen.

Schlussphase: Der Patient verharrt weiterhin in Ruhelage. Der Magnetiseur suggeriert ihm mit leiser Stimme *Ruhe, Kraft, Wohlbefinden*. Erforderlichenfalls versetze er ihn in stärkenden Schlummer.

Behandlung bis zu dreimal wöchentlich einen Monat hindurch. Darauffolgend vier Wochen Pause, um Odüberladung zu vermeiden. Vorgeschrieben wird auch, die Tage des Neumondes zu meiden, bei Frauen außerdem die Tage der Periode.

Ist die Behandlung beendet, reinige der Magnetiseur gründlich mit warmem Wasser und Seife Hände und Gesicht, entode die Aura, pole sich durch Atemübung oder ein Runenexerzitium wieder auf und ziehe sodann um sich den Odmantel. Diese Maßnahmen sind nötig; denn nicht selten infizieren sich Magnetiseure an der kranken Aura ihrer Patienten. Reinigung und Neuaufladung beugen der Ansteckung vor.

Einige Winke noch für die Teilbehandlung

Behandlung des Kopfes:

1. *Vorderkopf*: Fingerspitzen beider Hände an die Stirn des Patienten. Linke: rechte Kopfseite; Rechte: linke Kopfseite.

Die Spitzen der Finger weisen nach unten. Striche über den Kopf bis zum Haarwirbel. In weitem seitlichem Bogen zurück zur Ausgangsstellung und erneute Strichführung.

2. *Hinterkopf*: Fingerspitzen beider Hände in die Nackengegend des Patienten. Hände weisen zum Kopf. Striche langsam aufwärts zum Haarwirbel.
3. *Hinterkopf — Solarplexus — Rückgrat*:
   a) *Rechte*: Solarplexus; *Linke*: Hinterkopf (und zwar am Übergang Nacken — Kleinhirn, wo die Halswirbel beginnen). Dauer: Fünf Minuten.
   b) *Linke* Hand berührt das Haupt mit den Fingerspitzen und vollführt eine ziehende Bewegung bis zu den oberen letzten Wirbeln des Rückgrates. *Rechte* Hand verbleibt auf dem Sonnengeflecht.

Bei dieser Behandlungsart sitzt der Patient, der Magnetiseur steht oder sitzt gleichfalls.

Gegen Hitze und Blutandrang im Kopf:

Bei starker Erhitzung des Kopfes und bei Blutandrang im Gehirn empfiehlt es sich — wie ich wiederholt erprobt habe — nachstehende Behandlung.

Patient sitzt, ihm gegenüber der Magnetopath; die Hände vorn an die Stirn oder auf den Scheitel, je nachdem, wo der Schmerz sich am meisten äußert. Fingerspitzen weisen zueinander. Strich über den Kopf zum Nacken und die Wirbelsäule entlang. (Wobei die Fingerspitzen beider Hände die Wirbelsäule berühren.) Hände in weitem Außenbogen gut abschütteln und zur Ausgangsstellung zurück und abermaliger Strich.

Gedankliche Einstrahlung: Nicht Kraft einstrahlen, sondern das angesaugte Od *abziehen*.

Magnetisieren von Augen und Ohren:

Rechtes Ohr bis zum rechten Auge mit den Fingerspitzen der linken Hand bestreichen. Linkes Ohr und Auge umgekehrt behandeln.

Behandlung des Herzens:

Mit beiden Händen über die Brust streichen, anschließend bis zu den Knien und etwas darüber hinaus.

Teilbehandlung der Arme:

Bei erkranktem linkem Arm auch den rechten streichen und umgekehrt. Streichen der Arme wie bekannt.

Die heilmagnetische Teilbehandlung nach Dr. med. GRATZINGER

Dr. med. GRATZINGER unterscheidet bei der magnetischen Teilbehandlung zwischen positiven und negativen Griffen. Die positiven Griffe berühren den Körper des Patienten, wohingegen die negativen einige Zentimeter davon entfernt bleiben. Mitunter werden letztere „Schwebegriffe" genannt.

Hier nun ein System der Teilbehandlung, wie es Dr. med. GRATZINGER in seiner Praxis anwandte.

1. *Kniegriff.* Patient sitzt. Ober- und Unterschenkel im rechten Winkel. Eventuell kleinen Schemel unter die Füße. Hände des Magnetiseurs mit den *Innenflächen* auf dessen Knie, dieser mit seinen Innenhandflächen auf die Handrücken des Behandlers. Einleitender Rapportgriff, ferner bei *Erkrankung der Beine, der Knie- und Fußgelenke.*
2. *Unterschenkelgriff.* Magnetiseur legt seine Hände flach auf die Wadenbeinseite der Unterschenkel. Fingerspitzen nach hinten gerichtet. — Bei Unterschenkel- und Fußerkrankungen, bei *Kongestionen des Kopfes*, sofern eine stärkere Blutströmung nach den Füßen wünschenswert erscheint.
3. *Oberschenkelgriff.* Handflächen des Behandlers auf die Außenseite der Oberschenkel. Fingerspitzen weisen nach hinten. — Bei *Leiden der Oberschenkel, des Beckens und der Unterleibsorgane.*
4. *Unterleibsgriff.* Hände auf den Unterleib des Kranken. Fingerspitzen weisen aufwärts zur Magengegend. — Bei *Unterleibsleiden und Stoffwechselstörungen.*
5. *Vorderer Flankengriff.* Magnetiseur sitzt dem Patienten ge-

genüber. Seine Hände umfassen dessen Hände (Beckengürtelhöhe). Fingerhaltung erläutert Dr. GRATZINGER nicht. Richtung zum Rücken erscheint jedoch selbstverständlich. — Bei *Leber-, Milz- und Nierenleiden.*

6. *Stirngriff.* Hände an die Stirn des Leidenden. Fingerspitzen treffen sich an der Nasenwurzel. — Bei *Kopfleiden* und *Krankheiten der Sinnesorgane.*
7. *Wangengriff.* Hände beiderseits auf die Wangenseite. Fingerspitzen weisen zueinander. — Bei *Erkrankungen der Gesichtsnerven, der Nase und des Kiefers.*
8. *Scheitelgriff.* Magnetiseur steht hinter dem Heilungssuchenden. Hände auf dessen Scheitel. Fingerspitzen weisen nach der Stirn. — Bei *Kopferkrankungen* und *Sprechstörungen.*
9. *Hinterhauptgriff.* Magnetiseur hinter dem Patienten. Hände auf dessen Hinterkopf. Fingerspitzen weisen nach oben. — Bei *Augenkrankheiten, Störungen der Atmungsorgane, der Verdauungswerkzeuge sowie der Zirkulation.*
10. *Ohrgriff.* Magnetopath hinter dem Patienten. Hände umfassen die Ohrmuscheln. Fingerspitzen weisen senkrecht nach unten. — Bei *Gehstörungen, Kopfleiden, Nasen-, Rachen- und Kehlkopfkatarrhen.*
11. *Stirnhinterhauptgriff.* Magnetiseur an der rechten Seite des zu Behandelnden. Rechte an die Stirn, Linke auf das Hinterhaupt. Spitzen der Finger seitlich und nach links gerichtet. — Bei *Kopfleiden und allgemeinen nervösen Störungen.*
12. *Stirnscheitelgriff.* Magnetiseur steht hinter dem Patienten. Rechte auf die Stirn, Linke über die Scheitelbeine. Die rechten Fingerspitzen seitlich nach links, die Spitzen der linken Hand nach rechts gerichtet. — Bei *Kopfleiden und Erkrankungen der Gliedmaßen.*
13. *Schädelhinterhauptgriff.* Magnetiseur an der rechten Seite des Leidenden. Rechte Hand auf die Scheitelbeine, linke Hand auf das Hinterhaupt. Fingerspitzen der Hände nach links gerichtet. — Bei *Aufregungszuständen, Sehstörungen, Schlaflosigkeit, Verdauungsschwäche.*

14. *Schultergriff.* Magnetiseur steht hinter dem Leidenden. Hände auf dessen Schultern. Finger weisen nach vorne, Daumen verbleiben hinten. — Bei Lungenspitzenkatarrh. Wichtig bei allen Allgemeinerkrankungen.

15. *Brustgriff.* Behandler hinter dem Behandelnden. Hände nebeneinander flach auf die Brust. Finger zeigen abwärts (Arme demnach unter die Achselhöhle des Patienten). — Bei *Lungen-, Magen- und Herzerkrankungen, Allgemeinleiden, Gemütsaffekte.*

16. *Kehlkopf-Nackengriff.* Magnetiseur hinter dem Heilungssuchenden, beide Hände flach um den Hals. Spitzen beider Daumen im Nacken, Fingerspitzen beider Hände vorne am Kehlkopf. — Bei *Erkrankungen der Atmungsorgane, des Rachens und der Speiseröhre.*

17. *Schulterblattgriff.* Hinter dem Kranken. Beide Hände flach auf die Schulterblätter. Fingerspitzen aufwärts gerichtet. — Bei Rheumatismus im Rücken.

18. *Wirbelsäulengriff.* Hinter dem Kranken. Rechte auf die oberen Brustwirbel, Linke auf die Lendenwirbel. Fingerspitzen links, seitlich. — Bei *Rückenmarksleiden, Neurasthenie und Allgemeinerkrankungen.*

19. Hinterer Flankengriff. Hinter dem Kranken. Beide Hände an dessen Seite in Beckengürtelhöhe. Fingerspitzen nach vorne. — Bei *Leber-, Nieren- und Milzleiden.*

20. *Lendenkreuzgriff.* Hinter dem Kranken. Rechte auf die Lendengegend, Linke auf das Kreuzbein. Fingerspitzen flach seitlich nach links. — Bei *Stuhlträgheit, Hämorrhoiden und Nierenleiden.*

21. *Kreuz- und Unterleibsgriff.* Magnetiseur links vom Heilungssuchenden. Linke auf den Unterleib, Rechte auf das Kreuz. Fingerspitzen nach rechts gerichtet. — Bei *Leiden der Unterleibsorgane und Ischias.*

22. *Rücken-Brustgriff.* Links vom Behandelnden. Linke auf Magengrube, Rechte auf die Mitte des Rückens. Fingerspitzen seitlich nach rechts. — Bei *Leiden der Brustorgane und des Rückenmarks.*

Bei fieberhaften Erkrankungen und den magnetischen Krisen

— die in den Genesungsverlauf mit einbezogen werden müssen — ist den negativen Griffen der Vorzug zu geben.

Die wechselweise Anwendung beider Griffarten wird insbesondere empfohlen zur Behebung von Stauungen, Lösung krankmachender Stoffe und zwecks besserer Anregung der Organtätigkeit. Infolge Auflösung und Ausscheidung von Schlacken entstehen nicht selten vorübergehend Fieber, Krämpfe, Atembeklemmung, Blutwallungen usw.: die „magnetischen Krisen", Anzeichen baldigen Erfolges.

Angenehme Krisenerscheinungen zeigen sich in der erhöhten Tätigkeit der Ausscheidungsorgane und einem gesteigerten Kraftgefühl. Mit auftretenden Krisen ist bei jeder Form von magnetischer Behandlung zu rechnen. Runenpraktiker verstärken die GRATZINGER — Griffe durch Runenexerzitien. Raummangelshalber sei auf „Runenexerzitien für Jedermann" verwiesen.

Abziehen von Krankheiten
Aufladen und Entladen der Chakras

Zufuhr von Kraft ist nicht in jedem Falle richtig, mitunter vielmehr erscheint es angebracht, den Leidenden von krankmachendem Fluid zu befreien, indem man dieses ganz einfach *abzieht*, und zwar während der Strichführung oder beim Auflegen der Hände in der Phase der Einatmung. Man sauge bei stärkster Konzentration an und befreie sich davon im Augenblick der Ausatmung durch kräftige Abschleuderbewegung der Hände. Zweckmäßig ist es, das dem Kranken entzogene Od in eine bereitstehende Schüssel mit Wasser zu geben und nachher sofort wegzugießen.

Kopfschmerzen beseitigt man durch Abziehen zumeist eher als durch das übliche Geben. Mir persönlich wenigstens ist bei Schmerzzuständen das Abziehen stets weitaus besser bekommen. Personen, die auf magnetische Behandlung gut ansprechen, sind in der Regel ein brauchbarer Gradmesser, da sie empfinden, was ihnen zuträglich, was nicht: Magnetisieren oder Demagnetisieren.

Im Ganzen gesehen, schadet eine die Behandlung einleitende Aura-Reinigung dem Patienten nie. Vielfach sind Wurzel- und Magen-Chakra infolge missleiteter Triebkräfte in Fehlfunktion.

Stark überladen führen sie zu gesundheitlichen Störungen. Dem versierten Pendler verrät das Pendel durch übermäßigen Ausschlag die starke Anstauung des odmagnetischen Fluids. Pendelschwung unter dem Normalmaß deutet auf Unterfunktion, auf Lebenskraftmangel. Diese Schwankung des für unsere Gesundheit so wichtigen Agens gleicht man aus durch Abziehen. Das Zuviel führt man den odarmen Zentren zu.

Häufig wird es sich herausstellen, dass die Fuß- und Knie-Chakras geschwächt sind. Folge ist, die ihnen zuströmenden Erdkräftekommen daselbst nur unvollkommen zugute. Rheumatismus der unteren Gliedmaßen, Wadenkrämpfe, Knieschmerzen, Unterleibsstörungen, Krampfadern, Sehnenentzündungen sollen nach Ansicht esoterischer Heiler darin ihre Ursache haben.

Diesem Übel ist wie folgt zu begegnen:

> Nach beendeter Ganzbehandlung lege man beide Handflächen fest auf jenes Unterleibs-Chakra, das am ehesten Odentzug verträgt. Mit stärkster Imagination sauge man das Od in den Handmitten an, streiche bis zu den Knien, presse sodann die Hände darauf und strahle es — wieder unter stärkster Konzentration — ein.

Gleicherweise stärke man die *Fußsohlen*.

> Entzug — Strich — Einstrahlung in neunmaliger Folge genügen je Knie und Fuß. Keinesfalls jedoch darf das der Aufladung dienende Chakra überbeansprucht werden.

Wechselfußbäder, Bürstenbäder, kalte Waschungen fördern den Umständen gemäß, den heilmagnetischen Erfolg. Welcher Therapie der Vorzug zu geben ist, bestimme der Rat eines erfahrenen Heilkundigen.

Erwähnt zum Schluss sei noch kurz die in okkult-magischen Kreisen herrschende Anschauung, welche besagt, dass bei Ehegatten die zum erfolgreichen Magnetisieren so notwendige Od-Spannung, infolge des intimen Verkehrs, sich mit der Zeit verliere. Ein gegenseitiger heilender Einfluss demnach kaum in Frage käme. Diese Behauptung ist durchaus nicht abwegig, hat aber nicht unbedingt in jedem Fall Gültigkeit. Vergeuden oder Maßhalten gibt hier den Ausschlag.

XVII

Suggestion — Hypnose — Somnambulismus

Suggestion
Wachsuggestion (Versuchsanleitung)
Der hypnotische Zustand

1. Hypnose nach Coué
2. Hypnose nach Cumberland
3. Der somnambule Zustand

Posthypnose

Suggestion

Was denken, sprechen wir nicht alles, was sich im Unterbewussten ohne unser Zutun zu wirkungsvollen Suggestionen gestaltet. Wieviel an Eindrücken nehmen wir in uns auf, die suggestiv auf uns wirken. Zu oft nur richten wir uns ganz nach den Worten irgendeines Menschen, handeln nach seinen Ratschlägen, sind vollends in seinem Bann. Nicht immer zu unseren Gunsten.

Streng genommen dominiert bei allem menschlichen Beieinandersein die gegenseitige Suggestion. Einer beeinflusst den anderen, versucht ihm etwas einzureden, ihn zu überzeugen, für seine Pläne zu gewinnen, nach seinem Willen zu lenken. Sympathie und Antipathie sprechen hierbei ein gewaltiges Wort. Ist uns ein Mensch sympathisch, so sind wir von vornherein aufgeschlossener, selbst wenn seine Absichten nicht ausschließlich unseren Beifall finden. Viel schwerer dagegen hat es der uns weniger Sympathische, und sei seine Meinung noch so hieb- und stichfest.

Über die Frage, ob bei Übermittlung einer Suggestion eine zwingende Kraft von Mensch zu Mensch überspringe, wird viel diskutiert. Während die einen behaupten, der Wille des Suggestors, die magische Kraft seiner Gedanken realisiere das Suggerierte, vertreten andere starr die Ansicht, die Realisation jedweder Suggestion bewirke einzig und allein das Unbewusste des Beeinflussten. Worauf ja schon COUÈ hingewiesen hat. Wie bekannt, hat er die Fremdsuggestion bald aufgegeben, nachdem er gefunden hatte, dass die Selbstsuggestionen seiner Patienten zu dem gleichen Ziel führten. Professor CHARLES BAUDOIN, wohl einer der bedeutendsten Anhänger des Apothekers von Nancy, befürwortete dessen Entdeckung, davon überzeugt, dass keinerlei geheimnisvolles Agens seitens des Suggestors in Frage käme. Entscheidend sei immer, betonte er, ob eine Suggestion angenommen wird oder nicht. Alles weitere sei Arbeit des in unkontrollierbaren Tiefen schaffenden psychischen Dynamismus.

Wieweit diese Version, der heute noch viele anhangen, ihre Berechtigung hat, bleibe dahingestellt. Eigene Erfahrung — ich habe sie ausführlich dargelegt in meiner Schrift „Unsichtbare Helferkräfte“ — kann ihr nicht voll beistimmen.

Die Fremdsuggestion darf in all jenen Fällen angewandt werden, auf die wir bei Besprechung der Autosuggestion hingewiesen haben. Desgleichen lässt sich Eigensuggestion mit Fremdsuggestion entsprechend kombinieren. Ebenso Fremdsuggestion und Heilmagnetismus.

Der bekannteste Zweig der Suggestionswissenschaft zweifellos ist die *experimentelle Wachsuggestion*. Ein Gebiet allerdings, auf dem leider unendlich gesündigt worden ist, bei öffentlichen Schaustellungen, nicht minder in privaten Kreisen. Grundfalsch jedoch wäre es, deswegen diese aufschlussreiche Disziplin zu verwerfen, wie es ja von verschiedenen versucht wird; darunter manch Überängstlicher, der sich auch „Esoteriker“ nennt. Längst ist die Zeit vorbei, wo Hypnose und Suggestion, von der herrschenden Wissenschaft verlacht, Reservat einiger weniger Kundiger war. Zu einfach ist die Praxis des Suggerierens und Hypnotisierens und viel zu viel Anleitungen hierüber existieren. Wenig Sinn also hätte es, ängstlich über diese Kunst zu schweigen.

Gewisse Kreise bringen heute noch jeden, der sich mit Hypnose befasst, in den Ruf der schwarzen Magie, ohne freilich vom wahren Wesen der von ihnen so gefürchteten Magie eine rechte Vorstellung, geschweige denn nähere Kenntnis, zu besitzen.

Kehren Sie sich also nicht daran. Gehen Sie unbeirrt den Weg, den Ihnen Ihr inneres Wollen vorzeichnet. Das Wissen um das Karmagesetz, um Ursache und Folge, sei Ihnen Richtschnur. Sie wissen: *Disharmonien, bewusst oder unbewusst geschaffen, treffen Sie unweigerlich.*

Niemanden können Sie schädigen, ohne sich zugleich selber weit mehr noch zu schaden. Bumeranggleich, mit Zins und Zinseszins kehrt Verursachtes zum Verursacher zurück. Bleiben Sie dieser Weisheit eingedenk bei jedem Gedanken, den Sie denken, bei jedem Wunsch, den Sie hegen, und erst recht, falls Sie sich an Suggestionsexperimente wagen. Beeinflussen Sie ja niemanden gegen seinen Willen. Drängen Sie niemals jemanden Ihre Meinung auf. Vermeiden Sie jedweden Zwang. Rat, Belehrung, Hilfe gewähren Sie nur dort, wo ehrlich danach verlangt wird. Ansonsten beachten Sie Stillschweigen. Leben Sie dafür aber ein beredtes Beispiel vor, das suggestiv zum Nachleben anspornt. Gerade das ist so selten. Lehren gibt es die Fülle, gegeben zumeist, dass die anderen sie befolgen. So viele „Weltverbesserer", die ihre ganze oft diabolische Suggestionskraft einsetzen, verwechseln den Wunsch, dem gesteckten Ideal zu entsprechen, mit dessen (noch nicht erfolgte) Verwirklichung. Das Ergebnis: Unduldsamkeit, Scheinheiligkeit, Heuchelei, Verleumdungssucht.

Immunisieren Sie sich gegen derlei Suggestionseinflüsse, die tagaus, tagein auf Sie eindringen. Trachten Sie, achtend die Rechte der anderen, stets ein Eigener zu bleiben. Jeder Mensch zieht seine ihm vorgezeichnete Bahn, wehe jedem, der diese stört.

Fassen wir zusammen:

Eine Suggestion kann direkt erteilt werden, sie kann — weitaus öfter der Fall — sich indirekt in das Unbewusste schleichen. Reklame, politische Agitation, Meinungsbildung der Presse bestätigen es.

Allgemein unterscheiden wir zwei Arten von Suggestionen:

Die Selbst- oder Autosuggestion und
die Fremd- oder Heterosuggestion.

Letztgenannte wiederum unterteilt sich in
Wach-Suggestion und in *hypnotische* Suggestion.

In der Technik der Autosuggestion haben Sie inzwischen sicherlich schon einige Fortschritte gemacht, mit der Wachsuggestion wollen wir uns jetzt beschäftigen. Sie ist zugleich eine ausgezeichnete Konzentrations- und Willensschulung.

Wachsuggestion (Versuchsanleitung)

Kein Experiment ohne ausdrückliches Einverständnis der Versuchsperson. Doppelte Vorsicht bei weiblichen Personen! Stets sollte ein einwandfreier Zeuge zugegen sein, besser noch, ein befreundeter Arzt, der sich für die Versuche interessiert. Jedenfalls, halten Sie sich den Rücken frei. Die Versuchsperson darf keinerlei

Gefühle des Misstrauens, der Furcht oder gar des Widerwillens und der Angst hegen. Ohne Widerstreben, ohne entgegenzudenken, glaubend, vertrauend muss sie die erteilte Suggestion annehmen.

Der Suggestor hat seiner Sache absolut sicher zu sein. Fest hafte sein Blick — doch nicht zu starr — auf der bekannten Stelle zwischen den Augenbrauen. Der Zentralblick dürfte ja kaum mehr Schwierigkeiten bereiten.

Entspannt blicke die Versuchsperson in die Augen des Experimentators; ganz wartende Bereitschaft, nur mehr im Sinn des ihr Suggerierten denkend.

Wie bei der Autosuggestion kleide man auch hier das zu Übermittelnde in klare prägnante Sätze. Konzentriertes, plastisches Denken unterstütze sie. Stahlhart sei der Wille, fest, bestimmt, wohlklingend die Stimme, nicht zu laut doch deutlich, verständlich.

Wo es geraten scheint, vertiefe man mit magnetischem Streichen die Verbalsuggestion.

Die gegebenen Versuchsbeispiele seien nur richtungweisend. Wie beim Magnetismus versagt ebenso bei Suggestion und Hypnose jedes starre Schema. Nicht jeder Sensitive reagiert gleich, wie ich festzustellen oft Gelegenheit hatte. Was bei dem einen den erwünschten Zustand herbeiführen hilft, vereitelt ihn womöglich bei dem anderen. Fesselt hier der Blick, so stört er dort unter Umständen. Genauso ist es mit der Stimme oder den magnetischen Strichen.

Durchweg bedarf es zumeist einer Reihe von Versuchen, ehe sich beim Neuling die notwendige Suggestibilität einstellt. Nicht jedermann eignet sich für Suggestionsexperimente und nicht jeder der Geeigneten ist im selben Maße dafür empfänglich. Sehr kommt es auf die Persönlichkeit des Suggestors an. Während der eine viele Sensitive aus der ihm zu Gebote stehenden Auswahl herauszufinden weiß, wird sich der andere hingegen auf einen kleinen Kreis zu beschränken haben. Mir ist es gelungen, Personen zu suggerieren, von denen soeben noch ein anderer Experimentator erklärt hatte, sie seien völlig ungeeignet. Sicherlich spielt auch hier das Sympathieverhältnis eine ausschlaggebende Rolle. Vertrauen zum Suggestor ist die beste Basis. Anders ist ersprießliche Zusammenarbeit nicht denkbar; hinzu sich unbedingt noch Geduld und gegenseitiges Einfühlen gesellen müssen.

Experimente:

1. Versuch. Die Versuchsperson legt die *gefalteten Hände* in die *Nackengegend.*

Suggestion: „Wenn ich bis drei zähle, sind Sie außerstande, die Hände zu lösen. Ihre Arme ermüden... immer müder werden sie. Schwer pressen die Hände gegen den Nacken. Die Finger verkrampfen sich ... immer stärker ... immer fester. Sie verspüren es ganz deutlich. — Eins ... Immer fester wird der Druck... Zwei... Noch fester... Bei drei verwachsen die Hände derart ineinander, dass es Ihnen unmöglich ist, die Hände vom Kopf zu nehmen. — Drei! Versuchen Sie es. Sie spüren, es gebt nicht. Trotz aller Anstrengung. Die Hände sind ineinander verwachsen. *Unlösbar*."

Glückt der Versuch, so heben wir den Einfluss sofort wieder auf:

„Der Krampf löst sich. Die Müdigkeit schwindet. Kraft durchströmt Sie. Sie fühlen sich neu gestärkt und wohlauf. Bei drei ist es Ihnen ein leichtes, die Hände vom Kopf zu nehmen. Eins... zwei... drei! Versuchen Sie es bitte. Sie sehen, es geht mühelos. Gleich diesem Versuch, werden uns auch die weiteren Experimente ebenso schnell gelingen, ja weit rascher sogar. Nach jedem Versuch fühlen Sie sich gekräftigt und wohlauf; jedenfalls um vieles besser als zuvor."

Obiges einführende Experiment erweist am raschesten die Suggerierbarkeit. Meist genügen schon einige wenige Worte, in die natürlich die Versuchsperson keinerlei Zweifel legen darf. Späterhin muss ein einziger kurzer Befehl genügen, um den erwünschten Zustand auszulösen. Bei Hochsensitiven schafft es nicht selten die wortlose Suggestion, der willensgestählte Gedanke; wovon ich mich wiederholt überzeugen konnte.

Interessieren sich mehrere Personen für Suggestionsexperimente, so suggeriert man sie eben gleichzeitig.

Sie ersuchen diese ganz einfach, die Hände im Nacken zu verschränken und Ihnen in die Augen zu blicken und völlig entspannt jedes Ihrer Worte mitzudenken, mitzuempfinden. Machen Sie Ihren Versuchspersonen klar, wie wichtig diese Mitarbeit ist. Sagen Sie ihnen, dass sich die erteilte Suggestion im Unterbewusstsein zur Autosuggestion gestalten muss, anderenfalls das vereinbarte Phänomen unterbleibt.

Der Suggestionsvorgang ist bei mehreren Sensitiven derselbe wie bei Einzelbehandlung.

Erwähnt braucht wohl nicht zu werden, dass alles zu unterlassen ist, was dem Empfinden der Versuchsperson zuwiderläuft. Nochmals also: Achten Sie die Individualität Ihrer Mitmenschen. Greifen Sie auf keinen Fall despotisch in deren Wollen ein. Profanieren Sie nicht die Kräfte, welche die Natur in Sie gelegt hat.

2. Versuch. Die Versuchsperson faltet die Hände über der Brust. Alles Folgende wie beim ersten Versuch.

3. Versuch. Der vorgestreckte Arm erlahmt.
   Suggestion: „Ihr Arm erlahmt. Er wird völlig steif. Nun können Sie ihn nicht mehr beugen. Starr, unbeweglich sind die Gelenke. — Eins ... die Starre wächst... Zwei... Sie sind nicht mehr Herr Ihres Armes ... Drei ... Sie können sich seiner nicht mehr bedienen. Es ist ganz ausgeschlossen. Es geht einfach nicht! Sie sehen, allen Anstrengungen zum Trotz: es geht nicht!“

Nach kurzer Zeit wird der Einfluss zurückgenommen:

„Kraft strömt in Ihren Arm. Er gehorcht wiederum Ihrem Willen. Sie fühlen sich frei und wohlauf. Kraft durchpulst Ihren ganzen Körper. Sie fühlen sich frei und wohl.“

Magnetische Striche unterstützen bei vielen Sensitiven die erteilte Suggestion, und zwar zuerst demagnetisierende, kraftnehmende Striche, bei Aufhebung des Einflusses kraftgebende Pases. Die aufgeführten Suggestionsworte gelten natürlich stets nur als richtungweisend. Jeder Experimentator forme sie zweckmäßig aus der Situation heraus. Nie vergesse er dabei, die Mentalität der jeweiligen Versuchsperson mit in Betracht zu ziehen.

4. Versuch. „*Sie können sich nicht mehr vom Stuhl erheben*!“
Suggestion: „Bei drei ist es Ihnen unmöglich aufzustehen. Sie kleben förmlich fest auf dem Stuhl. Geradezu wie verwachsen sind Sie mit ihm. — Eins ... Wie ein Magnet zieht Sie der Stuhl an ... Zwei ... Immer stärker wird diese Anziehung ... Drei ... Nun sind Sie nicht mehr fähig, sich zu bewegen. Sie kleben auf dem Stuhl fest, solange ich es will.“ Gegensuggestion: „Jetzt geht es ganz leicht. Versuchen Sie es nur. Nicht wahr, alle Schwere ist geschwunden. Dabei fühlen Sie sich gekräftigt und wohlauf wie seit langem nicht.“

5. Versuch. *Die Beine versagen den Dienst*.
Suggestion: „Sie können keinen Schritt tun. Ihre Beine gehorchen Ihrem Willen nicht mehr. Wie festgewurzelt sind die Füße. Sie empfinden es selbst nur zu deutlich, dass Sie keine Macht mehr über Ihre Beine besitzen. — Eins ... Die Starre wächst ... Zwei... Wie Stein geworden, stehen Sie da ... Drei ... Es ist Ihnen unmöglich auch nur einen Schritt zu tun. Kommen Sie doch zu mir. Sie sehen, es geht nicht!“ Gegensuggestion: „Ich ziehe jetzt meinen Einfluss zurück. Ihr Wille tritt wieder in seine Rechte. Nun können Sie sich wieder flott bewegen. Sie sind agiler als je zuvor.“

Mit fortschreitendem Gelingen wird sich alsbald das Zählen als überflüssig erweisen.

6. Versuch. „*Ihre Stimme versagt*!“
Suggestion: „Ihre Sprechwerkzeuge versagen. Fest schließt sich Ihr Mund. Ganz fest. Unlösbar haften die Lippen aufeinander. Wie versiegelt. Dabei fühlen Sie sich ganz ausgezeichnet. Bloß sprechen können Sie nicht. Nennen Sie mir bitte Ihren Namen. Ich begreife, wenn man außerstande ist, den Mund auf zutun, kann man natürlich nicht sprechen.“ Gegensuggestion: Die Lippen lösen sich. Herr sind Sie wieder über Ihre Stimme.“

7. Versuch. *Verlust des Gleichgewichtes*.
Suggestion: „Wie ein Magnet ziehe ich Sie an mich. Ihr

Körper beugt sich vor. Unwiderstehlich strebt er in meine Arme. Sie schwanken ... Sie fallen. Nur keine Angst, ich halte Sie fest." Gegensuggestion: „Ihr Gleichgewichtsvermögen funktioniert wieder vorzüglich. Sicherheit und Kraft durchpulsen Ihren Körper."

Ähnlich suggeriere man „Nach-hinten-fallen" und „In-die-Knie-sinken". Dass der Suggestor hierbei helfend zur Hand sein muss, dürfte wohl selbstverständlich sein! Ebenso selbstverständlich ist es, diese in uns wesenden Kräfte niemals zur Befriedigung eines eitlen Geltungstriebes oder zu Schlimmerem gar zu missbrauchen. Ernsthaftes Forschen allein rechtfertigt ihren Gebrauch. Zweck dieser Versuche sei es letztens, die Suggestibilität der Betreffenden zu steigern, um ihnen dann leichter beistehen zu können in bedrängter Lage.

8. Versuch. *Wasser wird zu Wein.*

Suggestion: „Probieren Sie bitte einmal diesen Wein. Eine ausgezeichnete Marke. Ah, das schmeckt, was? Vorsicht! Nicht zu viel des Guten. Der Wein hat's in sich. Kein Wunder, wenn die Beine nicht mehr so recht wollen. Na, Sie schwanken ja ganz schön. Reißen Sie sich ein bisschen zusammen. Sie torkeln ja immer schlimmer." Gegensuggestion: „So, und nun atmen Sie tief und kräftig aus — und ebenso tief und kräftig ein — und wie weggeblasen ist Ihr Rausch. Ohne den geringsten Katzenjammer. Im Gegenteil, so frisch im Kopf haben Sie sich selten noch gefühlt."

9. Versuch. *Drahtseilakt.*

Suggestion: „Merken Sie, worauf Sie stehen? Auf dem Boden denken Sie? Keine Spur. Auf einem Drahtseil! Aber das ist nicht weiter schlimm. Sie haben ja ein ausgezeichnetes Balancevermögen. Bitte, versuchen Sie es nur einmal. Balancieren Sie ruhig darüber. Ja, gut so, immer schön Fuß vor Fuß. Schneller bitte. Bravo, ausgezeichnet! Donnerwetter, was ist das? Das Seil schwankt plötzlich ganz bedenklich. Kein Wunder, dass Sie unsicher werden. Himmel, jetzt reißt das Seil! Keine Angst, Sie fallen in meine Arme. So, nun stehen Sie wieder fest auf den Boden der Tatsachen."

10. Versuch. *Kälte- und Hitzeempfinden.*

Suggestion: „Wissen Sie eigentlich, wo wir uns befinden? Die Eislandschaft ringsum dürfte Ihnen wohl genügend sagen. Brrr, ist das eine Hundekälte. Da kuschelt man sich zusammen, was? Dabei sinkt das Thermometer weiter ab. Nur nicht nachgeben. Bewegen, das macht warm. Es wird ja schon besser. Der Wind hat umgeschlagen. Es taut bereits. Da ist auch die Sonne wieder. Sie brennt ganz tüchtig herab. Der Wind glutheiß. Eine Hitze, nicht zum aushallen. Der Schweiß bricht einem aus allen Poren. Ziehen Sie ruhig die Jacke aus. Gott sei Dank, endlich wird es wieder erträglich. Der ganze Temperaturspuk ist vorbei."

11. Versuch. *Traurigkeit und Schmerz.*

Suggestion: „Sie haben wirklich keinen Grund, so vergnügt zu sein. Die Nachricht vorhin müsste Ihnen zu denken geben. Es ist ja wirklich sehr schmerzlich für Sie. Ich kann Sie verstehen, wer wäre nicht traurig darüber. Ihre Augen werden feucht. Tun Sie sich keinen Zwang an. Weinen Sie sich ruhig aus. Es wird Ihnen leichter dadurch.

Na, was sagen Sie, wir haben uns geirrt. Die Nachricht ist ja falsch. Jetzt freilich können Sie lachen. Lachen Sie nur so laut es geht. Die Freude ist es wert."

Dem Grad der Suggestibilität entsprechend, wird die Versuchsperson ein mehr oder minder betrübtes Gesicht zeigen und dann in ein befreiendes Lachen ausbrechen. Bei einer Hochsensitiven erlebte ich einen echten Tränenstrom, der nachher über lachende Wangen rollte.

12. Versuch. *Eine andere Art von Rauschzustand.*

Suggestion: „Erinnern Sie sich noch? Der Wein vorhin ist Ihnen nicht gut bekommen. Jetzt rühren Sie wohl keinen Alkohol mehr an? Als ob das etwas nütze. Die ganze Luft ringsum ist geschwängert von Alkoholdünsten. Riechen Sie nur. Jeder Atemzug berauscht! Damit sind Sie wiederum in derselben vertrackten Lage wie zuvor. Ja, schlimmer noch. Versuchen Sie zu sprechen. Sprechen! Nicht lallen.

Ein Glück, dass sich endlich ein frischer Wind aufmacht. Der reinigt wenigstens gründlich die Luft. Sehen Sie, Sie fühlen sich schon bedeutend besser. Der Rausch schwindet zusehends. Na endlich, jetzt sind Sie wieder vollends nüchtern."

Solche und Versuche ähnlicher Art dürfen unter keinen Umständen den Suggerierten lächerlich machen. Suggestionsexperimente sind kein Ersatz für Belustigungen.

13. Versuch. *Gegenstände und Personen verschwinden.*

Suggestion: „Der Tisch (oder die und die Person, oder der Suggestor selbst) entschwindet Ihren Blicken. Immer undeutlicher, nebelhafter wird er. Nun ist er ganz weg. Der Platz ist leer. Bitte überzeugen Sie sich."

Dieser Versuch als Wachsuggestion durchgeführt, bedingt eine äußerst sensitive Person, dann aber lässt er sich sehr interessant gestalten. Ich ging oft lange Strecken neben dem Suggerierten einher, der sich mit mir lebhaft unterhielt, ohne mich dabei optisch wahrzunehmen.

Die Zurücknahme des Einflusses geschieht auf bekannte Weise.

14. Versuch. *Die Zigarette schmeckt scheußlich.*

Suggestion: „Was haben Sie da bloß für ein Kraut. Der Geruch schon ist widerlich. Und wie das Zeug im Hals kratzt. Na, Sie husten ja ganz schön. Das habe ich mir ja gleich gedacht, dass Sie das nicht aushaken. Weg mit dem Glimmstängel. Gleich bessert sich der Husten. Aber ich glaube, was das Rauchen anbelangt, so haben Sie jetzt eine Weile genug davon."

Natürlich hält diese Abscheu-Suggestion nicht allzu lange an. Man müsste schon eine Reihe von Sitzungen anberaumen, den festen Wunsch des Rauchers vorausgesetzt, seiner Leidenschaft Herr zu werden, den er durch Autosuggestion des Weiteren unterstützen kann.

Auch andere üble Gewohnheiten behandle man auf diese

Weise. An Hand der aufgezeigten Beispiele, die ich in früheren Jahren wiederholt praktisch erprobt habe, ergeben sich unschwer weitere Versuchsmöglichkeiten.

Der hypnotische Zustand

Erweist sich die Wachsuggestion als zu schwach, dann suggeriere man einen mehr oder minder tiefen Schlaf. Schädlichen Neigungen, abträglichen Charaktereigenschaften, gesundheitlichen Schäden ist in der Hypnose meist besser beizukommen, zumal hier für gewöhnlich die Wirkung anhaltender ist als bei Suggestionen im Wachbefinden. Freilich ist auch die Hypnose kein Allheilmittel. Noch ist ihr Wirkungsradius sehr umstritten, vor allem die Möglichkeit einer absoluten Dauerheilung. Jedenfalls kann sie unter Umständen ein vorzüglich unterstützender Faktor sein. Aufgeschlossene Ärzte wenden sie mit gutem Erfolg an.

Mannigfaltige Methoden existieren, den hypnotischen Schlaf herbeizuführen. Die einen schwören auf diese, andere wieder auf jene. Als richtunggebende Beispiele seien genannt:

1. Hypnose nach COUÉ

„Man dreht einen glänzenden Gegenstand vor den Augen der zu hypnotisierenden Person und lässt diese Bewegungen mit den Augen verfolgen, ohne dass der Kopf bewegt wird. Während dies geschieht, spricht man folgende Suggestion aus:

Denken Sie recht fest, dass Sie schlafen werden; wenn Sie diesem Ding mit den Augen folgen, spüren Sie, wie Sie schlaftrunken werden; Ihre Arme, Ihre Beine, alles an Ihnen wird schwer, auch Ihre Lider sind schwer, sie werden immer schwerer, bleischwer, Sie können Sie immer weniger und weniger heben. Der Schlaf überkommt Sie immer mehr. Ich werde langsam bis zwanzig zählen; wie mein Zählen fortschreitet, wird Ihre Schlafsucht immer stärker werden und bevor ich noch bei zwanzig halte, werden sich Ihre Augen schließen, und Sie werden tief schlafen.

Wenn die Augen geschlossen sind, soll man im Kommandoton sagen: Schließen Sie die Augen, schlafen Sie!

Um den Schlaf noch tiefer zu gestalten, füge man hinzu: Jetzt schlafen Sie, Sie schlafen tief und wie ich sage, dass Sie tief schlafen, fühlen Sie wirklich, dass Ihr Schlaf tief, sehr tief wird, tiefer als er je gewesen ist.

Diese Wiederholung des Wortes tief wirkt auf das Gehirn des Hypnotisierten wie der Wassertropfen, der einen Stein endlich durchbohrt."

Soweit EMILE COUÉ.

2. Hypnose nach CUMBERLAND

1. Der Suggestor sitzt etwas erhöht der Versuchsperson gegenüber. Blick ruhig und fest auf diese gerichtet.
2. Er fasst ihren rechten Ringfinger, und zwar zwischen Handrist und Knöchel auf der Außenseite der Hand. Der Daumen liegt auf dem nervus ulnaris. Dauer: etwa eine halbe Minute.
3. Hierauf fordert er die Versuchsperson auf, die Augen zu schließen. Der Daumen seiner freien Rechten drückt sanft auf die geschlossenen Augen. Hand auf den Kopf, Daumen dabei auf die Stirn, etwas über der Nasenwurzel. Der Daumen der Linken verbleibt weiter auf dem nervus ulnaris.
4. *Suggestion* halblaut, sanft, gefühlvoll, jedoch bestimmt. Fruchtet sie nicht sogleich, langsam, ruhig zählen, wobei der Suggerierte bei eins die Augen öffnet, bei zwei schließt; und so fort im Wechsel. Nach einiger Zeit erneut Müdigkeit und Schlaf suggerieren.

Andere Hypnotiseure wiederum pflegen die rechte Hand auf den *Hinterkopf* des Sensitiven zu legen und *streichen* mit der *Linken* fünf- bis zehnmal hinauf zur *Scheitelgegend.*

Eigene Erfahrung lehrte mich, wie grundverschieden oft die diversen Suggestionsakte empfunden werden. Ist es bei dem einen der Blick, der in Hypnose fallen lässt, so bei dem anderen die Suggestivkraft der Stimme, die den Schlaf herbeiruft. Was — worauf früher schon hingewiesen — bei der einen Versuchsperson das Phänomen auslöst, kann es bei der anderen geradezu verhindern. Stets muss die Ansprechbarkeit des Betreffenden berücksichtigt werden.

Wieder sind fester Wille, stärkste Gedankenkonzentration, ruhiger, nicht zu scharfer Blick, zwingende, jedoch sympathische Stimme, sicheres, Vertrauen erweckendes Auftreten, die beste Gewähr für ein Gelingen.

Magnetische Striche vertiefen den hypnotischen Schlaf.

Gesonderter Übungen bedürfen wir nicht mehr. Das grundlegende Training, wie wir es bisher durchgeführt haben, enthebt uns spezieller Exerzitien, wie sie sonst für Magnetismus, Suggestion und Hypnose gefordert werden. Das ist der Vorzug unseres Schulungssystems, alles das gleich vorweg zu nehmen. Der anfängliche Aufwand an Mühe und Zeit wird jetzt reichlich wettgemacht.

Sofort nach *Eintritt des hypnotischen Schlafes* — der je nach dem Grad der Suggestibilität und der erteilten Suggestion verschieden tief sein kann — stelle man den *Kontakt mit dem Schlafenden her.*

Man sage: „Sie schlafen jetzt tief und fest. Es geht Ihnen dabei ganz ausgezeichnet; mit jedem Atemzug fühlen Sie sich wohler. Sie schlafen solange, bis ich Sie wecke. Nach dem Erwachen fühlen Sie sich ebenso wohl wie jetzt, ja sogar um vieles besser noch; denn Sie sind ausgeruht und gekräftigt wie nie zuvor. Sie vernehmen deutlich meine Stimme, und nur die meine! Trotz Schlafens beantworten Sie mühelos meine Fragen. Sagen Sie mir, wie befinden Sie sich? Wie geht es Ihnen? ...“

Die Suggestion ist solange fortzusetzen, bis der Hypnotisierte ohne Anstrengung antwortet. Anfangs sind zumeist mehrere Sitzungen notwendig, ehe es soweit ist. Regelmäßiges Hypnotisieren schränkt die Behandlungsdauer erfreulich ein. Späterhin genügt oft schon ein Blick und die Versuchsperson verfällt in Hypnose. Oder man vereinbare mit ihr ein Passwort oder eine bestimmte Geste. Reagiert der oder die Schlafende wunschentsprechend, so steht dem eigentlichen Zweck des Experimentes nichts mehr im Wege.

Der Versuchsperson können sämtliche von der Wachsuggestion her bekannten Zustände suggeriert werden.

Dienlicher allerdings für den Hypnotisierten ist es, ihn regelrecht zu behandeln, ihm Kraft zu geben, sein Wohlbefinden zu steigern, seinen Kummer, seine Schmerzen auszulöschen. Wie aus einem Jungbrunnen sollte er aus der Hypnose herausgehen. Selbst wenn der hier erzielte Erfolg nur ein zeitlich begrenzter sein sollte, ist immerhin innerhalb dieser Zeitspanne viel gewonnen. Gut tut man außerdem, gleich COUÈ, den Hilfesuchenden auf die Macht der Selbstbeeinflussung hinzulenken.

Wo der Autosuggestion noch der natürliche Resonanzboden fehlt, darf Hypnose behelfsweise angewandt werden. Verschiedentlich tritt in der Medizin der Hypnoseschlaf sogar schon anstelle der Narkose.

Dem Materialismus haben die hypnotischen Phänomene, wiewohl er es nicht wahrhaben will, eine empfindliche Schlappe beigebracht. Sie beweisen aufs Neue immer wiederum, dass ein Unsezierbares in uns west. Dieses zu erforschen, rechtfertigt ein Experimentieren.

Geschulte Okkultisten, die die Methode der Bann-Magie der Alten beherrschen, erzielten Ergebnisse, vor denen der Rationalist — wäre er ehrlich — ohne Einschränkung kapitulieren müsste.

Bei eben genannter Praktik scheidet die gesprochene Suggestion aus. Nichts weiß die Versuchsperson, ob wachend oder schlafend, was der Experimentator bezweckt. *Der Gedanke allein wirkt unmittelbar von Gehirn zu Gehirn.*

Das aber gehört bereits in das Gebiet der reinen Gedankenübertragung, der Telepathie. Ja, es ist sogar mehr als diese bloß. Der ausgesandte Gedanke schafft, kraftgeladen, im Unterbewusstsein des wortlos Beeinflussten Realitäten. Für jedermann kontrollierbar. Womit der Beweis erbracht ist, dass bei Hypnose und Heterosuggestion eine Kraft obwaltet, weit hinausgreifend über den Wirkungskreis der üblichen Autosuggestion.

3. Der somnambule Zustand

Verschiedentlich wird bei Heilbehandlung und bei der Arbeit mit Trancemedien der magnetische Schlaf der gewöhnlichen Hypnose vorgezogen. Die Vorschrift hierzu lautet:

1. Die Versuchsperson sitze bequem auf einem Stuhl, der Experimentator ihr gegenüber ein wenig erhöht, ihre Knie zwischen den seinen haltend, seine Füße neben den ihren. Daumen und Zeigefinger fassen die Daumen des zu Behandelnden, und zwar die Innenhandflächen der Daumen aufeinander. Blick wie üblich auf den Punkt zwischen den Augenbrauen. Dauer zwei bis fünf Minuten, um den Wärmeunterschied der Daumen auszugleichen.
2. Zurückziehen der Hände nach rechts und links, Handflächen unten. Sodann über den Kopf halten und nach einigen Vollatemzügen auf beide Schultern legen.
3. Wieder nach einigen Vollatemzügen langsames Streichen längs der Arme bis zu den Fingerspitzen. Fünfmal wiederholen.
4. Hände auf den Kopf. Einige Augenblicke verweilen. Strich längs des Gesichtes bis zur Magengrube. Daumen auf den Solarplexus, die übrigen Finger seitlich auflegen. Hände ein paar Minuten ruhig halten.
5. Hände nach unten bis zu den Knien führen. Fünfmal wiederholen.
6. Abwechselnd Strichführung von 4 und 5 fortsetzen mit dem festen Wunsch, die Versuchsperson möge einschlafen.
7. Schläft sie, Herstellung des Rapportes wie bei Hypnose; jedoch erst, wie einige betonen, nach der zweiten oder dritten Sitzung.
8. Zurückführen in den Wachzustand: Striche: rückwärts! Beginnend bei den Knien (einige beginnen bei den Füßen), aufwärts über Magen, Brust, Kopf. Am Kopf einen Moment verweilen, dann Hände rechts und links entfernen und wie üblich abschleudern. Vor Gesicht und Brust Querstriche (in bekannter Entfernung). Fünfmal wiederholen.

Nunmehr der suggestive Befehl: „*Erwache!*"

N. B. Der magnetische Schlaf wird bei späteren Versuchen durch wiederholtes Streichen vertieft. Manche Medien sagen im somnambulen Zustand dem Experimentator, was er zu tun habe, um sie mühelos ins Wachbewusstsein zurückzurufen.

Die Zimmertemperatur sei weder zu warm noch zu kalt. Ebenso kann auf nachstehende Art Somnambulismus erzeugt werden:

1. Kontaktschluss wie nach Methode VI, Phase a).
2. Herbeiführung des magnetischen Schlafes durch *Einstrahlen*. Methode VI, Phase b) und c).

   Zur Vertiefung des somnambulen Zustandes empfehlen einige bei den großen Längsstrichen die Daumen an den inneren Flächen der Arme und Beine in Richtung der dort verlaufenden Nervenstränge entlang zu führen.

Demagnetisieren

Außer dem bereits geschilderten Verfahren ist noch folgende Strichführung gebräuchlich:

Gegenstriche vom Solarplexus bis zum *Hals*;
oder: vom *Solarplexus* bis zu den *Augen* (jedoch nicht weiter) und von hier aus seitlich bis zu den *Ohren*.

Die dem Normalen zuwiderlaufenden Streichungen empfinden viele Sensitive als wenig angenehm, bisweilen sogar widerlich. Obige Striche verwendet man daher zumeist zur besseren Erweckung aus dem magnetischen Schlaf.

Posthypnose

Das Kernstück der hypnotischen Phänomenologie, wohl der interessanteste, zugleich gefährlichste Teil des hypnotischen Verfahrens, birgt zweifellos die Posthypnose, bei der, wie bekannt, der in Hypnose erteilte Befehl erst *nachträglich* ausgeführt wird. Stunden oder Tage nach dem Erwachen, minutengenau zum festgesetzten Zeitpunkt.

Bis dahin verhält sich der Hypnotisierte ganz normal, als ob nichts geschehen wäre. Ausgelöscht scheinbar ist die Erinnerung an die empfangene Suggestion, sofern der Schlaf nur genügend tief gewesen ist.

Umstritten allerdings ist die berechtigte Frage, wieweit der Mensch durch Posthypnose gegen seinen Willen missbraucht werden kann. Sehr wahrscheinlich spielt hierbei moralische Veranlagung, ethische Entwicklung, die entscheidende Rolle. Ein schon an sich asoziales Element wird den anbefohlenen Diebstahl sicherlich eher ausführen als ein in sich Gefestigter. Viel mag der uneingestandene geheime Wunsch zum Gelingen beitragen. Wo dies der Fall ist, dürfte der Hypnotiseur auf wenig Widerstand stoßen. Er hat lediglich die oberbewussten Hemmungen des Suggerierten auszuschalten, und selbst dies vielleicht ist nicht einmal seine Aufgabe. Das mit dem Suggestionsbefehl einverstandene Unterbewusstsein enthebt ihn wohl dieser Mühe.

Nichts beweisen posthypnotische Mordversuche mit vorgetäuschten Waffen, etwa einer Kinderpistole. Von der Harmlosigkeit des Auftrages ist das kontrollierende Unbewusste ebenso überzeugt, wie der zum „Mord" anfeuernde Suggestor.

Mahnend sei jedem Experimentator zugerufen: Gedenke Deines *Karmas*! Ohne uns natürlich soweit zu versteigen, wie es mystizistische Fanatiker tun, welche im harmlosesten Suggestionsexperiment eine verbrecherische, ja geradezu teuflische Handlung schwärzester Magie erblicken, unter deren Folgen Hypnotiseur wie „Opfer" nicht nur in dieser, sondern mehr noch in jenseitiger Welt zu leiden haben. Ja selbst Suggestionsverfahren zu rein therapeutischen Zwecken lehnen derlei Proselyten ab — weil es einen unerlaubten Eingriff in die menschliche Willensfreiheit darstelle. Was zweifellos zuträfe, wenn eine Suggestion stattgefunden hat ohne Einverständnis des Suggerierten. Eigentlich müsste man solchen Übereifrigen den Rat geben, jedes schmerzstillende Mittel abzulehnen, erst recht eine Narkose, trennt diese doch den Ätherleib vom physischen Körper. Diese unwissenden Zeloten sind sich des Ungeheuerlichen ihrer Anschuldigungen kaum bewusst, stempeln sie doch jeden Arzt und jeden, der sich bemüht mittels Hypnose Leiden zu lindern, zu magischen Verbrechern.

Keine Entschuldigung ist es, dass der Heilwert der Hypnose ein begrenzter ist. Zugegeben, selten freilich gelingt es bei schweren seelischen Komplexen, bis zu jenen Schichten des Unbewussten durchzustoßen, wo das Übel wurzelt.

Idealer entschieden ist der Weg der Befreiung aus eigener Kraft, sind Willensschulung, Autosuggestion, Innenschau.

Erstaunliche Ergebnisse zeitigt die *willkürliche Zeitbestim-*

mung mittels Posthypnose.

Ähnlich wie bei den uns hinlänglich geläufigen Experimenten zur Kultivierung des Zeitsinnes erteilen wir der Versuchsperson im hypnotischen Schlaf den Auftrag, zu einem genau fixierten Zeitpunkt eine bestimmte Handlung zu vollführen; etwa aus dem Schrank ein Buch zu nehmen, daraus einen Abschnitt vorzulesen, oder ähnliches. Des Weiteren können körperliche Funktionen ausgeschaltet werden, so, dass beispielsweise Stimme oder Beine für Sekunden versagen, Objekte aus dem Blickfeld verschwinden, nicht Vorhandenes in Erscheinung tritt. Die Phantasie hat hier weitesten Spielraum.

Die Suggestion laute zum Beispiel: „Vier vor einundzwanzig Uhr — *minutengenau*! — singen Sie uns in fröhlicher Laune ein Lied."

Interessanter noch wird der Versuch bei absichtlich falsch gestellter Uhr; wovon selbstverständlich unsere Versuchsperson nichts wissen darf. Wir betonen lediglich nachdrücklich, einzig und allein die Zeitangabe unserer Uhr gelte.

Posthypnotische Befehle verlieren auch nicht für den nächsten oder die übernächsten Tage an Kraft. Sie werden erstaunt sein, wie exakt eine gut eingearbeitete Versuchsperson darauf anspricht. Es ist etwas Wunderbares um den Zeitsinn. Er stellt uns vor Rätsel, deren Lösung hirngebundenem Realismus versagt bleibt; einen Schimmer entfachend von der transzendenten Größe der Wesenheit Mensch. Eigenes Erleben diktiert diese Zeilen. Erschüttert stand ich in früher Jugend diesem Phänomen gegenüber. Durch es bekam das materielle Weltbild den ersten entscheidenden Riss.

Neben dem rätselhaften Zeitsinn war es die Tatsache des *Hellsehens*, die zum Nachsinnen zwang.

Ist die hypnotisierte Person tief genug in Trance (unterstützend wirkt hierbei die Herbeiführung des somnambulen Zustandes), so probieren wir es einmal mit der hellsehenden Schau.

Man trete hinter das Medium oder stelle sich so, dass es die Manipulation auf keinen Fall irgendwie insgeheim beobachten kann, dann nehme man einen Gegenstand zur Hand, von dem der Sensitive nichts weiß, und verlange eine Schilderung hiervon.

Nach Gelingen, lassen wir Vorgänge beobachten, von denen

wir selbst keine Ahnung haben, um unbewusste Telepathie zu vermeiden. Wir bitten die Versuchsperson zu beschreiben, was soeben im Nebenzimmer, draußen auf der Straße oder sonstwo vor sich geht.

Nicht mehr so einfach ist es zumeist, zu erfahren was bereits gewesen ist oder was sich erst ereignen soll.

Ich hatte ein Medium, das nach Nennung von Datum und Uhrzeit zu sagen vermochte, wo eine von mir bezeichnete Person sich zur besagten Stunde aufgehalten hatte. Bildgetreu sah der Schlafende das Vergangenheit gewordene Begebnis.

Derlei Versuche beweisen, wie relativ Raum und Zeit für den inwendigen Menschen sind. Dauer ist ihm, was uns zerrissen scheint in Gegenwärtiges, Vergangenes und Zukünftiges. Allzeit ist ihm wahrnehmbar, was den äußeren Sinnen entzogen durch Mauern und Ferne.

Freilich sind der Begnadeten herzlich wenig, denen sich in Trance die höheren Sinne öffnen. Aus einer beachtlichen Anzahl wirklich gut Hypnotisierbarer fand ich damals einen einzigen Menschen nur, der diese Gabe besaß.

Sollte Ihnen das seltene Glück zuteil werden, ein derartiges Medium zu entdecken, missbrauchen Sie es ja nicht zu selbstsüchtigen Zwecken, behandeln Sie einen solchen Menschen wie ein kostbares Instrument. — — —

Noch einiges aus der Fülle hypnotischer Versuchsmöglichkeiten: *Rückführung in das Stadium der Kindheit.*

In Hypnose wird der Versuchsperson eingeredet, sie sei jetzt zwanzig Jahre alt, dann zehn, fünf, vier usw. Sie wird sich ganz den suggerierten Altersstufen gemäß gebärden.

Einige Forscher, so der französische Oberst ALBERT DE ROCHAS, gingen noch weiter, indem sie ihre Sensitiven anregten, *sich vergangener Inkarnationen zu entsinnen.*

Sie führten die Versuchsperson bis zum embryonalen Zustande, über diesen hinaus, hinweg über Grab und Jenseitswelt, hin zu dem letztvergangenen Leben.

Es wird behauptet, dass die Ergebnisse vieler solcher Versuche ernsthaften Nachprüfungen standgehalten haben.

Esoterisch beurteilt, wäre eine Schau vergangener Inkarnationen nichts Unmögliches. Das Medium verbindet sich im Tranceschlaf mit seinem kausalen Bewusstsein. Allein äußerst selten nur sind Sensitive dazu in der Lage. Was sonst zu Tage kommt, sind Phantastereien geltungssüchtiger Scheinmedien.

Arbeiten Sie jederzeit streng wissenschaftlich. Führen Sie genau Buch, wie bisher bei Ihren Exerzitien, und seien Sie eingedenk stets der großen Verantwortung, die Sie mit jedem Experiment auf sich laden.

Fernab jedweder okkulten. Spielerei oder gar eigensüchtiger Motive, haben unsere Versuche ausschließlich nur den einen Zweck:

Zu helfen und den metaphysischen Charakter der Menschnatur zu beweisen.

XVIII

Gedanken zur esoterischen Lebensführung

Wiederholter Durcharbeit bedarf das Bisherige. Abgestimmt sind die Exerzitien aufeinander, was erfreulicherweise bei neu hinzutretenden Disziplinen der ansonst üblichen Sonderübungen enthebt.

Jede Übung zeitige Früchte im praktischen Leben, damit schließlich das Dasein zu dem wird, was es in Wahrheit ist: ein einzig-großes Exerzitium auf dem steil nach oben führenden Pfad der Menschheitsentwicklung.

Nutzen Sie weise Ihre Zeit. Wieviel an Zeit der esoterischen Arbeit geopfert werden kann, beurteile jeder selbst. Jeder muss den ihm eigenen Rhythmus finden. Vielfach hemmen berufliche oder sonstige persönliche Verpflichtungen. Jedoch wer ernstlich will, wird Hindernisse überwinden. Hingabe an die Idee entscheidet. Zielplanung, Rückblick, Vorschau nach jedem abgeschlossenen Tag, jeder Woche, jedem Monat sind die Meilensteine, welche die Richtung weisen.

Hart sein gegen sich selbst. Freudig dem Leben den Tribut entrichten, den es fordert; wissend, dass kein bequemerer Weg den Hochzielen entgegenführt. Wer nicht des Opfers fähig ist, beweist, dass es ihm an Reife noch mangelt.

In allem wahr und gerecht! Eingeständnis des Fehlenden, noch Mangelnden. Letzte Ehrlichkeit zu sich selbst. Hüten Sie sich vor geistigem Hochmut, dem man in seiner ganzen Krassheit leider zu oft bei Anhängern metaphysischer Richtungen begegnet.

Beurteilen Sie Ihre Umwelt milde. Vermeiden Sie gehässige, negierende Kritik. Befreien Sie sich von den niederziehenden Regungen der Missachtung und der Antipathie. Stellen Sie fest bei der abendlichen Selbsterforschung, wieviel an Kritischabfälligem, Verurteilendem in Ihnen noch steckt, wie unerbittlich Sie immer noch die Welt vernichtend richten. Vermeiden Sie fortab jederlei Tadel. Zeigen Sie Verständnis für Mängel, Schwächen, Verkehrtheiten Ihrer Umwelt. Achten Sie die Individualität und das Denken anderer! Jeder hat Vorzüge. Entdecken Sie das in jedem irgendwie vorhandene Gute.

Neben Gleichmut und Geduld seien *Duldsamkeit*, Nachsicht, verstehendes Verzeihen Andersdenkenden gegenüber, Grundzug Ihrer ständig reifenden Geisteshaltung.

Womit natürlich nicht gesagt sei, dass Sie zum leichtgläubigen Dulder absinken sollen. Keinesfalls wird verlangt, Übelstände widerspruchslos hinzunehmen oder gar gutzuheißen — dies tun, leider Gottes, nur zu viele — objektiv jedoch, hassfrei müssen Sie dem Negativen dieser Welt entgegentreten. Rebellierende Gefühle haben zu schweigen. Unvoreingenommene Überlegung allein fälle das Urteil. Eine schwere Kunst, die hart und lang geübt sein will. Wem von uns fiele sie leicht?

Betrachten Sie Tun, Erleben, Umwelt vom Gesichtspunkt des Karmagesetzes aus. Ihr Weltblick wird sich weiten.

Bei allem Streben, allem Eifer: bleiben Sie

Wirklichkeitsmensch! Selbst überraschende Lebenserfolge oder Forschungsergebnisse dürfen Sie niemals verleiten, übereilte Schlüsse zu ziehen und zu weit zu gehen. Ich möchte die Zahl derer nicht mehren, die schwärmerisch Unbewiesenes nachbeten, ohne sich der Mühe zu unterziehen, das Empfangene nachzuprüfen, — oder jener Phantasten, denen Scheinerfolge zum Kopf steigen, wodurch sie Opfer eigener Phantasmagorien werden.

Gesunder Skeptizismus stehe obenan. Jedes Ergebnis muss unter die Lupe kritischer Erwägung, was mit Ignoranz nichts zu tun hat. Von vornherein halten wir uns an keine der üblichen Negationen, an kein „Unmöglich", „Ausgeschlossen", „So-etwasgibt-esnicht, kann — und — darf — es — nicht — geben", noch unterstellen wir uns blindgläubig irgendeiner Autorität. Jeder Lehrsatz, jede Behauptung bedarf gründlicher Prüfung, jeder Beweis muss erhärtet werden durch neue Beweise.

Nehmen Sie den Körper weiterhin in strenge Zucht. Vernachlässigen Sie an keinem Tag die Entspannung. Waschung, Entodung der Aura, Selbstmagnetisation, Schließung des Stromkreises, Ölung, Odmantel sollten nunmehr zu einer nicht mehr zu missenden Gewohnheit geworden sein; denn sie fördern Stärke und Güte der odischen Emanation.

Erfüllen Sie sich mit der rhythmisierenden, willenstählenden

Kraft des dynamischen Vollatems. Steigern Sie dessen Wirkung durch Lautexerzitien, durch Runenyoga, nicht zuletzt durch die Transmutation der sexuellen Energien.

Bleiben Sie im Training mit Ihrem Blick, bis er tatsächlich Brennpunkt ihrer Persönlichkeit ist. Die odische Emanation der Augen gehorche dem lenkenden Willen genauso wie die der Hände.

Zwingende magische Kraft — wir haben darauf hingewiesen — ist desgleichen der Stimme eigen. Vergessen Sie das nie. Veredeln Sie Ihr Sprechorgan. Vermeiden Sie unschön klingende, Heiserkeit nach sich ziehende Kehllaute. Sprechen Sie Übungsweise des öfteren knappe, wohlgeformte Sätze. Stimmsitz vorne! Mantrische Übungen und Runenexerzitien weiten das Volumen. In jeder Lebenslage muss Ihre Sprechweise bestimmt, ruhig, sicher, angenehm sein.

Aufrecht sei die Haltung, elastisch der Gang. Gymnastische Lockerungsübungen, die alle Körperzonen einbeziehen, verhelfen dazu.

Achten Sie auf bewusste Konzentration! Jetzt dürfen die Gedanken nicht mehr abschweifen, weder bei den Exerzitien noch bei den täglichen Verrichtungen. Eine der wichtigsten Forderungen, die erfüllt sein muss.

Verweilen Sie oft in der Stille harmonischen Gelöstseins. Schweigen Sie, wo und wann immer es angängig ist.

So erziehen Sie sich *zum magischen Menschen, der die Macht zielgelenkter Gedanken und unterbewussten Gestaltens zu nutzen versteht, sich voll Demut der Inneren Führung des Überbewussten* anvertraut. Nie darf letzteres außer Acht gelassen werden, soll der Pfad nicht abirren zur „Linken“. Macht verführt zu leicht.

Unausgesetzt strahlen Sie. Kraftdenken mehrt diese Emanation. Energiegeladen — ein unwiderstehlicher Magnet — schreitet der magisch Geschulte durch die Menge. Ein Schwingungsfeld geballter Kraft, Dienliches anziehend, Schädliches fernhaltend. Dieserweise beeinflusst er andauernd seine Umwelt. Im Gespräch, bei Verhandlungen, Abschlüssen, überall dort, wo er sich durchzusetzen bestrebt ist. Dass dies ausnahmslos im harmonischen Sinn zu geschehen hat, lehrt ihn das Karmagesetz.

Mangel, Verlust, Fehlschlag sind Materialisation negativer Gedankenbilder und eigensüchtiger Taten.

Seien Sie also nicht empört, stößt Ihnen „unverschuldet“ Missgeschick zu. Forschen Sie lieber nach der geistigen Ursache. Sicherlich liegt diese begründet in einer falschen Einstellung zu den Dingen.

Positive Gedankenhaltung schützt nur dann, wenn selbstlos, bar verwerflicher Absichten Ihr Sinnen und Trachten ist. Regelmäßiges Entoden und Ziehen des Odmantels verstärkt die mentale Abwehr. Rufen Sie, wenn notwendig, das Göttliche in sich zum Helfer auf. Turmhoch sind Sie dadurch dem Ungeschulten überlegen; noch dazu falls dieser Ihnen übel will.

Außerdem: Seien Sie kein gedankenloser Nachahmer. Schöpferischer Menschen bedarf es, die bemüht sind, ein weiteres Glied einzufügen in die Kette des uns Überkommenen.

Durchgeistigung des Alltags — Weg nach Innen — Wanderschaft ins SEIN: drei Lebensziele aus einer großen Sehnsucht geboren. Pfadbereiter: Meditation, Kontemplation — Betrachtung, Versenkung. Keinen Tag mehr wollen wir sie missen.

Nachfolgende Leitgedanken mögen — soweit es nicht schon geschehen — fortan unseren Alltag entstofflichen. Eindringlich ergehe an uns alle der Ruf:

Keine Besitzverhaftung. Erkenne die Vergänglichkeit aller irdischen Werte. Zwecklos, leidvoll ist es, an äußere Dinge sein Herz zu verlieren.

Das Leben verrinnt im dahinrasenden Strom der Zeit. Meditiere darum oft über die Möglichkeit eines plötzlichen Ablebens. Müsstest Du heute schon sterben, wärst Du genügend darauf vorbereitet? — Ich glaube es stünde schlimm mit Dir — mit mir — mit uns allen. Versäumte Pflichten, mangelnde Vervollkommnung, Hängen an nichtigen Dingen, Zank, Hader, wohl auch Hass machten den Abgang uns schwer. Und unser innerer Mensch, unser wahres Ich-Bin? Wie wenig oder gar nicht haben wir uns bisher darum gekümmert. Vielleicht, dass der letzte Atemzug drohend mahnt, Reue ob des Versäumten uns fasst. Und keine Rückkehr mehr. Bleiben wir dessen eingedenk. Handeln wir solange es Tag, die Gnade des Wirkens uns zuteil ist.

Beherzigen wir die Worte THOMAS A KEMPIS: „Selig, wer die Stunde seines Todes immer vor Augen hat und sich täglich zum Sterben bereit hält.“

Sage Dir jeden Abend: „Wieder ein Tag weniger, wieder ein Tag dem Sterben näher.“

Innere Zufriedenheit in allen Lebenslagen. Gelassen bleiben bei Verlust, Enttäuschung, Schmerz. Lerne — wie die Bagavad Gita es fordert â Leid und Lust gleichmütig zu tragen. Ein gewiss nicht leicht zu erfüllendes Gebot. Jeder, der ehrlich ist, wird es zugeben.

Sorge Dich nie um kommende Dinge. Mit den Gegebenheiten des Heute, in Unkenntnis spontan sich bietender Gelegenheiten des Morgen, lässt sich Zukünftiges unmöglich beurteilen. — Demnach sind unsere Sorgen, Ängste, Befürchtungen abwegig, hinfällig.

Erlebe Dich als unbezwingliche sieghafte KRAFTFORM, resultierend aus den Schwingungen Deines *positiven Gedankenkraftfeldes*; der kraftgeladenen Aura Deines *odmagnetischen Strahlenkreises*; dem energiegeladenen Perisoma Deiner *erotisch-sexuellen Schwingungssphäre*; den schöpferisch gestaltenden psychodynamischen Tiefenkräften Deines verborgenen Wesensgrundes.

Schaffung geistiger Werte. Kein Tag ohne esoterisches Studium, ohne entsprechendes Exerzitium. Kein Tag ohne Hinwendung an den Innengott, an die höhere Triade. Jeder Tag, der Dich nicht der Gottheit näher bringt, ist ein *verlorener.*

Das Urgesetz ist Harmonie! Und eine Sünde gibt es nur: die Störung dieses göttlichen Gleichmaßes. Was aber ist Harmonie? Das rechte Maß! Jedes Zuwenig, jedes Zuviel zerreißt in grellem Diskant die Melodie der Ur-Rhythmik. Trachte daher nach Wahrheit, nach Schönheit, Liebe, Frohsinn, Lust, und vor allem nach dem höchsten der irdischen Güter: *dem Frieden in eigener Brust.* Unberührt vom Wechselspiel der Dinge entwerde dem trüben Träumen des Tages. Suche in Gott Deine Heimat, tief im Grunde der wissenden Seele.

XIX

Bewusstseinsweitung

Mythos und Meditation
Weckung der höheren Sinne (Meditationspraxis)

Rückverfolgung alles Gewordenen bis zum letzten Ursprung
Sich objektivieren lernen als geistige Wesenheit
Die Frage nach dem Ich-Bin (Der Weg des Maharishi)
Die Lehre vom „Wachsein“
Die „mystische“ Konzentration
Erleben der Schöpferkräfte (Naturerleben - Kunsterleben)

Auch der Traum ein Helfer

Traumexerzitien
Traumbeobachtung

Mythos und Meditation

Mythen, Sagen und Märchen wissen von einem Menschheitsbewusstsein, völlig anders geartet als unser heutiges intellektuelles Begriffsdenken, nicht dem Grad nach primitiver, sondern grundverschieden in seiner Funktion; in den Bewusstseinsabläufen mit den Vorgängen unserer Bewusstseinswelt nicht vergleichbar. Ein letzter Rest hiervon spiegelt sich schwach noch in unserem Traumleben. Die Bilderschau im Traum, losgelöst vom Intellekt, mahnt noch an jene Urtage, wo das erste Menschenwesen über den jungen Planeten schritt, wo, im mystischen Sinne gesprochen, Adam noch in der Allgegenwart Gottes weilte.

Der Mythos aller Völker berichtet aus urferner Zeit, in der Götter und Menschen gemeinsam wandelten. Und weiter meldet die Sage von Tagen, in denen die Götter den Menschen nicht mehr so nahe, wo sie sich selten nur zu ihnen neigten m begnadeten Momenten oder ihnen Boten, Engel, sandten.

Bis auch diese Epoche ihren Abschluss gefunden und Himmel und Götter und Menschen verstummten und neue Geschlechter den „Wahn" des Urahns verlachten. Wenige nur, Wissende, hegten das Erbe aus den Frühtagen der Menschheitsentwicklung. So entstanden die Mysterien, streng geheim und gehütet. Lange waren sie lebendig, bis das Großhirndenken endgültig seine Rechte geltend machte. Seither schweigen die Pyramiden, schweigen Eleusium und alle Kultstätten der Antike. Wer kann sagen, was sich innerhalb ihrer Mauern zugetragen?

Wohl leben noch heute unter uns Schauende, denen sich die Zusammenhänge ahnend offenbaren, die glauben, den damaligen Menschen zu verstehen. Ihrer Ansicht zufolge stand der Frühmensch in unmittelbarem Kontakt mit den schaffenden Kräften der Natur. Er erlebte noch das An-sich-der-Dinge, deren wahren Gehalt, den geistigen Wesenskern. Dieser „Natursomnambulismus", diese „Natursicht" verband den Urzeitmenschen unmittelbar mit den wirkenden Schicksalsmächten, die er in seiner Bilderschau als „Götter" erlebte. Eingebettet war er mit seinem für unsere Begriffe dunklem Bewusstsein in das universelle bewusste Sein der gesamten Schöpfung; Kind noch, im Werden begriffen, väterlich vom Weltengeist gelenkt. Noch fehlte die Ichheit, das Erkennen der eigenen Individualität. Ein Unmündiger ruhte im Schoß der Allheit.

Bestimmung des Menschen aber war es, *ichbewusst* zu werden, um als Ich dereinst bewusst zurückzukehren zum *URGRUND*, dem er entstiegen am Anfang der Tage.

So trübte sich in langen Entwicklungszyklen das schauende Bewusstsein jener Natursichtigkeit und im Gehirn glimmte auf der Verstandesfunke des analysierenden Denkens und ward immer lichter und leuchtete in die Nacht der äußeren Umwelt. Zur Flamme geworden, erhellte intellektuelles Verstehen ein neues Weltbild, grundverschieden von jenem, das in die tiefsten Tiefen des Unbewussten hinabgesunken.

Doch nur das Äußere (die Form der Dinge, das Vergängliche, Sich-wandelnde) sprach zum Großhirndenker, das Immerseiende, die unzerstörbaren Bildekräfte wahrzunehmen, das Organ war verkümmert. Die Götter hatten Adam aus dem Paradies verstoßen.

Allein muss seitdem die Menschheit den Weg finden. Nur so konnte das begriffliche Denken, der Intellekt, die äußere Schale der Ichheit, zu immer größerer Vollkommenheit gelangen, nur so konnte sich der Mensch als selbständige Wesenheit erfühlen lernen. Doch er darf nicht stille stehen, nicht im Intellekt erstarren! Ziel ist und bleibt: *Zurück zum Ursprung!*

Kama-manas muss einschwingen in Buddhi-manas, um endlich sich in Atma, in der Allheit wiederzufinden. Vom unbewussten In-Gott-sein führt der Menschheit Weg durch die trüben Reiche versklavten Denkens, hangend am Kreuz der Materie, zum *bewussten GOTTERLEBEN*. Der Mensch muss wiederum zum inneren Erschauen des großen Vater-Mutter-Prinzips kommen, muss sich als eins erkennen lernen mit dieser ewig zeugenden, gebärenden Gewalt.

Hellstes Wachsein — was ihm in Urzeittagen mangelte — muss ihn mit dem letzten Grunde seines Selbst verbinden, was gleichbedeutend ist: in raumlose Tiefen vorzustoßen, den Weg zu den „Müttern“ zu wagen, um einzugehen in kosmische Bewusstseinsweiten.

Sinn und Aufgabe der Mysterienkulte war es: „Uraltes, längst verschollenes Menschheitsbewusstsein wieder wachzurufen, und dem Mysten kommende Bewusstseinszustände zu vermitteln.“

Tot sind die Kulte antiker Tage, in Trümmer ihre Weihestätten, dennoch ist der Mythos keineswegs erstorben. Jede echte Religion birgt ihn in ihren Lehren. Mag er dem Profanen wie ein abgeschmacktes Märchen klingen, sein transzendentes Kraftfeld hat von seiner Wirkung nichts verloren. Die verklausulierte Bildersprache spricht immer von dem gleichen Erleben, weist stets auf das gleiche Ziel.

Geheime Gesellschaften, Bünde, Logen, Wissende des Ostens wie des Westens hüten die gleichen Schlüssel. Mögen die Methoden auch voneinander abweichen, durchweg ist es der Mensch, der aus dem Kerker seines Intellekts erlöst werden soll, stets handelt es sich um die Befreiung von der hinfälligen, augenblickgebundenen Persönlichkeit, um die Bewusstmachung des im göttlichen Urgrund wurzelnden ewigen Selbstes.

Dieses Ziel ist dem heutigen, ach so hirngebundenen Diesseitsmenschen längst aus dem Auge entschwunden. Er sieht nur mehr das Äußere der ihn umgebenden Dinge; er hat sich in dieser Scheinwelt so verloren, dass er sich der Unsinnigkeit seines Tuns gar nicht bewusst wird. Nur das existiert für ihn, was er mit seinem verstandesgebundenen Sinne erfassen kann. Andere Bewusstseinsinhalte kennt er nicht, will er nicht anerkennen, obschon der Tiefenpsychologe bereits an Seelenschichten rührt, denen nichts Persönliches, nichts der Umwelt Entstammendes anhaftet. Ein *Überzeitliches* regt sich in jenen Bewusstseinsschlünden.

Freilich will sich der Großhirndenker nicht damit belasten. Weiter hastet er, jagt seinen Geschäften, seinen Pflichten, Lüsten, Lastern nach, strebt nach Besitz, nach Macht, nach Glück, indes die Tage seiner knapp bemessenen Erdenzeit unaufhaltsam verrinnen. Jeder Sonnenuntergang ruft ihm dies warnend zu, mit jedem zu Bett gehen rückt die Grabesruhe mehr und mehr heran. Er will es nur nicht wahrhaben. Irgendwann kommt wohl das Ende, doch nicht daran denken, noch ist die Zeit ja sein.

Und weiter mahnen die Jahre. Runzeln und Furchen, versagende Glieder raunen von Verfall, von nahendem Ende, von Grab und Verwesung. Oder ein Unfall, eine Tödliche Erkrankung reißen ihn vorzeitig aus dem Kreis, wo er so emsig schuf an Nichtigkeiten. Traurige Inhalte seines Daseins.

Und der *Wesensinhalt* eines solchen Menschen? Wie armselig wohl, trivial, erdverhaftet. Erfahrungen, erworben lediglich im Umgang mit äußeren Formen. Er selbst, der Mensch? Körper nur, der nunmehr in Erde oder Asche sich wandelt. Nie hat der Nur-Verstandesmensch sich als *Ich, als geistige Wesenheit* erlebt, nie hat er zu erforschen gesucht, was von ihm bleibt, wenn alles Anerzogene, der Umwelt Entstammende in Abzug kommt.

Fern liegen dem hirngebundenen „Wirklichkeits"-Menschen solche Gedankengänge, fremd sind ihm derlei Meditationen, nicht aber dem esoterisch Strebenden, der in sich Verschollenes zu wecken sucht, sich nach Bewusstseinsweitung sehnt, die ihn aus irdischer Begrenzung löst.

Die Praxis der Meditation zeigt dem Suchenden die Wege, die zu den gestaltenden Urmächten führen.

Wir wissen, über jedes Ding lässt sich meditieren, von der einfachsten Blume bis zur Unendlichkeit des Raumes. Unseren Betrachtungen sind keinerlei Grenzen gesetzt. Ziel letzten Grundes ist die Erlangung des kosmischen *Bewusstseins*.

Zwei Pfade können hierbei beschritten werden. Nach innen führt der eine, wo *Über-Ich* und *Über-Sein* verschmelzen; nach außen weist der andere, in die Tiefen der Natur. Das „Ding an sich" in jeder geschaffenen Form lehrt er erschauen, die Schöpferkraft, das Leben — eins im Urgrund alles Werdens...

Weckung der höheren Sinne (Meditationspraxis)

Unerlässlich für die Erweckung der höheren Sinne ist es, *regelmäßig* zu meditieren, möglichst zur gleichen Stunde. Versuchen wir also ganz bestimmte Zustände aus der Latenz zu heben. Unterschiedlich mögen die Resultate sein. Jeder von uns, seiner Veranlagung gemäß, wird einer anderen Meditationsart den Vorzug geben und damit Erfolg haben, wohingegen ihm manches Meditationsthema durchaus nicht zu liegen scheint. Beharrlichkeit und Entwicklung sind hierbei alles. Ganz allmählich nur entwickeln sich die inneren Sinne. Einmal jedoch, überraschend zuweilen, treten sie in Funktion und machen aus uns einen anderen Menschen. Wir dürfen nur nicht lockerlassen.

Rückverfolgung alles Gewordenen bis zum letzten Ursprung

Zwecks Steigerung der plastischen Denkübungen — die wir weiter beibehalten wollen bis zur restlosen Beherrschung des Imaginationsvermögens — nehmen wir einen einfachen, ganz profanen Gegenstand, meinethalben einen Schlüssel.

Wir richten nunmehr unser ausschließliches Augenmerk auf das erwählte Objekt, stellen uns dessen Werdegang so deutlich wie nur möglich vor: Verfertigung, Zubereitung des Rohmaterials, Gewinnung des Erzes... Und nun verfolgen wir dessen Werdegang in den Tiefen der Erde bis zur zähflüssigen brodelnden Masse, von den glühend stickigen Metalldämpfen hin zum kosmischen Nebel.

Lösen ihn auf in Atome, diese wiederum in die Urschwingung jenes Unbegreiflichen, das — *NIE GEWORDEN* — jungfräulich das All erfüllt: Mulaprakriti — die Prima Materia. Dieser Vorstellung geben wir uns hin, bis uns ein demutvoller Schauer ergreift, bis das große, tief innerlich erschaute Erkennen in uns lebendig wird: das Wissen um die täuschende, beständig sich ändernde Scheinexistenz alles materiell Gewordenen und um die anfanglose ewige Dauer der weltengebärenden URSUBSTANZ.

Günstig für obige Meditation ist es, sich zuvor in Gedankengänge zu vertiefen, wie sie richtungweisend zugrunde gelegt sind in „Vom Rätsel der Materie“. Bestreben sei, die Ideenbilder nicht so sehr vom Intellekt her zu erfassen — was sowieso unmöglich ist — sondern intuitiv zu erleben.

Sich objektivieren lernen ah geistige Wesenheit

Beobachten und Erkennen des niederen Triebwillens. Erfühlen des geistigen Wollens.

Überdenken wir nochmals „Geheimnis Mensch", schalten wir sodann das Körperempfinden weitgehendst aus und objektivieren wir uns — losgelöst vom Stofflichen, des Körperlichen nicht mehr gewahr — als geistige Wesenheit, *nur mehr Bewusstsein, ganz eigenes Wollen.*

Lauschen wir diesem Wollen! Verwirklichen wir es!

Kein leichtes Unterfangen, wir wissen es von ähnlichen Exerzitien her. Dem Geistwillen steht der Triebwille entgegen, widersetzen sich Verlangen, Begierde. Bei jeder Gelegenheit versucht das „Körperbewusstsein", das „physische Elemental", mehr noch das „astrale", aufzubegehren, den Befehlen der geistigen Wesenheit zuwiderhandeln.

Richten wir unser Augenmerk scharf auf diesen Widerstreit. Beobachten wir den Körper, wenn ihm die zugemutete (und ihm zumutbare!) Stellung nicht behagt. Sofort wird sich etwas in ihm zur Wehr setzen, wird versuchen, uns von unserem Vorhaben abzubringen. Sei es mit Gewalt, sei es durch List, Schmerzen vorschützend oder auf Angenehmeres hinlenkend.

Hier heißt es standhaft bleiben und den Kampf mit dem „physischen Elemental" in jeder Hinsicht aufnehmen. Versagt sei der materiellen Hülle jederlei von uns nicht als berechtigt anerkanntes Wünschen.

Wie ja überhaupt das *Wunschleben* in der Meditation einer gründlichen Analyse unterzogen werden soll. Zuerst die lästigen Begierden. Wir überwachen streng die Regungen, die hochkommen, sobald wir der Triebnatur eine Annehmlichkeit, eine Zigarette, eine Tasse Kaffee, ein Glas Wein versagen.

Mit der Zeit kristallisieren sich die Gegensätze zwischen oberbewusstem Ich und unterbewusstem Es, zwischen geistgelenktem Wollen und animalischen Triebimpulsen immer deutlicher.

Unzählige meuternde Unholde gilt es zuvor stumm zu machen. Der Gedankenstoff, das Chittam der Yogis, ist in unaufhörlicher Bewegung. Diesem unausgesetzten Proteusspiel müssen wir Einhalt tun, ansonsten ist alles Mühen nutzlos, sei es im praktischen Leben, sei es in Magie und Mystik.

Darum nachdrücklichst abermals die Forderung: *KONZENTRATION*! Selbst im Kleinsten, scheinbar Nebensächlichsten. Stets nur einem Gedanken gewähren wir Aufenthalt im Blickfeld unseres Bewusstseins, was wir am sichersten erreichen, *wenn wir den gesamten Alltag zu einer einzigen Konzentrationsübung gestalten*, jede Handlung mit jener Ausschließlichkeit vollziehen, wie sie schon eingangs in den ersten Blättern gefordert wurde.

Bewusst stehen wir auf, bewusst kleiden wir uns an, bewusst nehmen wir unsere Mahlzeiten ein, wir lesen nur mehr konzentriert, bringen mit ausschließlicher Aufmerksamkeit unsere Gedanken zu Papier, schenken jedem Eindruck ungeteilt unser Interesse, so dass wir schließlich in der Lage sind, jederzeit Geschautes und Erfühltes vor unseren geistigen Augen plastisch zu rekonstruieren, es allzeit willentlich nach zu erleben; gleichgültig, ob Landschaft, belebte Straße, Kunterbunt eines Schauladens, private oder Berufssituationen, psychische Eindrücke und dergleichen mehr.

Von heute ab nehmen wir jede Kunde von der Außenwelt aufmerksam entgegen, lauschen voll Spannung der bilderreichen Sprache; denn auch das tägliche Leben „ist nur ein Gleichnis", betrachtet von höherer Warte. Beseelen wir auf solche Weise unser Tun, dann wird sich das widerborstige Gedankenelemental, das ruhelose Chittam, unserem Willen allmählich unterwerfen. Die Meditationszustände vertiefen sich dann. Und eines fernen Tages wird unser Erdensein zu einem einzigen kontemplativen Erleben.

Die Frage nach dem Ich-Bin (Der Weg des Maharishi)

BRUNTON wurde von einem indischen Weisen ein Weg nach Innen gewiesen, der der üblichen schwer durchführbaren Hatha-Yogaübungen enthebt und so auch für den Europäer gangbar ist. [1]) Körperliche Entspannung, ruhige langsame Atmung (Meditations-Atem) und Stillung der Gedanken sind hinreichend für diese Art Übungen, die zu unserer wahren Ichheit führen. Im Vordergrund steht die Frage nach dem „Ich-Bin".

---

1) Paul Brunton: „Weg nach Innen".

BRUNTON zufolge ist ausdauernd über nachstehende Gedankengänge zu meditieren:

a) Nach hinreichender Beobachtung, wie „ein Gedanke den anderen in endloser Folge jagt“, wird die Frage gestellt:

b) „Wer nimmt diesen Gedanken wahr?“ *„Wer oder was ist dieses „Ich“ in uns?“*

Zwangsläufig erweitert sich diese Fragestellung

c) zur *Analyse unserer Persönlichkeit.*

Zweifelsfrei wird uns dabei klar: Alles an uns ist *vergänglich.* Der Körper *ändert sich. Kann er demzufolge das wahre Ich sein?*

Wir können diese Wandlung unserer Körperlichkeit verfolgen, angefangen vom befruchteten Ei, den embryonalen Stadien, über Kindheit, Jugend, Mannes- und Greisenalter, bis zur natürlichen Auflösung in ekle Fäulnisprodukte.

Erschüttert zeigt uns diese Meditation die Hinfälligkeit der grobstofflichen Hülle. Eindringlich lehrt sie uns, dass wir mehr sein müssen als dereinst verwesendes Fleisch. (Wer die früheren Meditationspraktiken mit Erfolg gearbeitet hat, wird diesen Gedanken unschwer folgen.)

Allein selbst das, was wir im Allgemeinen mit „Geist“ zu bezeichnen pflegen, zerflattert bei genauer Betrachtung.

Unablässig wechseln die Gedanken, Ideen zucken hin und her, *wandelbar* sind *Willensimpulse, unbeständig* ist, was wir *Empfindung*, *Gefühl, kurz Seelenleben* nennen.

Kaleidoskopartig ist alles in uns unaufhörlich in Fluss. Jeder Eindruck, den wir aufnehmen, *ändert unseren Gedankengang*, unsere *Stimmung*; unser gesamtes Wollen ist abhängig von dem, was an uns herangetragen wird.

Gleich einem Zuschauer müssen wir in der Meditation unsere Seeleninhalte beobachten lernen, müssen versuchen, alles abzutun, was irgendwie von außen her zu uns gelangt, solange, bis *nichts mehr bleibt, außer dem BEWUSSTSEIN DES ICHBIN.*

Ist uns das gelungen, stellen wir — wie BRUNTON empfiehlt — die Frage:

Woher kommt das Bewusstsein, dieses Ich-Bin? Wer nimmt „den Eindruck der Außenwelt auf?“ „*Wer* ist der schweigende Zuschauer in uns?“

Festzustellen, dass der Körper bei dieser Betrachtung ausschaltet, bereitet wohl kaum noch nennenswerte Schwierigkeiten. Ebenso muss uns die Analyse des Verstandesdenkens und der Gefühlswelt dahin bringen,

ein „etwas in uns“ zu erleben,

das uns die Gedanken denken lässt; über unserem persönlichen Willen steht; unberührt bleibt von jeder Wallung der Gefühle; unbewegt von jedem Sturm des „Außen.

DIESES ETWAS IST UNSER WAHRES ICH.

Wer zu diesem Meditationserlebnis gelangt, dem öffnen sich die verschlossenen Bewusstseinsweiten unseres höheren Selbst; einschwingt die niedere Quaternität in die göttliche Triade. Nie darf daher die Frage, wer und was wir in Wahrheit sind, in uns verstummen. Wir stellen Sie ohne jede Schwärmerei, frei von Mystizismus und sonstigem gehirnvernebelnden Getue. Objektive Selbstbeobachtung, schärfste Konzentration sind die einzigen Bedingungen. Mithin akzeptabel auch für intellektuell Ausgerichtete.

Das „Ich-Erleben“ muss immer lebendiger in uns zum Ausdruck kommen, hat uns völlig zu ergreifen und zu durchdringen, damit Außenwelt, Körpersinne, Gedankenschwärme, Gemütserregungen ihre Macht über uns verlieren.

Werden wir nicht müde, unentwegt zu fragen:

„Was haben unsere Organe, was haben Herz, Lunge, Magen, Nieren mit uns zu tun?“

„Was die vegetativen Vorgänge, Blutzirkulation, Verdauung, Wachstum, Heilungsprozesse?“ Ausschließlich Körperfunktionen, Tätigkeiten, die sich ohne unser Zutun vollziehen.

Sitzen oder liegen wir, bedarf es nicht der Beine, keinesfalls der Hände, wenn es nichts zu halten oder greifen gibt. Überflüssig ist die Stimme in Augenblicken des Schweigens. Und wozu Auge und Ohr, wenn, nach innen gewandt, bestrebt wir sind, ausschließlich nur Ich zu sein?

Ganz diesem Bewusstsein hingegeben, erheben wir uns nach

und nach auf jene Bewusstseinsstufe, die zum Erleben unseres geistigen Wesenskernes führt.

Streichen wir alles an Erinnerungen, an Erfahrung, an Wissen, und gehen wir auf in dem einen Gedanken, dem einen Gefühl: *ICH*. Erschauen wir dieses Ich als *geistige Wirklichkeit*, als *ICH-BIN*. Aber wappnen wir uns mit unendlicher Geduld. Viel wird es kosten, bis wir dahin gelangen. Während wir uns mühen, den einzigen Gedanken: „Ich-Bin" festzuhalten, werden unablässig absolut abwegige Gedankenfetzen aufzucken, die wir gar nicht denken wollen, die sich gewissermaßen selbst denken, einem Etwas entsteigend, das fremd unserem Wachbewusstsein, von diesem weder gestaltet noch gelenkt. Die Stimme des Es mischt sich unentwegt in unsere Betrachtung. Wir kennen sie zum Überdruss.

Je schärfer wir uns in der Meditation beobachten, nicht minder (oder erst recht) bei unseren profanen Verrichtungen, umso schneller wird es gelingen, wachbewusstes Wollen und unterbewusste Strebungen voneinander zu scheiden: Persönliches Ich und unterbewusstere Er, esoterisch ausgedrückt: Die Funktion der niederen Manaskraft und die der ätherisch-astralen Prinzipien.

Erst wenn das Selbst zum Schweigen gebracht ist, beginnt das Überselbst zu sprechen. Ein Gnadenakt, durch nichts zu erzwingen.

Jedoch vorbereiten können, ja müssen wir uns hierfür. —

Streichen wir alles ab, bis nichts mehr vorhanden, nur wir, das Ich, dem zwei Ausdrucksmittel zu Gebote, sich kundzutun: *Gedanke* und *Wille*, Imponderabilien, fern dem Stofflichen, dieses aber beherrschend. Näher stehen Sie ihm als die Sinne zum Sehen und Hören. Womit bewiesen ist, dass der Mensch nicht von dieser Welt, sondern der Transzendenz angehört.

Doch verleitet ihn zumeist ein anderes Unabwägbares, ebenso wenig dem Physischen verwandt: das Gefühl, Werkzeug des Es.

So bewegen wir uns im Kreis lange Zeit, ehe Denken und Wollen wirklich reiner Ausdruck unserer selbst sind, ungetrübt von Leiblichkeit und Emotion.

Ungeachtet der Misserfolge darf unser Streben niemals erlahmen, *ganz geistige Ichheit zu werden*.

Kontrollieren wir von der Warte des Ich-Bin aus unsere Gedanken, wie sie durch uns strömen, wie sie aufblitzen, verlöschen, das bunte Gewoge von Kommen und Gehen ... Stoppen wir willkürlich ihren Lauf, gebieten wir Einhalt der rastlos drängenden Flut, die sich unablässig ergießt aus noch unerforschten Quellen. Schalten wir regulierend den Willen dazwischen.

Erleben wir uns als Herren dieses Willens, als Besitzer dieses Gedankenheeres, das unseren Befehlen untersteht...

So lernen wir uns letzten Grundes erkennen als geistige Wesenheit, bar jeder Körperlichkeit, als Wesen einer höheren Dimension, das keiner physischen Behelfe braucht, dessen subtile Funktionen *Denken* und *Wollen*.

Erst vermöge dieser metaphysischen Potenzen, die mehr sind als bloßes Hirnprodukt, wird jeder, was er ist; mag er noch so verbissen den Primat des Geistigen leugnen.

In der Klarheit des Ich-Bin-Erlebnisses wird es uns bewusst, dass unser Körper ein Nichts, dass Unsichtbares Sichtbares dirigiert. Im buchstäblichsten Sinne werden wir fortan nur mehr von unserem Körper sprechen wie von einem Haus, in dem wir vorübergehend wohnen, oder von einem Gefährt, unserer Lenkung anvertraut, das uns die Formenwelt, den dichtesten, vergänglichsten der Daseinspläne erschließt.

Zu unseren Gefühlen werden wir dann bald einen ähnlichen Standpunkt einnehmen.

Die Lehre vom „Wachsein“

Analoge Meditationsgänge beschreibt GUSTAV MEYRINK in seinem tiefgründigen Roman „Das grüne Gesicht“.

„Wer bin ich?“ ist auch hier die erste Frage auf dem mystischen Werdegang. Als wichtigste Voraussetzung wird gefordert: *„Wachsein!“*

„Sei wach bei allem was Du tust“, so heißt es; denn keiner ist wach, der da lebt. Zur Erreichung dieses Zustandes wird zu folgendem Experiment geraten:

Man stelle sich fest hin und denke mit stärkster Konzentration: *„Jetzt bin ich wach.“*

Des Weiteren:

a) Zähmung des Körpers: Aufrecht hinsetzen (Ägyptischer Sitz) Absolut regungslos! Nicht die allerleiseste Regung ist dem Körper gestattet.

b) Zähmung der Gedanken: Bezwingung ihres tollen Hin und Her. „Einziges Mittel ihnen Herr zu werden ist — nach MEYRINK — die Flucht in ein höheres Wachsein." Wie das zu erreichen ist, das freilich muss jeder selber erlernen. Es ist ein „immerwährendes Tasten mit dem Gefühl und ein eiserner Entschluss zugleich".

Die „mystische" Konzentration

Die „*Übung ohne Worte*" — nach dem bekannten Mystiker KARL WEINFURTER — die, wie dieser versichert, den mystischen Pfad erleichtert, wird im Ägyptischen oder im Buddhasitz bei geschlossenen Augen durchgeführt. Vorbedingung: Absolutes Stillesein. Empfinden, Fühlen und Denken haben zu schweigen!

Als Einleitung wird hier ein kurzes Gebet zum Allerhöchsten empfohlen. Wenn alles in uns schweigt: *Wortloses* Versinken in das Innere. Die Hinwendung an den Gott in uns. Die Aufmerksamkeit ist auf die Mitte der Brust gerichtet, auf das „geistige Herz" der Mystiker.

Jeder auftauchende Gedanke — *„und sei es der höchste"* — ist streng untersagt. *„Vollständiges Leerwerden unseres Denkens"* muss erreicht werden. Gedankenfrei lausche der Meditierende in sich nun hinein, „als ob er eine Mitteilung aus dem Inneren erwarte."

Das Endziel der mystischen Konzentration gipfelt im Einssein unseres Ichs mit dem „Gott in uns".

Erleben der Schöpferkräfte (Naturerleben — Kunsterleben)

Jedes Ereignis, jedes Erleben hat seinem nur ihm eigenen *Gefühlston*. Begnadeten, Künstlern, Malern, Dichtern, Tonschöpfern ist es gegeben, dieses Einmalige, diesen geheimnisvollen Stimmungszauber einzufangen.

So spreche denn Natur und Kunst zu uns, um unser Sinnesleben zu verfeinern.

Beobachten wir, welches Gefühl ein Sonnenaufgang in uns erweckt, welches ein Sonnenuntergang und welche Seiten unserer Seele eine silberglänzende Vollmondnacht zum Schwingen bringt.

Lauschen wir dem Brausen des Sturmes, dem Rollen des Donners, dem Ächzen scheinbar lebendig gewordener Baumesriesen in der Gewitternacht; lauschen wir dem leisen Geraschel müder Blätter im Dämmerschein der Abendröte.

Öffnen wir uns der Sprache verträumten Heidelandes... zitternder Gräser ... bienenumschwärmter Blüten ... Erfühlen wir die Wucht eines Gebirgsmassivs, eines reißenden Stromes, die Poesie eines murmelnden Bächleins im walddunklen Schatten... eines einsamen Strandes im nebelverhangenen Herbst... eines stillen Bergsees, oder den Abendfrieden schlummernder Alpenweiden... die schläfrige Ruhe eines glutheißen Sommernachmittags irgendwo sonntags in einem fern abgelegenen Dorf ... das Flockengewirr im Laternenschein um die Weihnachtszeit... einen Kirchhof im Novembergrau ... das erste zaghafte Blühen im schmelzenden Schnee ...

Zahlreich die Bilder, die Widerhall finden in unserer Seele.

Nicht zu vergessen: die *Stimme der Tiere!* Auch diese Sprache muss verstanden werden. Nicht aber mit den Sinnen kalter Vernunft.

Gleich der Natur sei auch die Kunst Helfer uns zu innerem Erschauen. Jede Dichtung, jede Melodie, jedes Gemälde, jedes Kunstwerk überhaupt, sofern von Begnadeten geschaffen, führt uns dazu.

Meditatives Naturerleben, kontemplativer Kunstgenuss — fernab jedem sentimentalen Überschwang, weckt höhere Sinnesfähigkeiten. Wenn jene Seelensaiten tönen, sind wir reif geworden zum Erfühlen der *Schöpferkräfte rings um uns in fremden Wesensformen.*

Dr. RUDOLF STEINER, Begründer der Anthroposophie, rät zu ähnlichen Exerzitien. Auch er ist der Ansicht, dass sich dadurch die höheren Sinne des Menschen entwickeln, was — wie bei jeder Meditation und Kontemplation — auf die Erweckung der Chakras von Einfluss ist. [1])

Gemütstöne ganz bestimmten Charakters müssen in uns aufklingen, soll ein subtileres Gemütsleben sich kundtun. Zerpflückendes Verstandesdenken darf hierbei nicht stören.

Erleben von Entstehen und Vergehen

Versenken wir uns im Herbst in den Rhythmus von Welken und Vergehen, im Frühling von Wachsen, Blühen, Werden.

Bemühen wir uns zu *erfühlen*, was die *absterbende* Pflanze uns sagt, was der *sprießende* Keim.

Bisher haben wir stets nur das Außen geschaut, die Form, die Hülle — nun ist es an der Zeit einwärts zu dringen, das SEIN in jedem Ding zu erleben.

Erfühlen von Leben und Bewusstsein um uns

Betrachten wir einen Stein, eine Pflanze, ein Tier, einen Menschen. Der Stein ruht *bewegungslos*, verändert seine Lage nicht; die Pflanze, festgewurzelt zwar, *strebt zur Höhe*, zum Licht. Diese Kraft, die in der Pflanze west, dem Stein mangelt, heißt es erfühlen lernen. Steine, Pflanzen können ihren Standort nicht verändern, das *Tier vermag es*.

Versenken wir uns in diese Tatsache, bis das Unaussprechliche, in Worten nicht Beschreibbare — der Wille, der den Tierkörper vom Platze bewegt — zu uns spricht, wobei auf den Gefühlston zu achten ist, der dabei in uns aufzuckt.

Und nun der *Unterschied* zwischen Tier und Mensch. Was west im Tier, was dominiert im Menschen? Jedes Tier, jeder Mensch hat seine Sprache, seine ihm eigentümliche Sprechweise. Ergründen wir gefühlsmäßig dieses Eigentümliche, das Einmalige dieser Laute. Hören wir des Weiteren unseren Mitmenschen zu. Völlig objektiv wiederum, weder zustimmend

---

1) Rudolf Steiner: „Wie erlange ich das Bewusstsein höherer Welten".

noch ablehnend. Eine ganz spezifische Gefühlsform muss sich hierbei melden. STEINER spricht von der „Erlangung der inneren Worte“.

Gehen wir hinaus in Gottes Wunderwelt. Greifen wir nach einem Samenkorn. Erfühlen wir die Kraft, die Idee darin, welche den Samen zur Pflanze gestaltet. Und suchen wir in der Pflanze nach der Kraft, die neuen Samen zur Reife bringt. Erschauen wir die Kraft in allem Werdenden, in Blüte und Frucht, im Zeugen und Gebären, im Wachstum und Reifen ...

Nicht zuletzt: versenken wir uns in die große Umwandlung, die wir mangels besserer Einsicht, Zerfall, Zerstörung, Tod und Vernichtung nennen.

Hellsehorgane bilden sich dadurch, so wird versichert.

Lauschen wir hinein in die Natur auf einsamen Spaziergängen, auf Wanderungen in stillen Sternennächten. Lauschen wir hinein in uns.

Einmal wird sie sich offenbaren die GROSSE KRAFT, Ursache alles Gewordenen, einmal ein Echo finden in uns der *Dinge wahrer Wesenskern.*

Weg nach Innen, Weg nach Außen... treffen sich...

Auch der Traum ein Helfer

Der Traum als seelischer „Bilderungsprozess“ kann — so die Tiefenpsychologen, vorwiegend der JUNGSCHEN Schule — zwei großen Bewusstseinsschichten entstammen: dem *individuellen* Unbewussten, Summe alles Ichhaften, und dem *kollektiven* Unbewussten, Grenzscheide, die uns dem „Wir“ verbindet. Die wichtigste Bewusstseinsfunktion allein bleibt bisher von den meisten Psychologen noch unbeachtet: die des *Überbewussten*.

Diese Bewusstseinsfunktionen berücksichtigend, unterteilen sich die Träume etwa in folgende Gruppen:

1. *Leibreizträume*:

   Irgendein körperlicher Reiz (Indisposition, schlechte Körperlage, äußere Einflüsse, wie Licht, Schall, Temperatur usw.) ist Verursacher des Traumbildes. Viele Psychologen bestreiten eine solche traumauslösende Reizwirkung; andere hingegen, darunter Mediziner, bejahen sie.

2. *Mitteilungen aus dem Unbewussten*:

   Der große Wirkungsbereich des Psychotherapeuten. Unverarbeitete Eindrücke aus dem Tageserleben (Ängste, Sorgen, Ärger, Aufregungen, ungeklärte Lebenslage, ungestillte Wünsche, heimliche Begierden usw.), ins Unbewusste gesunkene seelische Erschütterungen (Traumas), als Verdrängungen und Komplexe wirkend, liefern die Trauminhalte.

   Der Großteil unserer Träume wurzelt hier. Hier setzt der Seelenarzt die Sonde an.

   Achten auch wir fürderhin darauf, was der Traum uns sagen will. Doch nicht auf Erlernung abgeschmackter Deutungsregeln kommt es an, ein jeder muss die Bilderschrift der eigenen Träume kennenlernen, wodurch sich aufschließt ein weiteres Tor zu unseren Bewusstseinstiefen.

3. *Träume telepathischer und prophetischer Natur*:

   Hin und wieder mag ein Traumbild gegenständlich oder sinnbildlich Kommendes anzeigen; wovon möglicherweise mancherlei aus dem Bewusstseinsinhalt Fernweilender — mit denen uns das kollektive Unbewusste verbindet — geschöpft sein mag. Nicht immer allerdings ist ein menschlicher Sender als Verursacher solch prophetischer Botschaften zu ermitteln. Anscheinend greift da der Traum in eine uns völlig fremde Welt.

4. *Kontakt mit geistigen Wesenheiten*:

   Zuweilen, zumindest drängt sich der Eindruck auf, treten im Traum wir in Beziehung zu außerkörperlichen Bewusstseinsformen, zu Verstorbenen, bekannten wie unbekannten. Mitunter tauchen Gestalten dämonischen Charakters auf. Traumerlebnisse oft recht wenig erfreulicher Art, wozu auch der vieldiskutierte Alp gehört. Magische Schutzmaßnahmen erweisen sich keineswegs so absurd wie der Rationalist vermeint.

   Weitaus seltener zeigen sich im Traum Erscheinungen erhabener Natur.

5. *Spaltungszustände*:

Wir glauben uns völlig wach, wissen, dass wir träumen und fühlen uns zugleich losgetrennt vom Körper. Wir erleben jene Art von Spaltungsmagie, die sich ohne unser Zutun vollzieht. [1])

6. *Reinkarnationsträume*:

In begnadeten Augenblicken zieht der Traum den Schleier weg und offenbart Ausschnitte einst gelebter Erdentage.

7. *Mystische Träume*:

Diese Traumgesichte registrieren das innere Reifen. Sie sind Streckenweiser des mystischen Pfades. Derlei Bildsymbole, deren Bedeutung für jeden Mystiker die gleiche ist, spiegeln Zustände aus den Bereichen des Überbewussten. [2])

In Fällen, wo der Traum Okkultes zu vermitteln scheint, sei man doppelt auf der Hut. Noch kritischer sei das Urteil als sonst. Einwandfrei muss sich sein transzendentaler Ursprung erweisen. Eine Forderung, die natürlich äußerst schwer erfüllbar ist.

Traumexerzitien

Das *Traumtagebuch*, zu dem vor längerem geraten wurde, verzeichne jeden Traum, sei es der scheinbar sinnloseste, der kärglichste Rest eines im Großen und Ganzen beim Erwachen vergessenen Traumablaufes.

Wer astrologiekundig ist, vermerke dazu den transitorischen Lauf der Gestirne zu den Radixorten; vornehmlich des schnell im Tierkreis fortschreitenden Mondes. Treten, was ja seltener der Fall ist, Pluto, Neptun, Uranus oder Saturn in Beziehung zu ihren Radixplätzen oder zu anderen wichtigen Geburtspunkten, dann verfolge man seine Träume besonders sorgfältig. Quadraturen beeinflussen mitunter das Traumleben stark, nicht selten in dämonischem Sinne, wie beobachtet. Quadraturaspekte gelten ja in der magischen Astrologie als astrale Einfallstore.

---

1) — 2) Eingehend darüber in: K. Spiesberger „Hermetisches ABC“ (Band II)

Traumbeobachtung

Haften unsere Träume beim Erwachen nur höchst mangelhaft im Bewusstsein, dann helfen wir eben eine Zeitlang mit einem entsprechenden Selbstbefehl unserem Erinnern nach, indem wir uns vor dem Einschlafen sagen:

> „Ich werde mich meiner Träume erinnern. *Lückenlos* steht beim Erwachen der gesamte Traumverlauf klar vor mir."

Späterhin, einmal in Übung, präzisieren wir die Autosuggestion dahingehend, sofort aufzuwachen, wenn uns ein Traum einen wichtigen Fingerzeig gibt.

Anfänglich vielleicht nur kümmerliche Erinnerungsreste werden sich allmählich zu einem kontinuierlichen Ganzen verweben, gemäß dem Grade der Aufmerksamkeit, dem wir unserem Traumleben widmen.

Halten wir keinen unserer Träume für unwichtig. Zeichnen wir *jedes* Traumbild auf und meditieren wir darüber. Spontan gibt oft hinterher das Unbewusste den Kommentar zu seinen Traumbotschaften. (Aber halten Sie nichts von den Rezepten der vielen „echten" Traumbücher!)

Unsere Träume sprechen die Ursprache aus Menschheitskindertagen, wir müssen sie nur wieder verstehen lernen; dann erschließen sich uns Vorgänge, zu denen es normalerweise keinen Zutritt gibt.

Sei dies uns Ansporn, nicht müde zu werden, Tag für Tag das Nebelreich zu durchforschen. Lesen im Traumtagebuch von Zeit zu Zeit erhellt, ob gewisse Träume sich wiederholen, ob bestimmte Traumsymbole Anzeiger äußeren Geschehens waren oder ob sie innere Zustände andeuteten. Prüfen wir des Weiteren jeden Traum, welcher der vorhin genannten Stufen er einzureihen ist.

So wird uns der Traum, kritisch und beharrlich erforscht, ebenfalls zum unentbehrlichen Helfer, der so manche in der Meditation gestellte Frage beantwortet, uns in andere Dimensionen schauen lässt.

Transzendentale Bewusstwerdung beginnt zumeist in unseren Träumen.

XX

Lebensformung . . . Tatgeworden!

Fragen wir uns immer wieder mahnend: *Was ist Tat geworden?*

Nur gelebte Esoterik, erlebte Mystik, im Alltag angewandte Magie der Seelenkräfte ist von Wert, wertloser Ballast alles Wissen ohne Nutzanwendung.

Noch mehr gilt es „Masse Mensch“ zu entwachsen, vollends dem Gros zu entrinnen. Ein kühnes Steigen. Gipfel locken, Abgründe schrecken. Angesagt ist dem „alten Adam“ der Kampf. Nicht gutwillig weicht er. Wir haben Proben. Mit Tücke versucht er die wankende Herrschaft zu festigen, mit Ängsten, Drohungen, mit Lockungen und Lüsten aller Art. Unzählig die Fallstricke, die den umlauern, der sich erkühnt, dem Troß der Erdenknechtschaft zu entrinnen. Der „Herr der Welt“, der Dämon der Materie, der Illusion, des Scheins, gibt so leicht sein angemaßtes Recht nicht preis.

Jeder von uns hat empfunden, wie schwer, wie undurchschaubar schier die Prüfungen, denen sich der Höhenwanderer gegenüber sieht, selten nur deren letzten Sinn begreifend.

Mühevoll der Übertritt vom Vergänglichen zum wahrhaft Wirklichen. Ohne Feilschen muss der Preis entrichtet werden, den das Evolutionsgesetz erheischt. *Jeder Geburt gehen Schmerzen voraus — aber auch die Lust der Zeugung.*

Nicht anders bei der Geburt des neuen Menschen ...

Geben wir uns Rechenschaft, ehe wir den Band beschließen. Ist die erste Grundforderung erfüllt? Bedingung aller Erfolgschulen. Haben wir mit dem bisherigen Leben, der Vergangenheit, kompromisslos gebrochen? Das Vordem ganz und gar vergessen? Oder frisst in verborgenen Winkeln immer noch der nimmersatte Wurm Erinnerung?

Notwendiges Stadium der Entwicklung, mehr darf uns das Vergangene nicht sein, gesetzmäßiger Ablauf reifen Karmas, der die Hürde freigab für unser derzeitiges Werden.

Einstmaliger Besitz, scheinbar beglückend, „unersetzlicher“

Verlust, das Innerste erschütternd, was wiegen sie in Wahrheit auf, betrachtet vom Standpunkt des Egos, gemessen an den geistigen Gütern, gesehen von der Warte des Unvergänglichen aus?

Besitzen wir diese Gabe der Unterscheidung schon?

Lassen wir fahren, was dahin und vorbei, ohne Schmerz, ohne Reue, ohne Selbstbezichtigung, nicht zürnend, nicht hadernd noch klagend. Gleichgültig ob selbstverschuldetes Leid oder von anderen verursacht. Wissen wir doch, dass der Mensch ein Stern, jedem seine eigene Bahn beschieden ist. Nur für uns allein sind wir verantwortlich.

Nachsicht mit jedem! Auch mit unserem Tun, soweit es in die Zeit vor dem neuen Werden fällt. Ist der Blinde zu schelten, wenn er abirrt? Fort also mit Anklagen, mit sinnloser Selbstzerfleischung. Vergangen sei, was vergangen ist: Menschen, Dinge, Ereignisse. Vermengen wir nicht Lebendiges mit längst Erstorbenem. Was kümmern uns heute Scheinsiege und Niederlagen von ehemals, als wir noch schliefen. Unbeschwert vom Ballast des Gewesenen wird leicht die Wanderung auf neuer Lebensbahn. Freudige Gewissheit dringt hinab in sonst unzugängliche Seelenlabyrinthe, lösend das Gewirr von Komplexen, zu dem sich der Moder der Vergangenheit verdichtet hat.

Fangen wir doch jetzt erst an zu begreifen, warum dies oder jenes nicht gelingen durfte, dieser oder jener Mensch von uns gehen oder in unser Leben treten musste, Pläne sich zerschlugen, gesteckte Ziele unerreichbar wurden und nicht Erstrebtes plötzlich in unserem Blickfeld stand. Karma spann die Schicksalsfäden. Wir aber, blind noch damals, zerrten ohnmächtig, wütend oft sogar, an dem Gespinst, in dem wir hingen. Jetzt aber öffnen sich mehr und mehr die Augen.

Vertrauen wir weiterhin der inneren Führung. Widerstreben wir ihr nicht durch Rückfall in abgeschlossene Lebensperioden. Rechten wir: was hat sich seitdem geändert? Mit welchen Gegebenheiten haben wir uns nunmehr auseinanderzusetzen? Achten wir auf alles, was an uns herangetragen wird; denn in *Symbolen spricht das Leben.*

Ordnung in allen Dingen, hieß eine andere der Grundforderungen. Wie weit haben wir es hierin inzwischen gebracht? Hat wirklich jedes Ding seinen Platz? Nicht bloß die materiellen. Auch in unserem Denken muss Ordnung herrschen, erheblich mehr als früher.

Wenn ja, dann wissen wir zu schätzen, was Ordnung ist. Wie flott lässt es sich arbeiten, ist alles wohlbereitet. Da kommt ein Einfall uns, Wichtiges ist zu notieren. Ein Griff und schon besitzen wir schwarz auf weiß die Frucht unterbewusst schaffender Inspiration. Bester Laune setzen wir die Arbeit fort. Anders vordem, als allerorts noch „malerische" Unordnung geherrscht hatte. Kein Notizblock zur Stelle, nirgendwo ein Blättchen. Vielleicht weilten wir gerade bei einem Vortrag oder auf der Straße. Fand sich nach langem Kramen doch noch ein Blatt, dann fehlte sicherlich zu allem Pech der Bleistift. Oder der Stummel war stumpf oder abgebrochen. Missmutig ließen wir von unserem Vorhaben ab, knurrig auf uns und unsere Umgebung, damit die Ursache schaffend für einen missvergnügten Tag. Und bloß, weil ein Block und ein gut gespitzter Bleistift nicht zur rechten Zeit am rechten Ort waren. Schlimm im Kleinen schon, um wieviel schlimmer erst im Großen!

Eng verknüpft mit Ordnung und Sauberkeit — keines ist vom anderen zu trennen — ist die *Zielplanung* für jeden Tag, jede Woche, jeden Monat, jedes Jahr — fürs ganze Leben. Kraus mögen die Zielsetzungen gewesen sein, entworfen nach den ersten Anweisungen. Anschlusssuchend an die innere Stimme wird uns indes in schweigender Versenkung mancher Irrtum klar geworden sein. Sicher haben wir einiges seither abgestrichen, andere Ziele dafür höher gesteckt. Mit weiteren Korrekturen ist späterhin zu rechnen; denn unablässig schreiten wir fort. Mit dem Grad der Erkenntnis wandelt sich das Ziel. Was keineswegs heißt, dem Leitziel untreu werden. Diese Gabe der Unterscheidung haben wir wohl im Laufe des Studiums erworben. Um unser wahres Wollen wissen wir. Es kann sich demnach bloß um Zielerweiterungen handeln, um ständigen Ausbau.

Ein jeder von uns hat besondere, ihm allein zufallende Aufgaben, gemäß seiner karmischen Verstrickung. Wie er sie zu lösen hat, darüber meditiere er in stillen Stunden. Einmal wird ihm die Antwort kommen. Das große, letzte aller Ziele haben alle wir gemeinsam. Der ausgestoßene Sohn sucht sein Vaterhaus. Auf äonenlanger Weltenpilgerschaft strebt er der einst verlorenen Heimat zu. Verlieren wir diesen Zielpunkt niemals aus den Augen, damit unser Tun und Planen zu Etappen dieser Heimkehr werde.

Ohne das esoterische Endziel außer Acht zu lassen, umreißen wir klar die Formung des äußeren Lebensablaufes. Ausgehen muss jeder natürlich vom Gegebenen. Kein Wolkenkuckucksbau! Das Notwendige des Augenblicks berücksichtigend, gilt es festgegründete Fundamente zu schaffen.

Überprüfen wir sogleich den *Jahresplan*. Liegt noch keiner fest, dann aber ist es höchste Zeit, einen solchen zu entwerfen. Künftig wählen wir hierfür die Jahreswende, besser noch den Beginn des neuen Lebensjahres. Sichten wir, was das Jahr uns brachte, was wir ihm gaben und was zu tun vordringlich bleibt. Nicht nur vom Verstand her erwägen wir Punkt für Punkt, von Innen her möge Bestätigung und Anregung kommen. Pläne, im Verein mit den unbewussten Gestaltungsmächten entworfen, tragen von Anbeginn den Keim des Erfolges in sich. Lassen wir nicht nach, bis das „Innere Wort" alle anderen Stimmen übertönt.

Wie steht es mit unserer *Monatsplanung*, die wir als Teilprogramm am Monatsende dem Jahresplan entnehmen? — Unerwartet eingetretene Umstände drohen einiges über den Haufen zu werfen? Dann eben wendig sein! Nie zu starr sich an ein Vorhaben klammern, stets die Verhältnisse mit einbeziehen. Am Ziel freilich darf nichts geändert werden, sofern es einmal als richtig erachtet; doch was zu dessen Verwirklichung führt, sei stets der geänderten Lage angepasst.

Legen wir seit Beginn der Schulung regelmäßig sonnabends das *Pensum für die nächsten sieben Tage fest*, einbeziehend die Ziele des laufenden Monats, aufbauend auf der geleisteten Arbeit der soeben beendeten Woche?

Jahresziel, Monatsplanung, Wochenübersicht, mehr und mehr sehen wir aufgespaltet unser ideenreiches, lusterfülltes Wollen in wenig Freude versprechende Kleinarbeit. Es ergeht uns wie mit einem herrlichen Mosaik. Aus allernächster Nähe betrachtet, schwinden die eindrucksvollen Konturen. Was bleibt, ist Wirrwarr regelloser Steinchen, das jede Übersicht missen lässt. Ganz so unser Tagewerk. Kunterbunte Steine selten angenehmer Pflichten, deren Vielfalt nicht einmal ein ungefähres Bild der in Aussicht genommenen Lebensarbeit vermittelt. Nur zu viele scheitern hier daran, missachtend dieses oder jenes Steinchen, dessen Form oder Farbe ihnen missfällt. Vielleicht erscheint es ihnen überflüssig in seiner Winzigkeit. Zu spät erst merken sie, dass gerade deshalb aus dem Bild nichts werden konnte. Und alles bloß einiger winziger Steine wegen.

Sei dies uns Lehre. Nirgends sei strengerer Maßstab angelegt als bei Aufstellung und *Durchführung* des Tagesplanes. Gehen wir mit der nötigen Schonungslosigkeit mit uns ins Gericht, wenn durch eigenes Verschulden ein Programmpunkt unerfüllt geblieben ist? Müdigkeit, Indisposition, unerwartete Besuche und wie die faulen Ausreden sonst heißen mögen, haben für uns am Ende dieses Lehrganges endgültig auszuscheiden. Sind wir wirklich müde, dann entspannen wir uns eben und polen uns entsprechend auf. Wozu kennen wir die vielen Exerzitien? Unerwartete Störung schaffen wir uns höflich, notfalls energisch vom Hals. Wir kennen ja die Listen des „Faulpelzes in uns", seine Einwände, unangenehme Erledigungen hinauszuzögern. Schlagartig gehen wir von nun an dagegen an. Gerade das Missliebige wird zuerst getan!

Liebgewordene Gewohnheit wird inzwischen so manches vordem Unangenehme geworden sein, sofern wir die Grundforderung der ersten Blätter gewissenhaft erfüllt haben. Hier lagen die wenig formschönen Steinchen. Nicht umsonst legen sämtliche Systeme mystisch-magischer Entwicklung, genauso alle exoterischen Erfolgssysteme, derart Wert auf eine genau durchdachte, peinlichst durchgeführte Tagesarbeit.

Genaue Festlegung des zu Leistenden, in Verbindung mit der schriftlichen Fixierung des Getanen (Tagebuch!), mobilisiert die unbewussten Helferkräfte, die mit automatenhafter Sicherheit Impulse auslösen und dadurch unser Streben fördern.

Übrigens wie steht es mit dem *Traumtagebuch*? Ist es schon angelegt? Aufzeichnung im Gedächtnis haftender Traumreste erhellen — wie darauf schon hingewiesen — unbewusste Seelenvorgänge, mitunter eine im Moment wenig durchschaubare Lebenssituation. Und wie steht es mit unseren Studien und Exerzitien? Haben wir eine genaue Übungsfolge festgelegt? Wem es an Zeit mangelt, teile die Übungen so auf, dass jeden Tag eine andere Gruppe in ihre Rechte tritt, ohne eine Disziplin zu vernachlässigen. Es kommt nicht so sehr auf Menge und Dauer an als auf ein ständiges, beharrliches Beibehalten. Wichtig ist, ständig etwas für Körper, Seele und Geist zu tun. Wir erhöhen dadurch die physische Spannkraft, fördern Verstandesschärfe und Intuition, stärken das magische Perisoma.

Geistiger Fortschritt gelte uns mehr als materielle Erfolge.

Wer es ermöglichen kann, verbringe abends die Zeit im Garten, Feld oder Wald. Gegenstand der Meditation seien Naturbetrachtungen und Gedanken über die im All waltenden Kräfte. Ist dies nicht täglich möglich, so doch mindestens ein- oder zweimal die Woche.

Mögen die esoterischen Ziele bei jedem entsprechend Beruf, Familie und sonstige Begleitumstände anders sein, dennoch sind Richtlinien möglich als Basis des äußeren Lebensablaufes. Egal, wo immer wir unsere Aufgabe zu erfüllen haben, jederzeit können wir aus der esoterischen Weltanschauung Nutzen ziehen. Sei es durch erhöhte Konzentration bei unserem Tun, durch Ausschalten des Gedankenleerlaufes, Übergehen in den Entspannungszustand innerhalb kürzerer oder längerer Arbeitspausen, durch vermehrte Kraftzufuhr dank rhythmisch-dynamischer Vollatmung, durch Vermeidung von Hast, Ärger, Aufregung, also durch größere Selbstbeherrschung als ehedem, und richtige Menschenbehandlung. Gerade an seinem Arbeitsplatz bietet sich jedem Gelegenheit, soviel wie möglich des bisher Erarbeiteten praktisch anzuwenden. Dies wäre ein wichtiger allgemeiner Zielpunkt. Halten wir inne und überlegen wir, ob wir es wirklich schon dahin gebracht haben?

Fülle der Gesundheit im dreifachen Aspekt, ein weiteres Ziel für jeden. Jugendliche Spannkraft, Regenerationsfähigkeit bis ins hohe Alter. Hat unser Körper die notwendige Widerstandskraft erlangt? — Haben sich unsere Geistesgaben seither vermehrt? — Und was am wesentlichsten: vermag noch etwas den Frieden unserer Seele zu stören? Prüfen wir, ehe wir versuchen, himmelan zu steigen, ob wir fest im Boden wurzeln.

Keinerlei Askese! Sie ist Mangelerscheinung, ist Beleidigung der sich im Überfluss verströmenden Allheit.

Ist der Körper genügend gestählt durch richtige Pflege, durch Atmung, Gymnastik, Zufuhr feinstofflicher Kräfte, magnetische Praktiken und anderes mehr? Sind geglättet die Wogen unsteten Gemütes, Verdrängungen beseitigt, Komplexe entschärft durch Selbstbefehl, Mantrams und Meditation? Gebieten wir souverän den Gedanken, gestützt auf Konzentration und bildhafter Vorstellung? Gelingt es uns, die Gedanken beliebig lang festzuhalten oder auszuschalten? Im Alltag wie bei den Übungen? Untersteht wirklich schon jeder Gedanke, jede Gefühlswallung, jedes Wort, ehe wir es aussprechen, unserer Kontrolle? Wissen wir zu unterscheiden, was aus uns stammt und was von außen her sich aufdrängt als Suggestion mannigfaltigster Art? Wir haben die Gefahren aufgezeigt. Durchschauen wir sie jetzt? Den Mitmenschen, der uns durchaus etwas einreden will? Das meinungsbildende Geschrei der Presse mit ihren gestellten Reportagen? Die weltanschauliche Propaganda aller Farben? Die sich überschlagende Reklame für mehr oder meist minder Empfehlenswertes? Rundfunk, Film, Theater und vieles, vieles andere: Merken wir, worum es in Wahrheit geht? Wissen wir uns diesem Geschrei, Geflüster, Geflimmer, diesen akustischen und visuellen Lockungen zu entziehen? Allzu leicht sickern derlei Suggestionen hinab ins Unbewusste, und eines Tages folgen wir ihnen, wähnend, wir seien es, die so dächten.

So formt fremder Wille die Massenseele. Allein nur der Mensch der Masse wird Opfer solcher raffiniert erwogener Absichten, wir, dem Gros entworden, sind immun. Eigenes Denken entscheidet unser Tun, *eigenes* Wollen.

Doch nutzlos gedacht der beste Gedanke, ermangelt ihm logische Folge. *Folgerichtiges Denken* sei daher unser Streben. Glasklare Logik schärft die *Unterscheidungskraft*.

Jegliches Handeln sei fortab von diesem Blickpunkt aus beurteilt, stets das *wahre* Wollen miteinbeziehend. Brächten wir es bloß in dieser Hinsicht zur Vollkommenheit, die Schulung hätte ihren Zweck nicht verfehlt.

Des Weiteren: *Fülle in den materiellen Belangen*. Jeden verlangt es danach.

Naturgemäßer Ernährung bedarf der Körper, desgleichen der Jahreszeit entsprechende Bekleidung. Allein nicht nur zweckvoll sei diese, sondern auch schön. Jede ihrer Formen, Kristalle, Pflanzen, Tiere, Sternenwelten, versieht die Natur mit Schönheit. Eifern wir ihr hierin ruhig nach. Womit nicht gesagt ist, in Modetorheiten auszuarten, die übrigens das Gegenteil von gutem Geschmack sind, eher echtes Schönheitsempfinden beleidigen. In der Kunst des Schönen sei uns die Natur in ihrer bezwingenden Einfachheit Lehrmeisterin.

Wir müssen wohnen, brauchen ein Heim, in dem wir uns wohlfühlen. Der esoterisch orientierte Erfolgsmensch wird bestrebt sein, es kunstsinnig auszugestalten; gartenumfriedet, fernab vom großen Trubel. Ein Ziel, das unablässig im Geist geformt werden sollte, bis es schließlich Realität geworden.

Nahrung, Bekleidung, Heim sind notwendige Voraussetzungen gesunder Lebensführung. Zu erfolgreichem Schaffen jedoch gehört noch einiges mehr. Unserem Kulturbedürfnis muss Rechnung getragen werden. Bücher esoterischen, wissenschaftlichen und schöngeistigen Inhaltes sind unerlässlich für unsere Weiterbildung, desgleichen gutes Theater, gute Musik, Vorträge, Besuch von Museen. Nicht zu vergessen: ausgedehnte Wanderungen, fördernder noch, Reisen. Sie lehren uns eine andere Umwelt kennen, stärken Naturverbundenheit, weiten das Blickfeld, mehren die Schaffensfreude, regenerieren die Kräfte und lassen neue Ideen aufkeimen.

Ausschließlich fast entscheidet der *Beruf* — in der Regel Hauptpunkt exoterischer Zielsetzung — wie weit die materielle Basis fundierbar ist. Selten leider fällt bürgerlicher Beruf zusammen mit innerer Berufung. Darum die vielen, die unter nicht zusagender Betätigung stöhnen, die ihnen, so wenigstens empfinden sie es, die schönste Zeit ihres Lebens frisst.

Was ist in solchen Fällen zu tun? — Zunächst sei bedacht, dass Beruf gleichfalls karmische Bestimmung ist. Also nicht murren, nicht dawider anrennen, vielmehr willig die Last weiter tragen — mit der Einschränkung allerdings: der festen Überzeugung, nach Begleichung der karmischen Rechnung in Form untadeliger Pflichterfüllung, die unserer Wesensart gemäße Betätigung zu erhalten. Wir setzen dabei unser ganzes Vertrauen in die Kraft des zielgelenkten Gedankens, in die Macht der Schicksal formenden

Tiefenkräfte. Allzeit unsere treuesten Helfer.

Selbst in den härtesten Fällen dürfte sich abträgliches Berufskarma kaum als unlösbar erweisen. Ganz bestimmt kommt die Zeit, wo das Hemmende aus unserem Leben verschwindet; sofern wir nicht in den Fehler der meisten verfallen und dem Übel nutzlosen Widerstand entgegensetzen. Je beherzter wir das Unerwünschte anpacken, desto schneller hat es seine erzieherische Aufgabe erfüllt.

Allein selbst bei zusagender Berufsarbeit haben die Hochziele den Vorrang. Beobachten wir uns einmal genau, vielleicht, dass

wir zu jenen zählen, die Sklaven vermeintlicher Pflichten sind und sich abrackern ein Leben lang; nichts anderes im Sinne als Geld verdienen, die, altgeworden, mit Entsetzen erkennen, dass sie Roboter gewesen sind eines selbst geschaffenen Phantoms. Denken wir daran, wenn wir jagen nach Gewinn, nach Rekorden, Titeln, Ehren!

Auseinandersetzung mit dem Du ist ein anderes, nicht weniger ernstes Aufgabengebiet. Hier ist jeder einzig und allein auf sich gestellt. Hier kann der Bruder nicht dem Bruder helfen. Nicht selten liegen die schwersten karmischen Verstrickungen im Erotischsexuellen. Sogar der Esoteriker — ja meist gerade ihm — werden die verfänglichsten Fallstricke gelegt. Hochwichtig ist die Frage: „Fördert mich mein Du? Hemmt es mich?"

Vielfach ist dem geistigen Mann die ungeistige Frau Hemmschuh. Das Weibprinzip — was wohlgemerkt mit der Frau als solche nichts zu tun hat — ist das niederziehendste der dämonischen Gewalten. Mann wie Frau müssen alles daransetzen, diesem gefährlichen Einfluss zu entwachsen. Die nach geistiger Entwicklung strebende Frau hat natürlich unter einem primitiven Partner genauso zu leiden. Wehe, wenn die triebgebundenen Sinne das Urteil sprechen! Größte Vorsicht walte bei der Wahl des Partners.

Wie wenige der Begnadeten, denen ein gleichgestimmter Weggefährte beigesellt. Ob so, ob so, ständige Frage bei dem abendlichen Selbstgericht sei, inwieweit schon bin ich Herr meiner Triebe? Unterschätze keiner die große Gefahrenquelle, die zu Unrecht unter dem Allerweltsbegriff Liebe lockt.

Tiefe Einblicke in das Karma zweier miteinander verbundener

Menschen zeigt deren kosmischer Charakterspiegel, mehr noch eine Vergleichsanalyse an Hand beider Partnerhoroskope. Erschütternd sind oftmals die Zusammenhänge solcher schicksalhaften Bindungen, Kettung, der Ausdruck wäre richtiger.

Für das Du-Erleben gilt mehr denn je THERIONS oft zitierter Satz. Sterne treffen sich, Sterne trennen sich, glückverheißend, leidschaffend, qualbringend. Gleichgültig den Ewigen, neigt nur in ihrem Sinn sich die Waage unseres Geschicks. Nichts geschieht letzten Grundes, was nicht Ursache ist zu unserem Reifen. Zu diesem Verständnis müssen wir gelangen.

Sei unser Leben im Moment wie immer auch, seien die Pfade noch so verschieden, die jeder von uns wandelt, die Losung bleibt die gleiche:

mit jedem Tage *weiser*,
mit jedem Tage *verinnerlichter*,
mit jedem Tage *magisch aktiver*.

Wie wir dahin gelangen, ist uns am Ende dieser Blätter kein Geheimnis mehr: *Studieren — üben — forschen!*

Esoterisch-magische Lebensformung also.

Den Esoteriker forme das Studium; Inspiration leite ihn.

Der Mystiker gebe sich hin seinen Exerzitien, bis er die Neugeburt im Geist erlangt hat und ein Erweckter genannt werden darf.

Der Magier entfalte seine Macht. Sein Betätigungsfeld ist der Alltag und die sichtbaren und unsichtbaren Bereiche der Natur.

Der Vollmensch, diese Dreiheit in sich vereinend, schreitet den dreifachen Pfad.

Wie weit ist uns dies bereits gelungen? — Was fehlt uns noch hierzu?

Aktivierung der Innenkraft erleichtert unser Bestreben. Einmal mit ihr verbunden, fällt es nicht schwer, die letzten Schatten des Hinter uns liegenden zu verscheuchen. Von Innen her scheidet sich Sein vom Schein. Vernünftige Wunschgestaltung und weisere Zielsetzung sind das Ergebnis. Ausgestreutem Samen gleich sprießen die Keime neuer Möglichkeiten; denn in Bewusstseinstiefen arbeiten unentwegt Formen schaffende Ideen an deren Realisation.

Nichts Neues sagen wir damit, allein, denken wir auch jederzeit daran? Handeln wir ausschließlich in diesem Sinn? Erwachen wir wirklich jeden Morgen mit dem Bewusstsein, eins zu sein mit der schicksalsgestaltenden Macht? Schlafen wir tatsächlich jeden Abend ein im aufrichtigen Vertrauen auf die innere Führung? Wer es getan, wird wissen, was das heißt! Er wird erkennen: Wo der Mensch „unmöglich“ sagt, beginnen erst die Möglichkeiten.

Denke! Glaube! Wirke! — Unbeirrt! Alles weitere vollbringt in uns der „Unbekannte“. Einzige Voraussetzung hierzu: Unerschütterlicher Glaube an ein vollkommenes Sein, an die absolute Macht erfolgzeitigenden Denkens. So mancher sucht nach wundertätigen Formeln, nach Sigillen, Zauberkräften, erstrebt die Hilfe jenseitiger Gewalten und vergisst dabei, wie nah ihm der Helfer ist.

Allein tausend Wünsche sprechen wir oft aus und sie bleiben unerfüllt, bis auf einen, und dieser war keineswegs der stärkste. Gedankenlos vielleicht hingesprochen. Eines jedoch hatte er all den anderen voraus (was freilich nicht willentlich bestimmbar ist), *den Kontaktschluss mit dem kausalen Reich werdender Schicksalsformen*. Er wirkte ein auf die IDEE; denn jegliches, ehe es Form, ist Idee, ist Kraft. Die Ideen, die „Mütter“, jene Matrizen alles Künftigen, sind um uns. Wir leben inmitten unter ihnen. Der zielgesteuerte Glaube muss sie nur gestalten.

Schöpfer sind wir auf irdischem Plane, erwacht der Titan in uns, vermählt das Vergängliche sich mit dem Unvergänglichen. Darum weg mit falscher Demut, weg mit dem „Sei-mir-armen-Sünder-gnädig“! Die Kraft trage ich in mir, der einzige Gott, der mein Rufen hört. Seiner bewusst, gestalte ich mein Geschick, allzeit mit ihm in Einklang.

Sagen wir uns ständig, wie längst Abertausende:

> Ich bin eins mit der Kraft in mir. Durch die Kraft in mir schwinge ich ein ins Pleroma, ins Reich der Fülle.
>
> Die Kraft meiner positiven Gedanken, mein durch nichts zu erschütterndes Vertrauen, lassen die Ideenbilder meiner Wünsche formhaft werden.

> Die in den geistigen Reichen schaffende Idee der Fülle (der Liebe — des Erfolges — des Wohlstandes — der Gesundheit — des spirituellen Fortschrittes — der magischen Entfaltung — der mystischen Erweckung usw.) tritt sichtbar in mein Leben.
>
> Immer reicher, schöner, zweckvoller gestalten sich meine Tage dank der Helferkräfte in mir; entfesselt durch die Magie des Gedankens, des Wunsches, des zuversichtlichen Glaubens.

Arbeiten wir nochmals sorgfältig durch, was über Selbstbefehl, Seelendynamik und Schicksalsmeisterung gesagt wurde. Auch die Macht der Runen wollen wir mit einbeziehen.

Erfühlen wir uns jederzeit als *Ich*, — Geist vorn Weltengeist — teilhaft seiner Gestaltungskraft.

Bejahen wir in unseren Meditationen, abends, morgens und zwischendurch am Tage:

> Ich bin das Zentrum meines Wirkungskreises, und dieses Zentrum ruht in Gott.
>
> Aus SEINEM Urgrund strömt die *Kraft* mir zu, aus SEINER FÜLLE wird auch mir die *Fülle*, und SEINE LIEBE einet mich mit IHM und aller Kreatur in einer HARMONIE.

Rückblick — Ausblick

Die Fundamentalstufen zur Bemeisterung unseres Wesens, in hohem Grad zugleich unseres Schicksals, sind genommen. Bereitet ist der Weg, der zur esoterischen Weltsicht führt, der hinleitet zur mystischen Erweckung, zum magischen Gestalten, zu parapsychischem Forschen.

Über das Prinzipielle einer magisch-esoterischen Lebensformung wissen wir Bescheid. Vieles in die Breite Gehende konnte raummangelshalber nur angedeutet werden. Aus einem Bande wären sonst Bände geworden. Und sind es geworden. [1]) Gleich den Zahnrädern einer großen Maschinerie greifen die grenzwissenschaftlichen Disziplinen ineinander. Der nun folgende Band unseres Hermetischen ABC „Magisch-mystische Schulung" stellt gewissermaßen das Kernstück dar. Neben weiteren notwendigen esoterischen Lehren und mystischen Schulungsmethoden bietet er dem forschenden Parapsychologen Handhaben, sich von dem Vorhandensein transzendentaler Kräfte beweiskräftig zu überzeugen. Experimentalanweisungen, teils zum ersten Mal in Buchform veröffentlicht, garantieren jedem, der vorliegenden Lehrgang gewissenhaft durchgearbeitet hat, weitgehende Erfolge.

Gleichzeitig schaffen beide Bände — vorliegender und eben erwähnter — die Grundlage für alle weiteren in den unten angeführten Büchern [1]) beschriebenen Praktiken. Alle Schriften zusammengenommen bieten eine, das Wesentliche umfassende Einführung in die schier unübersichtlichen Bereiche des mystisch-magischen Weltbildes.

---

1) Karl Spiesberger: „Runenexerzitien für Jedermann", „Runenmagie — Handbuch der Runenkunde", „Unsichtbare Helferkräfte", „Die Aura des Menschen", „Der erfolgreiche Pendelpraktiker", „Der Traum in tiefenpsychologischer und okkulter Bedeutung", „Das Problem der Tierseele im Lichte psychologischer, parapsychologischer und esoterischer Forschung".

Schon jetzt erschließt uns die Stille vordem kaum geahnte Reiche. Kräfte aus dem Unbewussten regen sich, Übersinne erwachen, die Urgründe des SEINS weiten sich. Näher kommen wir der URFLAMME, der wir entstammen. Ein Jungborn unerschöpflicher Kräfte quillt in uns und wird reicher und reicher strömen, je unentwegter wir dem gesteckten Hochziel entgegenschreiten.